1　紙本著色「京洛月次風俗図扇面流」 光圓寺所蔵，京都国立博物館提供

16世紀前半の魚市場と路地を通る馬借たちの姿を描いたもの．六角町の市場に比定される．京都で販売される魚は，東は粟津から，南は淀から，供御人や神人たちによって，輸送・販売されていた．魚は鮮魚と塩漬け（塩合物）の2種類が商われており，色鮮やかな赤色で描かれた魚を扱う左の見世棚が鮮魚，中央の灰色で描かれた魚を扱う見世棚が塩合物の店なのかもしれない．

その前の路地をとおる通行人の中に馬借の姿もえがかれている．馬には俵2つが載せられており，これを馬一駄といった．そこから少し遅れて1人の男が俵を1つ背負い，また左端には天秤棒の両端にかごをぶらさげて荷物を運んでいる男の姿も描かれている．馬を引いた男は店主に何か話しかけているようにもみえ，彼らが室町・戦国時代の京都の物流のインフラと情報伝達を支えていた．

2　室町時代の酒屋跡　平安京左京六条三坊五町跡，(公財)京都市埋蔵文化財研究所所蔵
丸い形に掘られた穴の上に大型の甕が設置され，その中で酒が醸造・保管された．倒れないように密着して設置されているために，容器の間に人が通る隙間もないが，甕の上に板を渡して，容器から酒を汲みあげていたと推測される．銭が貨幣として本格的に流通する13世紀以前は米が富の象徴であったが，長期間の保存には適しておらず，富の運用の一形態として，一部は酒などにして販売され，消費された．そのために酒屋は，銭の運用をなりわいとする土倉と並び，米を運用する業者として，富裕な商人の代表となり，室町幕府から土倉酒屋役を賦課されていた．

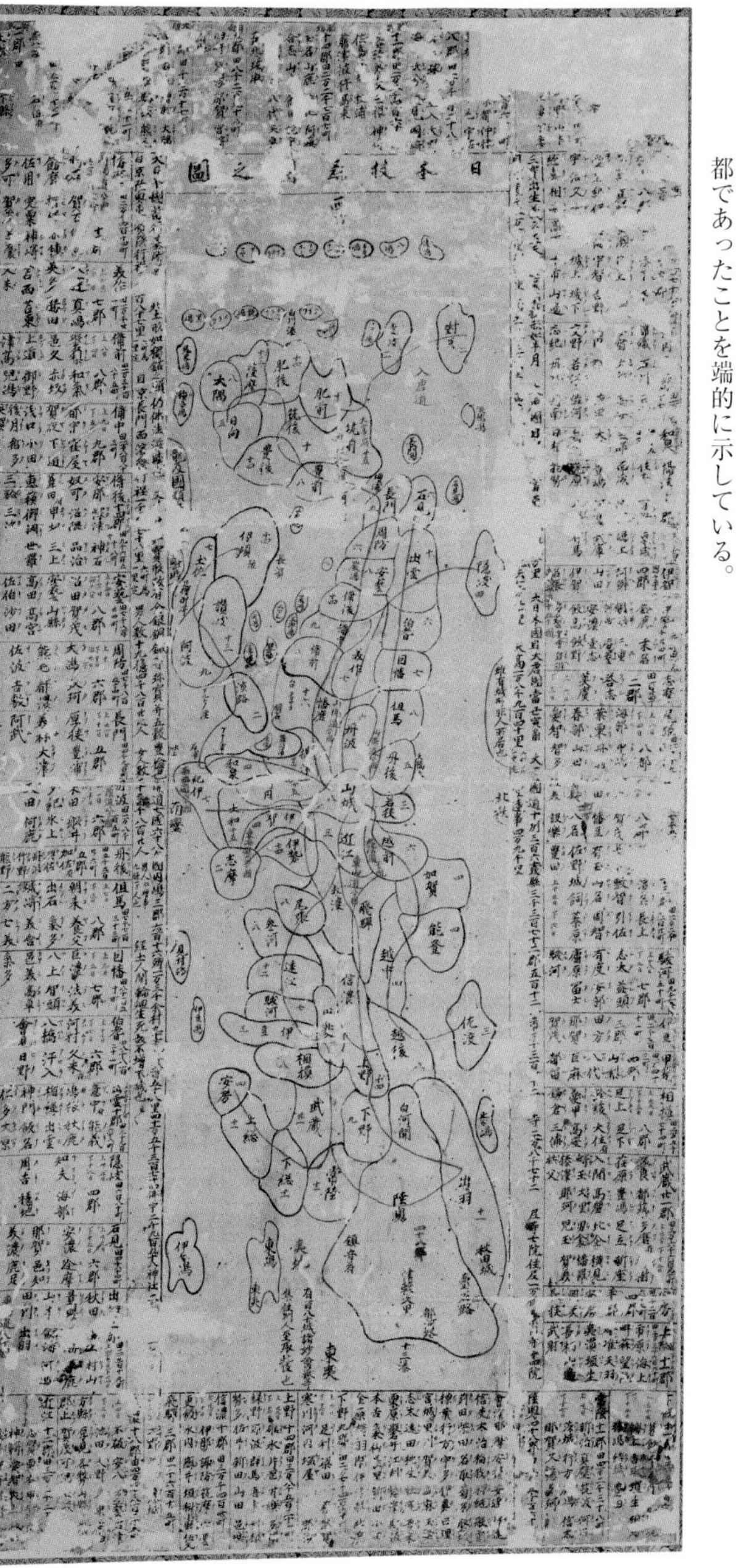

3　日本図　「日本扶桑国之図」守屋壽コレクション、広島県立歴史博物館所蔵・写真提供

十四世紀の日本を描いたもの。それ以前の日本図が写実性に乏しい観念的なものがほとんどであったのに対して、この地図は日本列島を写実的に描いており、日本図の系譜上、特筆すべき内容を有している。九州を上においた構図からは、海外からの視点を感じられるが、モンゴルによる「世界制覇」により、いわゆる「世界図」のクオリティーも格段に向上しており、この日本図にもその影響を読み取ることが可能だろう。交通路を示した赤線が京都に集まるように描かれており、京都が首都であったことを端的に示している。

4　金融業者　『山王霊験記絵巻』部分，和泉市久保惣記念美術館所蔵

鎌倉時代を代表する金融業者である借上が女房衆に貸付を行っている場面を描いたもの．状況は室町時代の金融業者である土倉においても同様だっただろう．女房衆の目の前に貸し付ける銭が広げられているが，それは緡銭(さしぜに)の形状をしている．緡銭は銅銭100枚（実際は97枚程度）をひとまとまりにしたものであり，現代の価格にして約1万円．緡銭は携帯する利便性に加えて，紙幣がなかった中世社会において銭をいちいち数えなくても，おおよその額面を把握できる便法でもあった．

首都京都と室町幕府

京都の中世史 5

早島大祐
吉田賢司
大田壮一郎
松永和浩

吉川弘文館

刊行のことば

『京都の中世史』という新たな通史を刊行することとなった。

このタイトルには、二つの意味が込められている。一つは、いうまでもなく、中世において京都という都市がたどった歴史である。

対象とする時代は、摂関政治の全盛期から始まり、院政と荘園領主権門の勃興、公武政権の併存、南北朝動乱と室町幕府、そして天下人の時代に至る、およそ六百年間の歴史である。その間、京都は政治・経済・文化の中心として繁栄したが、一方で源平争乱、南北朝の動乱、そして応仁の乱と再三の戦乱を経験し、放火、略奪の惨禍を蒙ってきた。

為政者の変化と連動した都市構造の変容、文化の受容と発展、そして戦禍を乗り越え脱皮してゆく京都の姿を描いてゆく。また、中世考古学の成果を導入することが本シリーズの大きな特徴となる。これによって、斬新な中世都市京都の姿を明らかにするとともに、現代への影響にも言及することにしたい。

もう一つの意味は、中世日本の首都としての京都の歴史である。京都は中世を通して、つねに全国に対し政治・経済・文化の諸分野で大きな影響を与え、同時に地方の動きも京都に波及していた。京都と各地域の歴史とは、密接に連動するのである。

中世における京都の役割、地方との関係を検証することで、ややもすれば東国偏重、あるいは地域完結的な見方に陥りがちであった、従来の中世史研究を乗り越えたい。そして、日本全体を俯瞰する視点を確立することで、新たな日本中世史像の構築を目指している。

以上のように、このシリーズは、最新の成果に基づいて京都の歴史を描くとともに、京都を中心として、日本中世史を捉え直すことを企図するものである。

二〇二一年五月

元木泰雄

目次

「応仁の乱に就て」一〇一年目の地平から——プロローグ……1

一　室町時代の国のかたちと幕府の支配——一〇〇〇万人の列島社会と首都京都……5

1　中世後期の国のかたち　5

室町経済の見積書／人口推計と文献史学のあいだ／八〇年代の都市史研究と村落史研究

2　室町の国のかたちができるまで——室町幕府財政の形成過程　12

軍事政権的な財政構造／室町幕府の寺社再建／寺社領安堵政策への転換／遣明船派遣の利益／土倉酒屋役の公的財源化／都市依存型財政の誕生

3　変容する国のかたち——室町幕府財政の再建から　26

下克上と荘園侵略／経営投機化の進展／将軍家奥向財政から室町幕府財政へ

4　国のかたちが失われたあとで　34

二　御家人制の消滅……36

1　御家人制のゆくえ——室町幕府成立までの前提　36
御家人制は存続したのか／平時の国家的軍務／建武政権の大番役

2　御家人制壊滅と国家的軍務の変質　42
京都大番役の廃絶／篝屋番役の断絶／異質な洛中警固制度

3　臨時役財源の途絶と代替　50
御家人役と武家御訪／暗中模索の代替財源／御家人制壊滅の帰結として

三　「守護在京制度」とは何か……56

1　守護を兼ねる在京大名　56
室町期の「守護在京」／「守護在京」の道程／守護不入地の両義性

2　大名の在京形態と幕政参与　62
在京の方法と実態／管領制と大名衆議／都鄙支配の結節点

3　大名在京の展開と矛盾　72

大名在京を支える被官層／幕政の変転と制度疲労／大名在国化と戦国期幕府

四　京の武家政権と禅宗寺院……80

1　京都の禅宗　80
首都京都と五山禅宗／禅宗史研究の新展開

2　二つの菩提寺と足利直義　82
等持寺／等持院／直義路線の払拭

3　天龍寺の創建　88
後醍醐天皇の死／君臣道合／山門強訴／落慶供養

五　首都の統治と五山禅宗……95

1　京都五山の成立　95
五山の変遷／五山の統制

2　五山仏事の機能①—戦乱と鎮魂　99
戦乱と仏事／内乱期の鎮魂と禅宗／禅と律／室町期京都の鎮魂／大施餓鬼会

3　五山仏事の機能②—飢饉と鎮魂　105

飢饉と仏事／室町期京都の施行／室町期京都の祈雨／集団性・公開性

コラム1 〈変貌〉する相国寺と義満 114

六 都市の支配と宗教儀礼……120

1 攘災と祝祭 120

都市の攘災／室町殿の見物／祇園会と山訴／神戦、ふたたび／都に現れた伊勢神／北野万部経会／都鄙の往還と京語り

2 王朝の伝統、室町殿の伝統 131

朝廷公事の存続／都大路の祭礼行列／後七日御修法／内野の官衙と宗教儀礼／「伝統」のゆくえ

七 室町幕府と皇位・皇統……138

1 鎌倉後期以来の皇統問題 138

2 足利尊氏・義詮期における皇位・皇統 141

室町幕府の成立と北朝の推戴／正平一統破綻と後光厳の践祚／後光厳流による皇位継承

3 足利義満期における皇位・皇統 145

康暦の政変と将軍の公家化／正月三節会と石清水放生会／義満と後円融院／義満と南朝・崇光院流

4 足利義持期における皇位・皇統 152

足利義持と称光天皇即位儀礼／後南朝と旧南朝勢力

5 足利義教期における皇位・皇統 156

公武の代替わりと後南朝・鎌倉府／足利義教と後花園天皇即位儀礼／後花園は崇光流か後光厳流か

6 足利義政期以降の皇位・皇統 162

戦乱と事変／即位儀礼の費用対効果／将軍の分裂と流浪／戦争・政変の画期性

八 室町社会と酒―『看聞日記』を中心に ……171

1 室町幕府のイメージ 171

〝酒浸りの政権〟／酒史学の貴重な記録『看聞日記』

2 伏見宮家と酒 174

不遇の伏見宮家／伏見宮貞成王と酒／天皇の実父貞成親王と酒／酒好きの面々、酒宴に欠かせぬ面々

3 室町期京都の人々と酒 183

中世人の飲み方／美酒と美物、旬の酒肴
4　遊蕩を支えるもの　189
遊蕩を支える社会／遊蕩を支える酒屋／遊蕩を支える技術／遊蕩を支える民衆／室町期京都における酒／日本酒史における室町期京都
コラム2　伏見宮家の一年と酒　204
コラム3　麴づくりと「酒屋交名」　207
コラム4　室町将軍の血と酒　210
コラム5　宮廷と宮家の酒宴・酒乱　213
九　北山・室町文化論……216
1　文化史研究の現状と課題　216
文化史区分の見直し／政治史・経済史研究の影響／パトロンと職人
2　足利義満期の文化——職人の再生　220
大規模造営と文化／職人たちの行方
3　足利義持・義教期の文化①——婆娑羅からの卒業　224
幕閣たちの教養／即位式への出資／幕閣たちの成熟

4 足利義持・義教期の文化②――女房衆が経済をまわす 231
高橋殿の熊野参詣／石清水八幡宮神人練貫大夫／女房衆文化の志向性
5 伝統的な文化への回帰 245
室町時代、その後――エピローグ 249
参考文献 255
略年表 271
あとがき 275
著者紹介

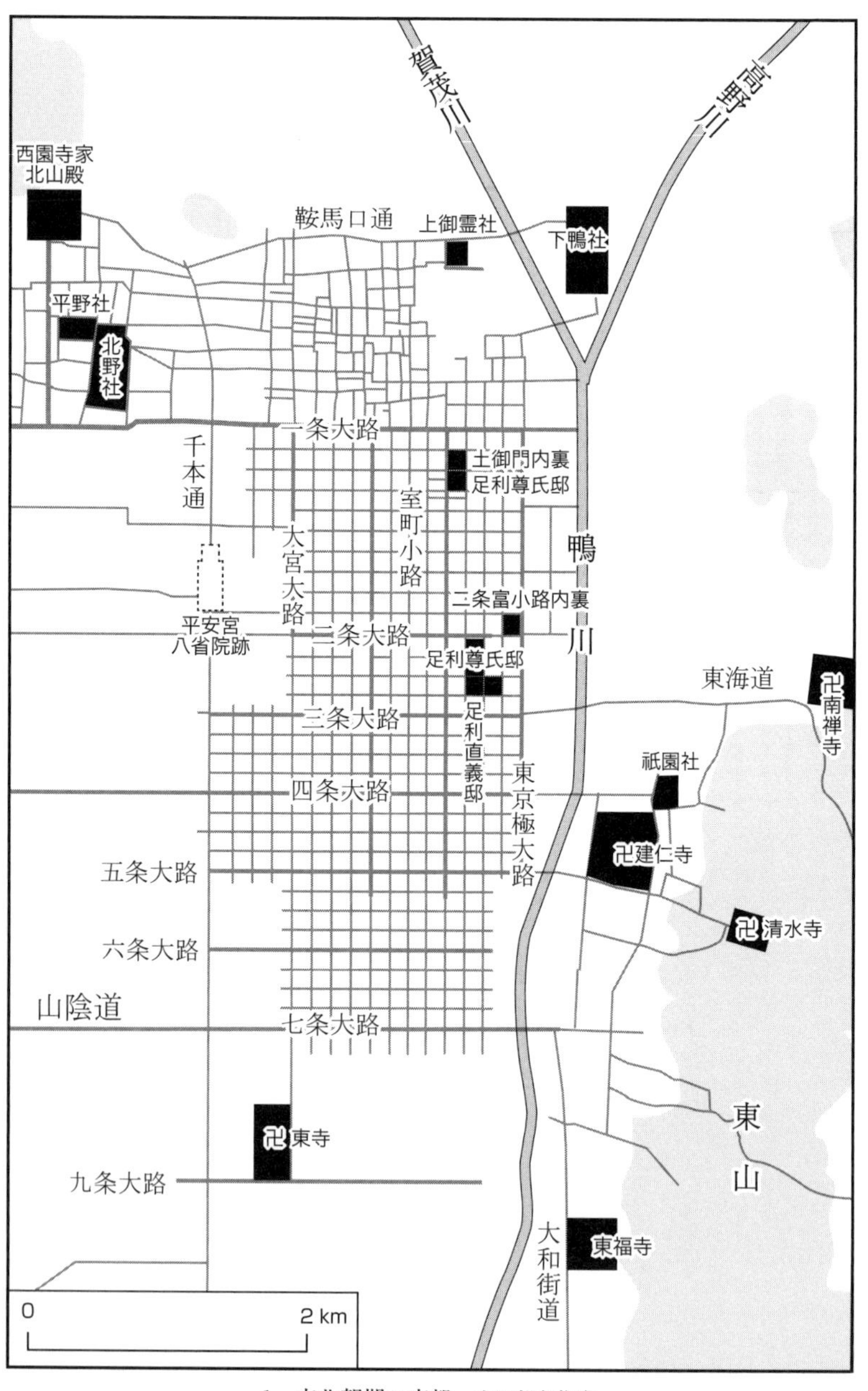

1　南北朝期の京都　山田邦和作成

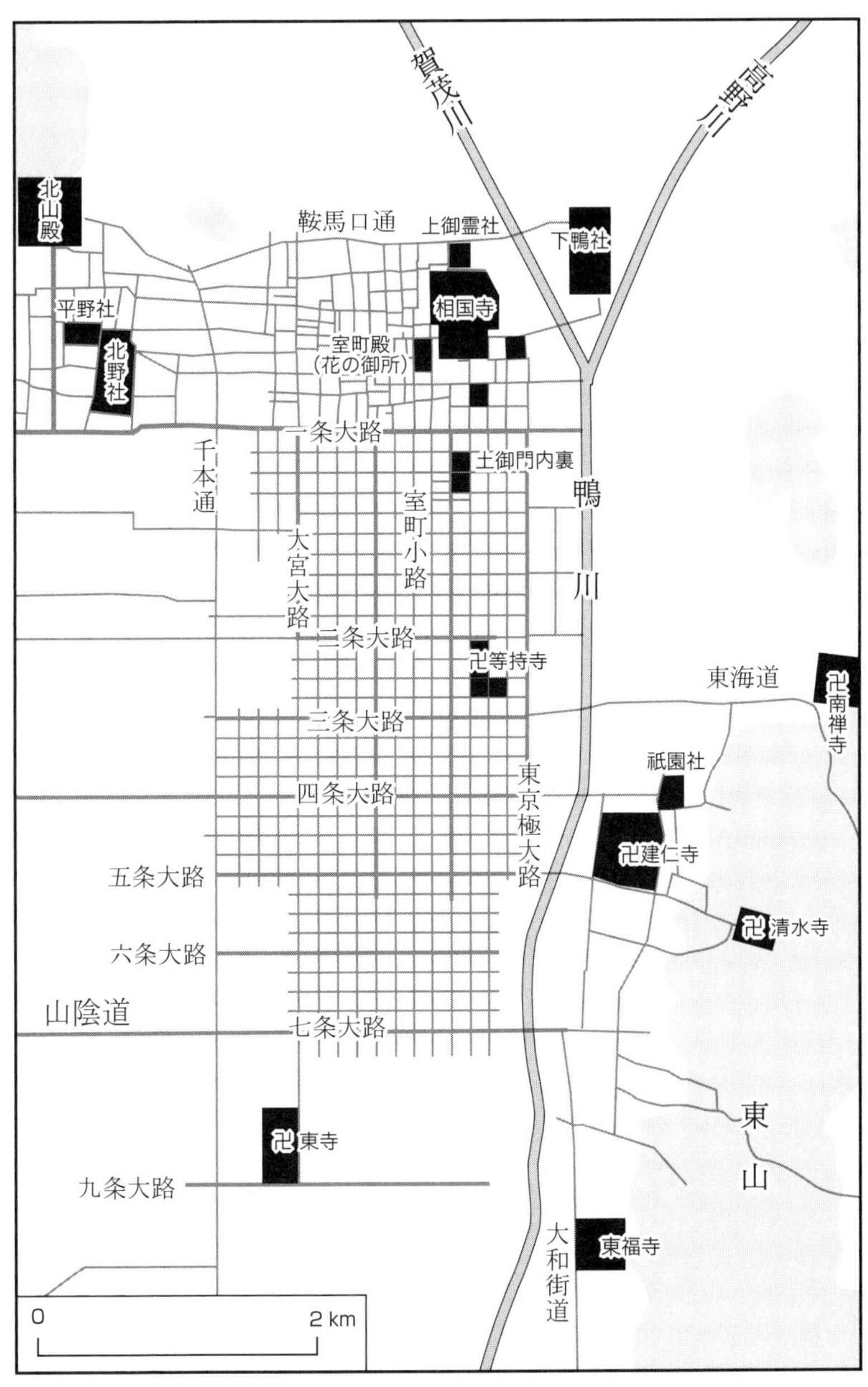

2　室町期の京都　山田邦和作成

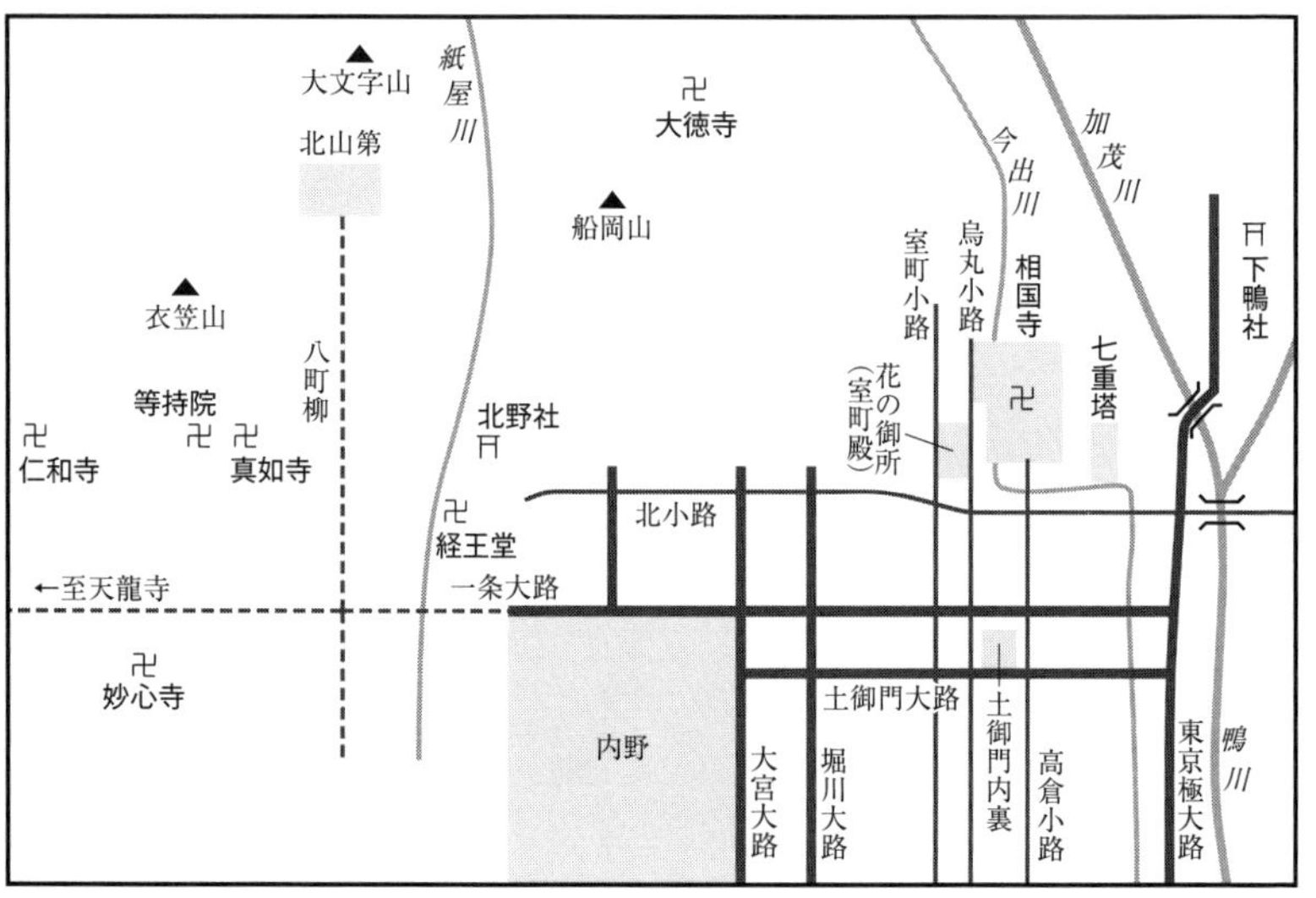

3　室町時代の京都北辺略図　早島大祐『足利義満と京都』（吉川弘文館，2016 年）を改訂

「応仁の乱に就て」一〇一年目の地平から──プロローグ

一九二一年八月に京都帝国大学教授であった内藤湖南が「応仁の乱に就て」と題する講演会で次のように言い放ったことはよく知られている。

> 大体今日の日本を知る為に日本の歴史を研究するには、古代の歴史を研究する必要は殆どありませぬ、応仁の乱以後の歴史を知つて居つたらそれで沢山です。それ以前の事は外国の歴史と同じ位にしか感ぜられませぬが、応仁の乱以後は我々の真の身体骨肉に直接触れた歴史であつて、これを本当に知つて居れば、それで日本歴史は十分だと言つてい丶のであります。

いかにも講演会らしいメリハリのきいたこの発言は、「応仁の乱画期説」として知られるが、内藤が本来意図していたのは、京都の聴衆にいかに関心を持ってもらうかという点にこそあったと考えられる。このことは次のくだりから読み取れる。

> 兎に角応仁の乱といふものは、日本の歴史に取つてよほど大切な時代であるといふことだけは間違のない事であります。而もそれは単に京都に居る人が最も関係があるといふだけでなく、即ち京都の町を焼かれ、寺々神社を焼かれたといふばかりではありませぬ。それらは寧ろ応仁の乱の関係としては極めて小さな事であります、応仁の乱の日本の歴史に最も大きな関係のあることは

もつと外にあるのであります。

応仁の乱は「京都に居る人が最も関係ある」だけでなく、日本の歴史にとって「よほど大切」であったとする導入部分は、身近な事例から普遍的真理に展開する講演の理想的なかたちの一つであるといえる。

そして応仁の乱の大きな歴史的意義を強調した思惑は、おそらく内藤の想定した以上にあたる結果となった。現在にいたるまで「応仁の乱画期説」を初めて述べた研究者の一人として「内藤湖南」の名前を知らしめていることは言うまでもないからである。

その他にも、おそらく京都の地域史にすぎなかったと思われる応仁の乱を日本史上の重大な転換点と位置づけ、いわば「全国区」の研究テーマとしたことは彼の大きな功績であるが、一方、これを学説として見た場合、やはりというべきか、違和感があるところも少なくない。

一例をあげよう。内藤は応仁の乱画期説の根拠の一つとして、華族を具体例として取り上げ、次のように述べている。

今日多数の華族の中、堂上華族即ち公卿華族を除いた外の大名華族の家といふものは、大部分此の応仁の乱以後に出て来たものであります。と同時に、応仁の乱以前にありました家の多数は、皆応仁以後元亀・天正の間の争乱のため悉く滅亡して居ると言つてもいゝのです。

一読しただけでも、応仁の乱という十五世紀半ばの画期のほかに、「元亀・天正の間の争乱」という十六世紀末の、もう一つの画期もまぎれ込んでいることがわかるだろう。このもう一つの乱とは、織田信長が足利義昭を奉じて入京して以降の戦争をさしている。
このことからも明らかなとおり、内藤の言う画期は応仁の乱一つだけではない。応仁の乱とその後の戦国時代末期、とりわけ織田信長の時代と言う二つのピークを念頭に置いたものであったことがわかるだろう。

講演会特有のレトリックを取り払い、内藤説の内実をこのように確認すると、応仁の乱・戦国の戦争を経て、近世・近代が生まれたという常識的な説明があったことがよくわかる。応仁の乱だけを強調したのも、京都の聴衆を惹きつけるためのテクニックの一つにすぎないともいえるのである。この基本的な事実をここではしっかりと確認しておきたい。

「応仁の乱に就て」と題された講演会から一〇一年目を迎えた二〇二二年はその意味で室町時代研究において新世紀を迎えたともいえる。その区切りの年に十五世紀史を軸に編まれた本書において、応仁の乱そのものを取り上げた論文がないことは、結果的にではあるが、近年の研究動向を象徴している。

室町時代研究は、中世社会を説明する、権門体制論や顕密体制論といった従来の体制論でも正面から取り扱われることがなかった研究分野である。このような研究状況にあって、一九九〇年代末から現在に至る時期に、財政史、宗教体制史、軍制史、戦争論などの他の時代史研究において確立した研究手法に学んだ研究者たちによる制度史的なアプローチによる研究が相次ぐことになった。

制度史研究というと少しわかりにくいかもしれない。このことをありていに言えば、室町時代という体制論未開の地に、地盤工事を施し、太い柱を使った新しい室町時代像というしっかりとした建物を造ろうと意図した若手研究者（当時）たちが一定規模で存在しており、切磋琢磨しつつ研究を進めたというのが二十世紀末以降の研究動向なのである。

そして制度史研究においては戦争そのものを取り上げることが少ない、ということにも意味がある。戦争そのものよりも、戦争により政治や社会がどのように変わったかという戦争論的な観点、あるいは政治や社会構造がどのように変化した結果、戦争への道が切り開かれたのかといった観点から研究が進められることが多いからである。以上のような研究動向の渦中にいた研究者たちが参加した本書において、応仁の乱と言う戦争そのものを取り上げた論考が執筆されなかったのも、研究史的にみれば必然だったとも言えるのである。

以上、二十世紀末から現在に至るまでの研究状況の推移について述べてきた。最後に室町時代研究をめぐるもう一つの状況の変化についても触れておこう。それは二〇一〇年ごろを境にして、十四世紀から十五世紀にかけての時期、南北朝時代や室町時代を題材とした歴史小説や歴史漫画が増加し、一定の好評を博しているという事実である。

このような状況が生まれた背景については、わからない点も多いが、増加しているらしい新しい読者層に対して、室町時代研究の現在を見取り図的に示す本書が読まれるのは喜ばしいことである。またこのことは潜在的な層も含めた新しい研究者たちの増加も暗示していると思われ、現在の若手研究者たちから、批判的に検討されることも期待したい。

一　室町時代の国のかたちと幕府の支配
――一〇〇〇万人の列島社会と首都京都

1　中世後期の国のかたち

本章では、十五世紀における列島社会の人口規模や、都市と農村の構成という国のかたちを概観し、それに対して室町幕府はどのような支配を行ったのかという問題を論じていく。方法としては、お金の流れや税収のあり方から国家の本質を探る財政史の観点を軸に考えることにしたい。

室町経済の見積書

そこでまず国のかたちを知るために押さえるべき点は、この時期の経済の実態である。人や物の行き来が活性化し、土倉（どそう）による金融業も本格的に展開した室町時代の経済は実際のところ、どの程度の規模を有していたのだろうか。

室町時代の経済力を測る際の基準となるべきなのが、この時期の人口推計である。二〇一七年に出された『岩波講座　日本経済の歴史　中世』では、中世後期における列島社会の総人口、および首都

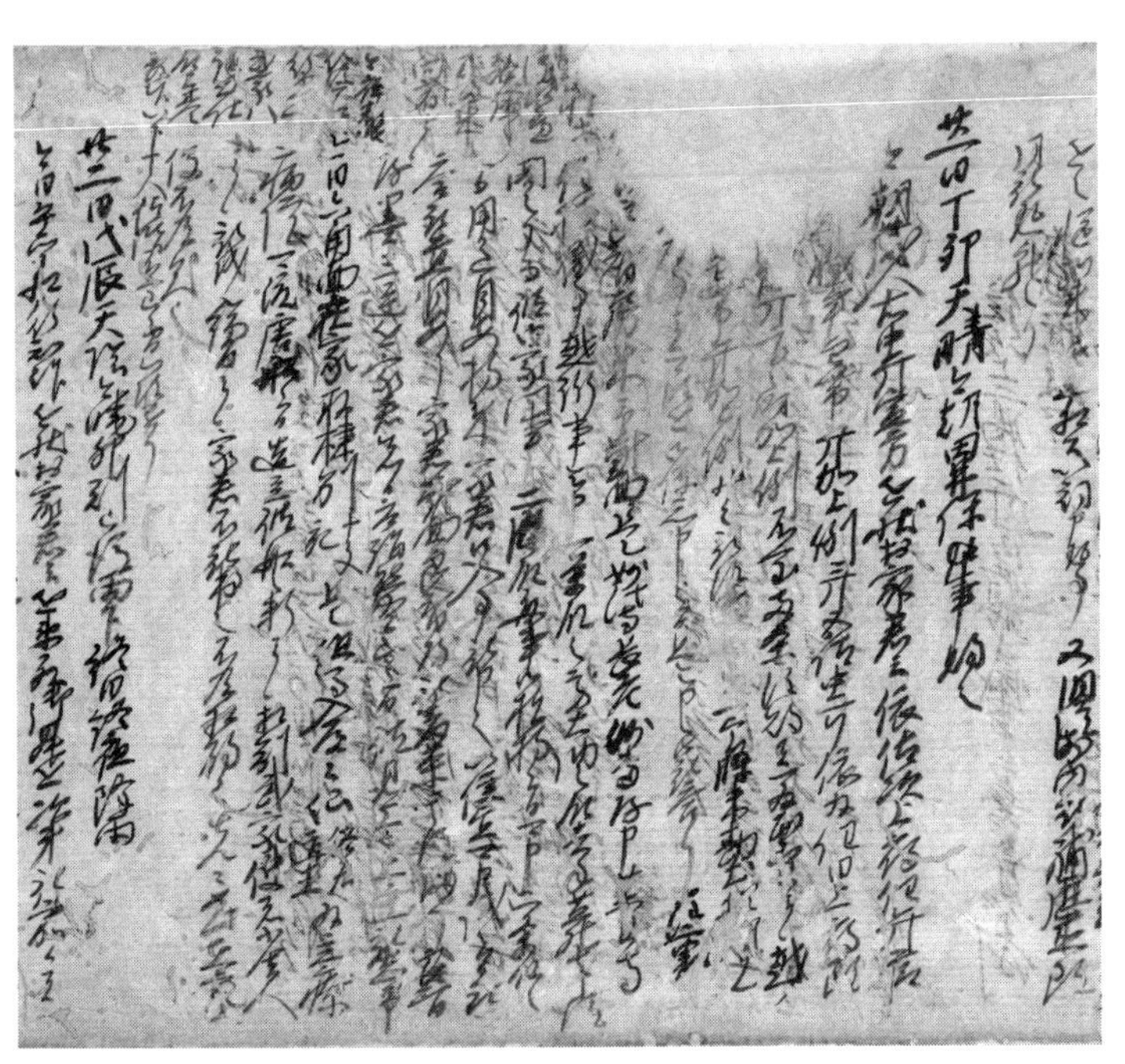

図1　『師守記』貞治6年4月21日条　国立国会図書館所蔵

である京都の人口として次の数値を推計して提示している。

・一四五〇年の総人口
　九六〇万から一〇五〇万人

・京都の人口
　十四世紀後半〜十五世紀
　　一〇万人
　十五世紀末
　　一五万〜一八万人

一方、後者の中世後期京都の人口に関して、瀬田勝哉は、一軒ごとに賦課(ふか)された都市課税である棟別銭(むなべつせん)に注目し、京都の棟数を推計している（瀬田勝哉 二〇〇九）。

①貞治六年（一三六七）　一万棟
②文安三年（一四四六）　二〇万棟

①は『師守記(もろもりき)』貞治六年四月二十

一日条、五月十六日条の記事に依るもので、そこには療病院建設を目的に棟別銭が賦課されたことが記されている。一戸につき一〇文が「洛中棟別」を単位にして徴収され、一万疋＝一〇〇貫文が集まったという記事から算出された数字である。

②は『東寺執行日記』文安三年七月二十日・二十五日条の、内裏再建費用として「京中棟別」に一〇〇文が徴され、総額「二万貫文」に及んだという記事による。この②に近似する数字については、一四七一年に編まれた『海東諸国記』にも「都中」に二〇万六〇〇〇戸の住居があると記されており、当時から流布していた情報であったようである。

瀬田の指摘を参照すると、一戸に、二〜四名が住んでいたとして、京都の人口は四〇万〜八〇万人だったことになる。

このように、瀬田が提示した数値をもとに導き出した右の人口推計と、最初にあげた岩波講座の人口推計とのあいだには、最大八倍もの大きな差があるわけである。

人口推計と文献史学のあいだ

この懸隔を前にして最初に感じるのは、人口推計そのものへの懐疑だろう。実は瀬田はこのデータを注での記載に示すに止めており、この事実にこそ、この推計に対する研究者の不安が端的に現れていると考えられる。

そもそも棟別銭賦課に関する記録が、人口推計に耐えられるのだろうか。この問いに対する回答としては、実はそうではないというのが答えとなりそうである。

このように述べるのも、そもそも棟別銭賦課に関する基本的な史料が乏しいからである。黒嶋敏は十六世紀における戦国大名武田氏の棟別銭賦課に関する事例研究において、本屋二〇〇文、片屋一〇〇文、新屋五〇文と、家の規模・等級に応じて、賦課額に変動があったことを指摘している（黒嶋敏 二〇一二）。この点を踏まえると、棟別銭賦課史料から人口推計をみちびき出すには、当時の家の規模や等級も加味した、高度な方程式が必要なようである。言うまでもなく、これはきわめて困難な作業である。

　このように人口推計の試みに対して、否定的な側面ばかり述べてきたが、だからといって、中世の経済規模がどの程度だったのかを見積もる作業を放棄してよいわけではない。

　たとえば、日本中世の総人口としては、先に掲げた通り、一四五〇年時点での数値として約一〇〇〇万人と推定されている。この推計は、やはり先にあげた岩波講座で提示されている一二八〇年の約六〇〇万人という総人口の推計と一六〇〇年の一七〇〇万人という総人口の推計との中間値的な数字ではあるが、そもそも中世における人口推計に活用できる資料の発見が期待できない以上、これは押さえておくべき人口の見積もりデータの一つであると考えられる。

　そしてすべての数字が信用できないわけでもない。ここでは人口推計の困難を極める作業の中で、蓋然性の高い、実用的な作業の一例として、次のような方法を提示したい。

　十五世紀初頭における奈良中の家単位に課せられた税金である棟別銭は約三〇〇貫文であった（早島大祐 二〇一六）。これと先にあげた文安三年（一四四六）の京都の棟別銭徴収額である「二万貫文」とを比較してみると、少なくとも棟別銭賦課規模として、京と奈良とのあいだでは、七〇倍程度の差があったという主張はできそうである。

つまりはこの棟別銭賦課規模という相対的な数値を用いた比較を推奨したいわけだが、この方法は、また次のように応用することも可能である。

先に貞治六年（一三六七）の京都の棟別銭徴収額が一〇〇貫文であったと指摘したが、それから約八〇年後の文安三年にはそれが二万貫文と、規模が二〇〇倍にまで拡大している。ここから棟別銭賦課規模の上で十五世紀の京都は、南北朝動乱から二〇〇倍規模もの復興を果たしていたといえそうである。戦争からの復興を可視化するための一つの目安になるのではないだろうか。

要するに、人口推計という近代経済学的な絶対値を求めることが困難であるならば、ひとまずは棟別銭賦課規模を基準にして、室町経済の内部を相対的に比較し、見積もろうというわけである。

ここで棟別銭賦課規模の比較という方法から明らかにしたことをまとめると、次の二点になる。
・同じ都市といっても、京都と奈良の間には約七〇倍もの規模の相違がある。
・十五世紀の京都は、南北朝動乱という戦争から、二〇〇倍規模の復興を果たしていた。
後者は室町時代の京都の繁栄ぶりを想起すると、確からしさを感じる数字なのだが、いかがだろうか。そして、後者の数値の妥当性が共有できるならば、前者の妥当性もあがることになる。

さておき、以上の点を確認した上で、続いて京都と奈良の間で行った都市の規模の比較を、地方都市においても試みてみよう。中世後期における地方都市の人口規模はどうだったのだろうか。

岩波講座の人口推計をまとめた中心人物である高島正憲は、十四世紀初頭に発展した港津(こうしん)都市である尾張国江向の在家数が二四二軒だったことや、西国街道沿いの西宮、尾道の推計人口がいずれも五〇〇〇人前後であったことなどを指摘した上で、次のように述べている。

いくら中世において無数の都市が誕生したといっても、京都・鎌倉のような巨大な政治都市や主要な商業・港湾都市にくらべれば、大多数の地方の都市の規模は大きくなかったことが想定される（一八三頁）

京と奈良のあいだの、七〇倍もの課税負担能力のひらきも想起すれば、多くの都市が叢生したとはいっても、総じてそれらの規模は小さく、首都京都のみが突出していたと、やはり見るべきなのだろう。かつて網野善彦が、このような「都市」を「都市的な場」と抑制して表現した事情も、どうやらこのあたりの人口規模をはじめとする、ボリュームの少なさに本質がありそうである（網野善彦 二〇〇七）。

八〇年代の都市史研究と村落史研究

このように都市と村落の関係をみると、一九七〇年代から八〇年代に進展した都市と村落に関わる研究動向を読み直すこともまた可能になる。

まず、都市史研究について。一九七〇年代から八〇年代に考古学の発掘成果も踏まえた学際的研究が進展したことは周知の通りである。しかし中世が都市・「都市的な場」の叢生した時代であったことは確かだが、京都や鎌倉を除けば、その経済的・社会的な影響力については、やはり、高く見積もることはできないだろう。

もう一つは、同じ時期に進展した村落史研究についてである。

朝尾直弘は、近世社会における二つの被支配階級が構成する基本的社会集団である村と町の成立は「農村から都市の分離と、それの社会的制度化を示している」と農村を母体にして述べていた（朝尾直弘 二〇〇〇）。朝尾説が出されていた同じ一九八〇年代には、勝俣鎮夫や藤木久志によって、村の存在に注目した新しい中世社会論が生まれていたが（勝俣鎮夫 一九九六、藤木久志 二〇〇八）、そもそも村落と対比されるべき中世都市というものが、いくら都市、ないしは「都市的な場」が存在し、叢生していたといっても、規模そのものが小さいものであったならば、それらを過大評価することはできないだろう。個別の都市の事例分析は別として、都市一般を素材にして中世社会を論じるには、分量として十分ではないのである。

そもそも村の研究が進められた研究史的な背景を振り返ってみると、そこには七〇年代までの、いわゆる「上部構造」中心の研究に対する批判として、民衆史に脚光が当たったことがあった。しかし、当時の研究史的な背景から切り離してみても、農村を軸にして中世社会の実態と近世社会の成立を探るという見通しが適切だったことが、あらためて確認できる。都市という存在は、単独では規模としていまだ小さく、それ以上に都市的機能も内包した農村が広範囲に存在していた。そしてその中で首都である京都だけが屹立（きつりつ）していたというのが、室町時代の国のかたちだったのである。

この時期の首都である京都の人口については、不明な点が多く判断を保留しておきたいが、総人口一〇〇〇万人程度の列島社会の上に、首都である京都が都市として屹立しており、その周囲に都市的な機能も内包した農村と、小規模な都市・「都市的な場」が広がっていたことは確かなようである。

室町の社会は、このような少々、歪（いびつ）ともいえるかたちをしており、その上で室町幕府の政治も展開していくのである。

2　室町の国のかたちができるまで——室町幕府財政の形成過程

軍事政権的な財政構造

以上で述べた国のかたちを前提に、室町幕府の政治構造や支配体制が構築されるわけだが、この問題に対しては、財政史の観点、具体的には室町幕府財政の形成について概観する中で接近することにしたい。

首都であった京都の突出した経済的な存在感を踏まえれば、京都に拠点を置いた室町幕府が都市に依存した財政政策を展開するのは、自然な流れであるように見える。しかし、現実には幕府が土倉（どそう）酒屋役（やく）などの都市的な財源に依存していくまでには、紆余曲折があった。

一般に室町幕府の財源としては、土倉と呼ばれた金融業者と、酒屋と呼ばれた酒造業者に対して賦課された土倉酒屋役という課税の存在がよく知られている。首都京都の卓越した経済力を踏まえると、経済の実態に適合した財政構造を、室町幕府は採用したといえそうであるが、しかし明徳四年（一三九三）に創出されたこの財源が室町幕府財政の主軸に位置づけられるのは、少し遅れて十五世紀初頭、足利義持（あしかがよしもち）政権の時期であった。

ではそれ以前はどうだったのか。開創時の室町幕府財政は足利家の所有する荘園（しょうえん）と、守護（しゅご）たちに課す守護役と呼ばれる課税から基本的に構成されていた。前者は自前の所領で、後者は主従制原理に基づいた課税であるといえるから、初期室町幕府の財政は、足利家の家産と家臣からの上納金のようなもので構成された、きわめて武家的ともいえる内容だったのである。

これは当然といえば当然である。戦乱の中で生まれた室町幕府は、南北朝動乱を経て、軍事政権としての性格をながく持ち続けていたからであり、十四世紀までの足利家の財政が、家の所領と家臣である守護から拠出させる守護役などから基本的に構成される素朴な内容の財政だったのも、一つにはこの軍事政権的な出発点に起因している。

しかし、南北朝の動乱が進むにつれて、幕府の政策も単純に戦争の遂行だけでなく、その他のさまざまな課題に直面することになり、それにともない室町幕府の財政方針も転換を迫られることになる。そして初期の室町幕府が軍事以外で大きな出資を行ったのが、寺社の造営と再建であった。そこで以下では、天龍寺造営事業、熊野速玉社遷宮事業、相国寺造営事業という初期の室町幕府が取り組んだ三つの寺社に関連する事業から、室町幕府財政の展開について検討していきたい。

室町幕府の寺社再建

室町幕府がはじめて取り組んだ大規模な寺社造営が天龍寺造営事業である。これは、暦応二年（一三三九）に亡くなった後醍醐天皇の追悼と鎮魂を目的に、幕府と朝廷が一体となって行った事業であり、戦没者供養という、戦争に関連する有事の政策の一環として行われた。

ただし、戦争の状況を見据えながらということもあって、事業の遂行は難航した。朝廷とも連携しつつ、荘園の設定と成功による中世前期以来の定番ともいえる資金集めに始まり、最終的にはモンゴルへの貿易船派遣を通じてようやく造営完了という体裁をとることができたのである（早島大祐 二〇一〇）。

この事業の遂行過程で室町幕府の財政的な課題も浮き彫りとなった。

中世における伝統的な財源と言える荘園の設定も、いまだ戦時中ということもあって、財源としては十分な機能が期待できないままであった。そしてやはり中世的な財源であり、官位授与の対価を税収とした成功（じょうごう）は財源としての規模がそもそも大きいものではなかった。また、財政上の苦境を救ってくれたモンゴルへの貿易船派遣も、本来ならば、新しい財源として期待が持てたはずだった。しかし、中国大陸における元明（げんみん）交替の影響で、見通しが立たない状態であったのである。

このように、中世的な財政運用がうまくいかず、幕府財政のかたちもはっきりしないなか、次に幕府がとりかかった大規模な造営事業が、熊野速玉社の遷宮だった（早島大祐 二〇一六）。

まず、そもそもなぜ室町幕府が熊野速玉社の遷宮を行ったのかという背景から説明しておこう。室町幕府三代将軍足利義満（あしかがよしみつ）は、南北朝動乱の終息を目的に諸国の巡見を行った。具体的には寺社参詣（さんけい）を目的にして、軍事的な示威（じい）行為を付随しつつ、北は越前（えちぜん）、南は紀伊（きい）、東は駿河（するが）、西は安芸（あき）にまで足を伸ばすという大規模な視察を行ったのである。

その一環として、嘉慶二年（一三八八）春、義満は紀伊を訪れた。これは義満最初の遠出であったが、そこには、いまだ畿内（きない）の南部に勢力を残していた南朝勢力に対する軍事的威嚇という目的があっ

図2　熊野速玉社　(公社)和歌山県観光連盟提供

た。

そしてもう一つの目的は、神社参拝であった。実は信仰心が篤かった義満は、軍事戦略上の目的と同等に、参拝自体を楽しみにしていたと思われるが、しかし、そこで目の当たりにしたのが荒廃した熊野速玉社の現状であったのである。実は熊野速玉社は徳治二年（一三〇七）に社殿が炎上しており、その後、南北朝動乱の混乱もあって再建されないまま放置されていたからである。

そこで熊野速玉社の再建＝遷宮が、義満の政策課題として浮上することになった。そして熊野速玉社の遷宮事業が南北朝の動乱と直接の関わりがない、という意味でもはや有事の政策ではないことも重要である。つまり、有事から平時への転換点ともいえる事業だったと評価できるわけである。

しかし、ここでも問題となったのが費用の調達である。熊野速玉社の遷宮および神宝（じんぽう）奉納の費用については、名目上、後小松（ごこまつ）天皇、後円融（ごえんゆう）上皇、足利義満、守護が調達したと見られる。名目上としたのは、この時期の天皇家や朝廷は、財政的に幕府経済に依存していたからであり、天皇・上皇の名義で出された資金も、実際には幕府が負担したと考えられる。

では、天龍寺造営の際に財政的課題に直面していた室町幕府は、実質的にすべてを負担することになった今回の費用をどのようにして捻出したのだろうか。この間の事情を物語る史料は乏しいが、当時の幕府財政が将軍家の所領と守護役に依存していたことをふまえれば、守護が実質的にも今回の負担を調達したと見るのが妥当だろう。財政的負担が、上皇・天皇から足利将軍家へ、さらに将軍家から守護たちへと下に丸投げされていた様子が推測されるのである。

このように熊野速玉社の遷宮という、大規模造営事業を遂行するにあたり、財政的にも守護の負担である守護役への依存が顕著になったと見られるわけである。

しかし、先にも触れたとおり守護の負担能力にも限度があった。このことが問題として表面化するのが、第三の造営事業として取り上げる相国寺の創建を通じてのことであった。

相国寺は、足利義満の延命と足利家の菩提追善などを目的として建てられた寺院である。その造営は永徳二年（一三八二）十月六日、相国寺の用地確保のために家屋が移転させられたことから始まりが確認できるが、工事は長期化し、明徳三年（一三九二）八月二十八日にようやく相国寺の落慶法要が行われた。相国寺造営の場合、至徳元年（一三八四）には赤松義則や六角満高といった守護にたいして相国寺普請役が課されており、今回の造営もやはり守護たちの献身的な負担によって支えられていた。

とりわけ播磨国守護赤松義則は命に忠実だった。伊藤俊一によると、相国寺大塔の造営にあたり、赤松の分国である播磨国の荘園に、相国寺材木引役という役が賦課されており、負担の免除や減免を求める荘園領主たちに対して、守護である赤松家の家臣たちは「相国寺材木者、天下之大事、諸国平均煩」と述べて、彼ら領主たちの申し出を拒絶していたという（伊藤俊一 二〇一〇）。相国寺造営がまさしく天下の事業であり、その天下を義則以下の従順な守護たちが支えていたのである。

だが、応永元年（一三九四）九月二十四日、相国寺は火災にあい、大塔も含めて、ほとんどが焼亡してしまい、その再建のために事業はさらに長期化した。この結果、やはりというべきか、守護が負担に耐えきれなくなった。たとえば、伊予国守護で相国寺造営を負担するために上洛していた河野通能が、対立する細川一族から謀反の噂をたてられたり、伊予からの荷物の上洛を妨害されるなどのいやがらせをうけ、応永元年八月に心労で死去していた。

このように、なれない在京生活のストレスも含めて、幕府の命令に従順な守護たちも追い詰められていた。それはすなわち、軍事以外にも費用を拠出すべき対象が拡大するなか、守護役に依存しすぎた初期室町幕府財政の限界を示すものであったのである。

寺社領安堵政策への転換

このように守護たちの献身も限界を迎えつつあったわけだが、その一方で、荒廃していた寺社の再建は進めなければならない。実際、その後も伊勢神宮や南都興福寺の再建など、幕府が予定していた大規模事業の実施日程が迫っており、守護から絞り上げて資金を捻出するだけでは限界があった。

政策と財源が深刻な齟齬をきたす現実を前に、幕府はより現実的なかたちに方針転換をせざるをえなくなった。それはすなわち、寺社のことは寺社の自助努力に任せるようにと方針を転換しはじめたのである。幕府財政の直接的な関与から、寺社の再建事業を切り離したのである。

中世の公武関係史を振り返ると、これこそが幕府と朝廷の本来的なあり方であったといえるが、その契機となったと考えられるのは、応永元年（一三九四）の日吉社参詣である。このとき、義満の参詣を迎えるにあたり、日吉社＝延暦寺は総力をあげて、総額七二五〇貫文、現在の額で七億円相当のお金を義満に進上して、恭順の意向を示したのである（早島大祐 二〇一六）。

ところが延暦寺からお金を受け取った義満は、そのお金をそのまま延暦寺に渡して、講堂を作る資金とするように命令した。これは、寺社の再建が課題であった幕府にとって、自身や守護の懐を痛めなくてもすむ、きわめて好都合な資金調達方法である。おそらくこれに味をしめたのであろう、ほぼ同時期に行われていた春日社・興福寺の再建事業も同じ方針で進められた。

ここで当時の興福寺の状況について確認しておこう。

興福寺は嘉暦二年（一三二七）に寺院内部のもめ事から金堂、講堂、鐘楼、経蔵、廻廊、中門、南大門、西金堂などが焼失していた。さらにその後、五重塔、東金堂も落雷で焼失していたから、建物としての興福寺は、ほぼ実在しなかったといってよい有様だった。再建費用の調達など、頼りにすべき中央政界もこの間に鎌倉幕府の倒壊、建武の新政の瓦解、南北朝動乱の長期化と事実上、機能しておらず、そのために、多くの建物が焼け落ちていた興福寺の惨状は半世紀以上にわたり放置されてきた（安田次郎 二〇〇一）。熊野速玉神社と同様の状況だったわけである。

この状況を前に明徳二年（一三九一）に南都に下向した義満は、やはり熊野速玉社の時と同様に、その再建を誓ったわけだが、この間、明徳の乱から日吉社社参に至る、動乱の終息に手が一杯だったことと、費用をいかに工面するかという問題が立ちふさがっていたために事業はなかなか進まない。

しかし義満が日吉社社参を終えた翌年の応永二年から、事業は再稼働される。

図3　興福寺東金堂

稲葉伸道によると、応永二年四月に義満は南朝支配下にあった大和国宇智郡（やまとのくにうちぐん）を春日社に寄進（きしん）、七月にはそれを一乗院門跡（いちじょういんもんぜき）の管轄にするなど、南都再興のために寺社領を整備するかたちで財源の確保が目指された（稲葉伸道 二〇一八）。

この動きを前提に、三年後の応永五年正月から造替事業がいよいよはじめられる。予定されていた食堂（じきどう）と北円堂（ほくえんどう）の修復は延期されたようだが、応永六年二月十一日に金堂と南円堂（なんえんどう）がなんとか上棟されることになった。これを受けて、義満は三月九日に南都へ下向し、三月十一日に供養が行われた。以上のようなかたちで義満が祈願した南都再興が果たされたのである。

一連の事業遂行にかかった費用は一〇億円相当であったが、その費用は幕府から安堵された興福寺の荘園などからまかなわれた。これは幕府・守護が費用を拠出していた熊野速玉社の事例と比較すると、大きく相違している。

すなわち、荒廃していた寺社を再建するにあたり、幕府・守護が資金を提供するのではなく、各寺社の所領を安堵し、経営再建を後押しすることで、自力で建物を立て直させる方法である。その転換点が日吉神社参詣の時の延暦寺との交渉にあったことは明らかであり、寺社再建を原則的に権門側の自助努力に任せる、日吉社参詣方式ともいえる新しい費用調達方式の採用である。

以上の過程を経て、堂社の再建を含んだ寺社の運営・維持は寺社領を安堵した上で、資金の捻出などは原則的に寺社側の自助努力に任せるというかたちが確立した。対象となる寺社は、当初は義満の個人的な取捨選択と言う要素も多分に残していたものの、足利義満の時代に室町幕府の寺社に対する基本方針が定められたのである。

ここで概観したのは、寺社の事例であり、寺社領安堵政策というべきものであるが、この方針が公家にも敷衍して適用され、室町幕府の祖法ともいえる寺社本所領安堵政策に結実したと考えられる。そして、財政上の要請を背景とした、室町幕府の寺社や朝廷に対する態度決定は、室町幕府の国家的な性格も規定することになった。すなわち、荘園の経営を中心にして寺社をはじめとする権門の自律的性格を公認したために、分権的な支配体制を基調とする中世国家の基本的性格をそのまま継承することになったのである。かくして、室町幕府の求進的性格や主導権を保持しつつも、分権的な国家体制は十五世紀以降も継続することになったのである。

しかし一方で、中世政治の根幹であった朝廷の祭祀・儀礼に対して義満は冷淡な態度を貫いており、これらに対する幕府の基本的な方針はまだ定まっていなかった。この残された課題に回答が与えられるのは、続く足利義持の時代のことであるのだが、この点については後述することにしたい。

遣明船派遣の利益

政策課題として位置づけられた寺社の再建も、寺社領安堵方針の下、各寺社の自助努力に任せるかたちで推進されていったわけだが、南北朝動乱を終息させた足利義満の時代には、戦争の幕引きに伴い、室町幕府が主体となって課税できる範囲・対象はさらに拡大していた。室町幕府が新たに獲得した財源は大きくいって二つあるが、最初にとりあげるのは、先にも触れた土倉酒屋役である。

明徳四年（一三九三）に創出されたこの財源が、延暦寺から義満に対する恭順の意をあらわすにものであったことは別の機会に明らかにした通りだが、年額で六〇〇〇貫文、約六億円相当の財源規模を有していたこの財源が延暦寺による足利家への恭順の意を示す対価という意味もあって、当時はあくまで足利家の内向きの費用にあてられるに過ぎなかったのである（早島大祐 二〇一六）。

そして何より、この時期には土倉酒屋役を凌駕する資金源が登場していた。それがもう一つの新しい財源である、日明貿易の開始に伴い獲得した巨額な貿易利潤である。その獲得の経緯を説明しよう。

応永八年（一四〇一）に、義満が博多商人の肥富と祖阿らを明に派遣して国交を回復して以降、翌応永九年には遣明船が帰国し、幕府主導の日明貿易が軌道にのった。たとえば応永十四年に帰国した遣明船がもたらした金額は、『教言卿記』同年九月十五日条の記録によると、一〇〜二〇万貫文にのぼったといわれており、換算すれば、一〇〇〜二〇〇億円の規模の収入がもたらされたことになる。これは中世国家の財源としては、きわめて巨大である。

先に南都北嶺と総称された、興福寺と延暦寺が義満の饗応のためにかきあつめた金額が七億から一〇億円規模であったことに触れたが、室町幕府はここに至り、中世最大の宗教権門と呼ばれた寺社がひねりだした資金の一〇〜二〇倍規模の収入を獲得するに至っていたからである。

そしてこれは単発の財源とはならなかった。遣明船派遣は、応永八年以降、応永十年から十二年、そして応永十四年から十五年とほぼ連年行われており、派遣に伴う貿易利潤も事実上の恒常的財源化していたからである。所領などの経営実態を伴わず、何よりその額面の大きさという点で、義満晩年の幕府財政は一種のバブル的好況に直面していたといえるだろう。

そのほかにも、相国寺大塔などを建立するにあたり、朝廷の伝統的な財源だった、田地一段ごとに課税が行われる段銭（たんせん）という手段も用いられていたが、これは財源としてはあくまで補助的な位置づけであり、義満が自由気ままに朝廷の財源を侵食するには至らなかった。というよりも、幕府より懐事情の寒い朝廷の財布から、わざわざ、お金を頂戴するまでもなかったというのが実際のところだろう。遣明船を通じて得られた貿易利潤はそれほどまでに莫大だったのである。

土倉酒屋役の公的財源化

このように義満晩年の幕府財政は、土倉酒屋役が小口（こぐち）に見えるほどの遣明船バブルに沸いていたわけであるが、続く足利義持（よしもち）の時代に状況が一変する。後継者である義持が日明貿易を中止した結果、巨額の貿易利潤が幕府の財源から失われることになったからである。

　このように記すと、義持は理念先行で金勘定もできない将軍であるように見える。しかし義持のあとの、六代将軍足利義教が遣明船派遣を再開した際には、明側の国内事情の悪化もあって回賜品も制限されるようになったから、仮に貿易を続けていたとしても、遠からず遣明船派遣に伴う好景気は終焉を迎える運命にあった。つまりは、義持は事態を先取りしていたともいえるわけだが、経緯はさておき、遣明船派遣を中止した結果、幕府は財政の転換を迫られていたのである。そしてこの転換は、政権側の主体的判断という以上に、幕府をとりまく社会状況の変化を契機にもたらされた。

　義持政権末期にあたる一四二〇年代に国内的には飢饉が頻発し、深刻な社会問題となりつつあった。さらに国外的には応永二十六年（一四一九）の倭寇討伐を目的にした、李氏朝鮮による対馬侵攻事件（応永の外寇）が政治問題化していた。このように解決すべき課題が山積する中、五穀豊穣や戦勝祈願などを行う朝廷や寺社の祭祀・儀礼に注目が集まることになった。結果、幕府はそれまで関与を避けていた朝廷や寺社の祭祀・公事の興行を決定したのである。

　しかし問題となるのは、やはり資金である。増大した支出の補塡先として、ここでもまた伝統的な財源である守護役が注目されたが、それに加えて新たに土倉酒屋役がその財源として採用されたのである。

　かくしてこの時期以降、幕府の伝統的な財源だった守護役とともに土倉酒屋役が朝廷の祭祀・儀礼の費用として運用されることになった。足利家の私的な財源であったことに加えて、公的な財源としても規模を拡大し、変質したのである。そして義持政権期以降、土倉酒屋役への依存は急速に進んだ。この点を本来の役割であった足利家の私的な財源としての動きから見ておこう。

永享二年（一四三〇）には故足利義持室の大方殿日野栄子の年中要脚が八〇〇〇貫文、さらに女中方全般の費用が一万一〇〇〇貫文にのぼり、その支出を担った「京中諸土倉」が周章した記事が見える。将軍家の内向きだけでも約二〇億円の負担を求められ、それに加えて幕府の公的支出も担っていたわけだから、負担の多さはすでにこの時点で極点に達していたといってよいだろう。

そして、金融業を通じて蓄えられた土倉の富は土倉酒屋役というかたちで散財されていたわけだが、その資金の流れは間違いなく室町の経済に大きな影響を与えていた。第九章で明らかにした通り、巨額の土倉酒屋役という資金を手にした女房衆は、高級衣料品などの贈与に資金を注ぎ込み、商人・職人たちをうるおわせていた。金融業活況の恩恵を受けた女房たちの浪費が、高級品市場の活性化をもたらし、室町の経済を回していたのである。

都市依存型財政の誕生

足利義持の時代に守護役と土倉酒屋役が幕府財政の柱となったことの意味をどのように評価すべきだろうか。ここで注目したいのは両者の都市的な性格である。

土倉という存在は、そもそも都市的性格の強いものだったが、十五世紀初頭に本来の経営の柱だった荘園経営などの実業の比重を低下させ、京周辺での貸し付けを経営の柱とした新しい土倉が誕生したことで、都市的な性格をさらに強めたと考えられる。

そして朝廷や寺社の儀礼や祭祀の資金として活用された幕府財政のもう一つの柱である守護役も都

市的な性格を強めつつあった。このように述べるのも、十五世紀初頭までに地方支配の要であった守護やその一族の在京が定着しつつあったからである。そのために守護役も事実上、都市住人化した守護から徴収されており、都市課税としての性格も強くしていたのである。

このように同じ守護役といっても、十四世紀の守護役と十五世紀のそれは性格を大きく異にしている。そこで守護在京が定着した結果、都市課税的な要素が濃厚になり、公的財源ともなった十五世紀以降の守護役をそれ以前のものと区別するために、在京守護役と呼ぶことにしたい。土倉酒屋役と在京守護役の主要財源化も背景にして、遣明船バブル終焉後の室町幕府財政は、京の住人や商人を中心に構成される都市依存型財政へと転成することになったのである。

ここまでの内容をまとめておこう。十四世紀後半以降、荘園や成功を柱とした中世的な財政が制度疲労を起こすなか、軍事政権的な財政体質から抜けきれていなかった室町幕府は、軍事以外の新たに取り組むべき課題として浮上した、寺社・公家の再建・再生という課題に対しては、それらの権門が必要とした資金を自助努力に任せ、幕府財政の直接的な対象から外す寺社本所領安堵政策というかたちで着地させた。

その後、遣明船派遣景気を経て、残された課題であった朝廷政治の根幹である、祭祀・儀礼の用途を拠出すべきかという点に対しては、土倉酒屋役と在京守護役を基本的財源とする決定を下した。寺社本所領安堵政策と都市依存型財政という、室町幕府財政の基本方針がここでようやくかたち作られたのである。

3　変容する国のかたち——室町幕府財政の再建から

本節ではまず、都市依存型財政が誕生したのちに起こった、国のかたちの変容について述べていきたい。

下克上と荘園侵略

都市生活者となった領主階級が、耕作などの現地経営に直接、関与しなくなる現象は、いつの時代でも見られるものである。しかし、地方の支配を担うべき守護や守護代、そして本来は荘園代官として、現地経営の専門家の役割を果たすことで財を成してきた土倉すら、現地の支配・経営を別の人間にまかせ、都市生活者としての性格を強めた点に室町時代の大きな特色がある。

このような社会では、大きく言って、三つの動きが加速的に進むことになる。一点目は、領主階級による領地支配の間接的な関与が進んだ結果、経営を直接担った現場担当者の裁量権限が拡大することである。もちろん、都市に住む支配者たちが基本的に経営の手綱（たづな）はしっかりと握っていたことは間違いない。しかし、領主たちのなかで混乱が起こった場合、現地にいた現場担当者たちの裁量権がものをいったということもまた、見やすい構図である。その積み重ねの結果として、現地の人間たちの権限が増大することになる。これはこの時期に顕著になる下克上とよばれた動向の歴史的前提として評価しておくべきであろう。

二点目は、公的な財源となった在京守護役の賦課をひとつのきっかけとして、守護による荘園侵略が正当化された可能性である。先に土倉酒屋役と並んで、在京守護役が朝廷の祭祀・公事を担う公的な財源へ転換していたことを指摘した。そもそも公的の財源となる前から、将軍が守護たちに課した守護役は、必要に応じて五月雨（さみだれ）式に、守護から守護の領国に転嫁され、時に荘園の住人たちに対しても課せられることがあった。そのために、絶えず荘園領主と守護との係争の火種となっていた。

しかしそれはあくまで守護による不法行為として行われていた。荘園が原則として、守護不入の地であったことに加えて、両者の対立は理屈の上では、幕府が寺社本所領の安堵を政策の基本方針として掲げていた以上、荘園領主側に有利に働いたはずだからである。

けれども、守護役が公的な財源として位置づけられたことは、それを賦課する立場であった守護にもある種の正当性を付与することになったのではないだろうか。その結果、守護役の賦課を通じて進められてきた守護による荘園侵略から、「侵略」という要素が希薄になっていったと考えられるのである。

このような状況になると、論理の上で荘園領主と守護の立場は平衡の状態に近づくことになったと考えられる。十五世紀には守護による荘園侵略が日常化した一つの背景には、以上に挙げたような守護役の公的財源化を背景とする賦課の正当化という変化があったのではないだろうか。このような現実を前にして重要になるのは、現地をいかに掌握しているかだろう。しかし代官請負に依存して、自前の荘園支配体制をもはや構築できなかった荘園領主たちはひとたまりもなかったはずである。

守護による荘園支配への介入は、有事において兵粮料名目での関与に限定して認められていた。しかし守護役の公的財源化は、戦乱終息後もなし崩し的に行われていた平時における守護の荘園侵略にお墨付きを与えるものであり、守護領国化を推進させるひとつの大きな契機となったと考えられるのである。

経営投機化の進展

さらに三点目の動きとして、次のこともあげておきたい。それは、所領経営と農業生産の乖離が顕著になった必然的な帰結として、所領経営が、一種のマネーゲーム化することである。そしてこの状況の進展は、それとは別の要因で発生していた新たな参加者と合流することによって、さらに大きな流れとなる。そこで以下では、その新たな参加者について述べていこう。

十五世紀半ばに起こった裁判で、現代人の目からすれば、ある驚くべき判決が下されていた。それは、女性は荘園などの所領を相続できないというものである。女性の相続権に関しては、元寇に代表される戦争の大規模化を背景に、御家人の家の女性の相続が部分的に制限されたり、惣領制の維持などの目的に、「一期分」という一代限りの相続慣行が生まれていたことはよく知られている。そしてこの傾向はさらに強まり、室町時代になると、女性には相続権が存在しないという主張がなされるに至ったのである（早島大祐 二〇一八b）。

このときの裁判で判決の根拠となったのは、しっかりと成文化された幕府法ではなかったようである。しかし、この主張を行ったのが、室町幕府の有力法曹官僚だった事実が重要であり、彼ら官僚たちが裁判を担っていた以上、この判断は実質的には幕府の公的な判断だったといってよいだろう。かくして法制上の根拠もかなり曖昧なまま、十五世紀半ばまでに、なし崩し的に女性は土地相続対象から除外されることになったのである。

では、相続法上、所領相続権を剝奪された女性は、財産を持たざる者として汲々と生活せざるをえなくなったのだろうか。事実は必ずしもそうではなかった。むしろ一部の女性たちにとって、事情は全く逆だったようだ。

その象徴と言えるのが、将軍家奥向の女性たちである。故足利義持室の大方殿日野栄子の年中要脚が八〇〇〇貫文、女中方全般の費用が一万一〇〇〇貫文にのぼっていたことは先にも触れた通りである。さらに圧巻なのは八代将軍室日野富子である。彼女の所有財産は文明十一年の時点で七万貫文あると噂されており、約七〇億円もの蓄えがあったと見られている（「大乗院寺社雑事記」紙背文書）。

ではその原資は何かといえば、第一に想定できるのは土倉酒屋役である。日野栄子が享受していた土倉酒屋役という財源が義政室となった富子の所管となったことは確かだろう。土倉酒屋役が将軍家の私的な財源であったことは、先に述べた通りであり、その経緯もあって土倉酒屋役が将軍家奥向の財源となっていた。要は土地を相続できないならば、現金を持てばいいじゃないか、というわけである。以上の動向は一部の特権的な女性に限定されたもののように見えるが、その後の展開も踏まえれば、ある程度まで中世の女性にも一般的に見られる傾向だったようである。

十六世紀末に日本を訪れていた外国人宣教師ルイス・フロイスは、当時の日本の風俗の一つとして次の証言を残していたことはよく知られている。

ヨーロッパでは財産は夫婦の間で共有である。日本では各人が自分の分を所有している。時には妻が夫に高利で貸付ける（『ヨーロッパ文化と日本文化』）

この記述から、女性が財産権のすべてを失ったわけではなかったことは明らかであるが、所領を相続できなかった彼女たちの財産は何だったのだろうか。それは「妻が夫に高利で貸し付ける」というフロイスの記述をふまえれば、利殖などの経済活動である可能性は高いだろう。土地相続が認められないならば、金融で――。所領経営を制限された女性たちは、以降、貸付などの経済活動に活躍の場を移していたのである。

その一方で、日野富子の時代が、日野栄子の時代とは状況が変わっていたのも確かである。最大の理由は、嘉吉元年の徳政令（とくせいれい）で債務破棄が公認された結果、土倉が展開していた金融業が経営悪化に陥っていたからである。そのために栄子の時代のようには、お金は集まらなかったことは間違いない。

それでは、日野富子の時代の将軍家奥向は、一転して窮乏に喘いでいたのだろうか、といえばそれは事実として正しくない。このような状況は将軍家奥向の財政担当者、具体的には将軍家政所（まんどころ）の人員に経営の手腕をもとめさせることになり、さまざまなやりくりを通じて、富子をはじめとする女房たちの奢侈（しゃし）を支えていたと推測される。

このことを裏付けるように、十五世紀中葉以降、女房衆の衣服料などを名目とした御料所（ごりょうしょ）が設定されはじめる（田中淳子 一九九七）。すなわち、所領支配への回帰である。このような、商業課税から土地への課税へと転換する動きは、この時期ではあくまで部分的なものにとどまったようだが、所領支配への回帰をみせた一因としては、従来、女房衆の日常生活を支えていた土倉酒屋役の不足があったと考えられる。

このように、将軍家奥向財政では、土倉酒屋役の減収という事態を前に、いち早くその解決のための財政手腕が求められたわけだが、そこでの経験が、幕府財政の再建においても大いに生かされることになったと考えられる。そこで次にこの点について触れていくことにしたい。

将軍家奥向財政から室町幕府財政へ

十五世紀初頭に発生した徳政一揆の蜂起や徳政令の発令は京都の金融業者たちの経営を直撃していた。その結果、首都である京都の卓越した経済的立場を低下させ、国のかたちそのものにも影響を与える可能性があったわけだが、この動きは室町幕府のあり方にも、当然ながら変化をもたらすことになった。

その筆頭に挙げられるのが、伊勢貞親の登用である。

将軍家の家政機関である政所のトップである執事を代々務めた家の一つに伊勢家があったが、貞親のときに彼が幕府財政に関与すると、将軍家の家政運用で培われた才覚はここで遺憾なく発揮されることになる。先に幕府財政が、在京守護役と土倉酒屋役への依存を高めていたことを指摘したが、嘉吉徳政以降、土倉が経営危機に陥ったために、土倉酒屋役収入が減少するという財政難に直面していた。将軍家奥向財政と同様の事態である。

この難局に直面した伊勢貞親は、財源の確保に奮闘することになる。幕府が土倉酒屋役減少の穴埋めとして創出した分一徳政令の改正を契機に、幕府財政にも関わりはじめた彼の財政再建の政策基調としては、商業や都市に対する課税を強化した点に特色があった。

一つは商業課税に対する免除特権の廃止である。具体的には従来は課税が免除されていた天皇家に仕える駕輿丁（かよちょう）たちにも課税を断行し、最終的には諸商売役という名目で課税対象を全商人へと拡大したのである。

また都市住人課税についても、洛中を対象にした地口銭（じぐちせん）という間口に応じた住民税が課税されていたが、居住の実態にあわせて、従来は課税対象ではなかった洛外の一部地域にも拡大している。

そのほかにも、田地に対して課税された段銭と呼ばれた、土地一段あたりに課税された地方課税についても、徴収の合理化と迅速化がはかられている。これだけではなく土倉再建策として、土倉の借入運用資金であった土倉合銭（あいせん）に対して、返還義務をなくす徳政令を発令するなど、大胆な施策も展開していく。

さらに、義政の時代には、足利家が蒐集（しゅうしゅう）した美術品コレクションを財政補填策として売却したことが早くから明らかにされている。この点に関連して、桜井英治は、この時期の約束手形の一種である折紙銭（おりがみぜに）などを駆使した財源補填策をとくに贈与依存型財政と評している（桜井英治二〇一七）。

贈与と幕府財政との関わりを指摘したことは、中世社会の特質をついた重要な指摘である。しかし一方でコレクションの売却にせよ、折紙銭の運用にせよ、ありていに言えば、資金不足を補填しようとするやりくりの一つに過ぎないこともまた確かである。そして何より問題なのは、室町幕府財政の柱であった守護役や土倉酒屋役などの分析を経ずに幕府財政が議論されている点である。財政論や財政再建策の検討が総合的な観点から行われるべきであることはいうまでもないだろう。以上の点から、贈与にともない発生した資金の幕府財政上のくりこみという現象も、財政史的には都市依存型財政の再編策の一形態であると評価しておきたい。

これらあいつぐ一連の財政再建策の結果として、従来通りの税収が確保できたかといえば、実はそれは疑わしい。しかし、財政危機に対して、特効薬的にきく財政再建策を発案したのではなく、統合や合理化をはかりつつ、今できることをすべてやろうとしたのが貞親のやり方だった。要は財政危機がやりくり上手を生み出したわけであり、その経験が将軍家奥向財政、そして幕府財政の再建に生かされたと考えられる。

そして将軍家奥向財政でのやりくりの経験は、その運営に実際にあたっていた政所の関係者だけにとどまらず、奥向の主役である人物にも影響をあたえていたと考えられる。

応仁の乱中、足利義尚（よしひさ）が将軍になって以降、母日野富子の政治的活動が活発になり、資金の拠出や貸付を行っていたことはよく知られている。十五世紀までに女性は所領相続の対象から除外される傾向が高まったが、おりしも幕府の訴訟制度の整備も背景に盛況を迎えた金融業に参入することによって、将軍家奥向などの女性たちや、その日常生活を支えた幕府政所の官僚たちは、資金運用の才覚を高めることにつながった。その中から生まれた人材が、幕府財政の再建を主導した伊勢貞親であり、応仁の乱中に貸付けを行ったことなどで非難もあびた日野富子だったのである。

4 国のかたちが失われたあとで

応仁の乱が終結してから四年後の文明十三年（一四八一）に足利義政、日野富子、足利義尚に対して献上された物品は総額で二万七〇〇〇貫文にものぼったという（『親元日記』）。二七億円相当である。依然として贈与経済の健在ぶりがうかがえるが、ではこの状態が恒常的に続いたかといえば、そうではなかっただろう。贈与を支える経済そのものが低調だったからである。

この点を裏付けるのが、十六世紀の土倉酒屋役の徴収額である。

まず十六世紀初頭の酒屋役徴収額は京全体で一五貫文程度であった。この傾向は変わらず、土倉を中心に納められた金額は月七貫文、年額で約八〇貫文に過ぎなかった。かつて土倉酒屋役というかたちで室町幕府財政を支え、二〇億円規模もの金額を拠出していた土倉、酒屋といった商人たちは、八〇〇万円の税を納めることにさえ不満をもらしていたことになる（早島大祐 二〇〇六）。一〇〇年のあいだに、納税額の規模のうえでいえば、〇・四％にまで縮小していたのである。

流通構造の変化も勘案する必要もあるが、十五世紀前半の応仁の乱までの時期と比べて、十六世紀の京都の市場規模が大幅に縮小していたと見ることは十分に可能だろう。同じころ、京都の土倉による金融業も小口化し、規模を縮小させていた（早島大祐 二〇一八a）。富を増やすことも叶わなくなっていたのである。

そして守護在京制も崩壊しており、首都京都の都市としての求心力が、このように低下していた以上、突出した首都の求心力・経済規模を前提としていた都市依存型財政はもはや成立するはずもない。室町幕府財政の根幹であった国のかたちが失われたのである。

このことを裏付けるように、以後の幕府財政は、賦課対象を都市から在地へとシフトする。足利義政と息子の足利義尚の時代、慈照寺の造営は土地への課税によりなされたし、山城国御料国化もこの流れのなかに位置づけられるだろう。卓越した経済規模を有する京都という都市が、その規模を低下させてしまうなど、国のかたちが大きく変わってしまった以上、残されていたのは、数多くの農村と規模の小さな都市だけであったから、土地への賦課を選択せざるをえなくなったのである。

しかし、国のかたちが著しく変わっていた以上、その上に立脚する新しい財政構造の構築には時間がかかることは言うまでもないだろう。十七世紀に石高制という土地を通じた課税・支配制度が展開していくが、その確立に向けた長い道のりがここにはじまるのである。

二　御家人制の消滅

1　御家人制のゆくえ——室町幕府成立までの前提

御家人制は存続したのか

御家人制とは、治承・寿永の内乱（一一八〇—八九年）に際して源頼朝のもとに馳せ参じ、敵方所領の没収とその恩給を媒介に、頼朝と強固な主従関係を結んだ武士、すなわち鎌倉殿の従者である御家人を人的資源にして、創出されたシステムのことをいう。鎌倉時代における御家人制を対象とした研究では、鎌倉殿の「御恩」に対する「奉公」として義務づけられた御家人役が、その実態を把握するための有効な視角とされている。御家人役は、幕府を警衛する鎌倉番役や、鎌倉殿に対する饗応儀式の費用を負担する垸飯役といった恒例役と、内裏諸門の警固にあたる京都大番役をはじめとする臨時役とに大別でき、前者は鎌倉殿との主従関係にもとづく奉仕であるのに対して、後者は鎌倉幕府が担うべき国家的軍務を御家人に転嫁したものと位置づけられている。

もともと御家人は反乱勢力だった頼朝の私兵にすぎず、その内部構成も、広範かつ不均質な武士が動員された内乱期の状況を反映して、曖昧だった。しかし治承・寿永の内乱が終息して、公武の融和がはかられた建久年間（一一九〇—九九）には、頼朝との主従関係の再確認をとおして御家人の限定・明確化が進められ、彼らを従える鎌倉幕府が、国家的軍務である「諸国守護」を丸ごと請け負うという名目のもと、戦時下に編制された御家人集団の平時への定着が決定づけられることになった。その後、十三世紀後半における対モンゴル戦争という軍事課題のもと、鎌倉幕府が兵力の増員に迫られたにもかかわらず、本来の戦力基盤たる御家人制の拡大へと向かわず、本所一円地の非御家人を動員することで兵力不足を補おうとしたことが、これまでの研究で明らかにされている（高橋典幸 二〇〇八）。

　こうした本所一円地と武家領にまたがった軍制は、室町幕府に継承されたと説かれている。つまり従来の通説では、室町幕府は前代の御家人制を基本的に踏襲したと想定されてきたわけだが、実のところ室町時代における御家人制の実態は、これまで十分に検証されておらず、あくまで見通しのレベルにとどまっていた。しかし、鎌倉期には厳密に選別かつ限定されていた御家人身分が、室町幕府のもとでは曖昧化している事実は軽視できない。これは鎌倉幕府とは異なる室町幕府の特質を明らかにする指標の一つとして重要なのだが、この問題を考えるにあたっては、システムとしての御家人制の役割が、室町時代にも維持されていたのかを、それ以前と照らし合わせながら確かめる必要がある。その際、重要な基準となるのは、右で述べた御家人役勤仕の存続あるいは断絶状況である。

　こうした視角の有効性は、軍事分野にとどまるものではない。御家人役の中核は軍役だったが、朝廷の「国家財政」に補塡される御家人役の割合は、鎌倉時代を通じて増大していくことも指摘されている（上杉和彦 二〇一五）。御家人制は軍事・財政にわたり機能していたのであり、鎌倉後期から連続する拡大路線上に、「公武統一政権」とも称される室町幕府の財政を位置づけてよいのかも、確認しなければならない論点となる。そこで本章では、御家人役のなかでも、国制上の鎌倉幕府の役割を反映した臨時役を中心に御家人制の消長について検討し、これとは異なる室町幕府の特質があらわれる要因を述べることにしたい。

平時の国家的軍務

冒頭でもあげた京都大番役は、建久年間（一一九〇―九九）に御家人であるか否かの選別が行われた際に、御家人身分を選択した者に限って勤仕が命じられた、御家人役のなかでも最重視された臨時役である。京都大番役の起源については諸説あるが、後白河上皇と平清盛の提携で高倉天皇が即位した仁安三年（一一六八）が画期の一つと考えられており、治承三年（一一七九）後白河を幽閉した清盛の軍事クーデタ後には平氏により主導されるようになったものの、元来は諸国の武士を広く動員して御所の警備にあたらせる朝廷の公役だった（元木泰雄 一九九九）。平氏の滅亡後に京都大番役を引き継ぐことになった鎌倉幕府は、内乱終息後における自らの存在意義を「日本国を守護する」という名目に求め、これを象徴する平時の国家的軍務として、天皇や上皇の住まう御所の宮門警固を配下の御家人集団に独占させたのである（高橋典幸 二〇〇八）。

鎌倉幕府の保護を享受できる御家人身分は、しばしば非御家人の間で羨望の的とされ、鎌倉時代には御家人か否かが幕府法廷で争われることも珍しくなかった。そのとき御家人身分であることを裏づける証拠としてよく用いられたのが、大番役勤仕を命じる鎌倉幕府の催促状や、その勤仕完了を関東に伝える六波羅探題の挙状といった、京都大番役の「勤仕証明書」であった。御家人制の大きな特色は、このような御家人身分に付随する特権集団としての閉鎖性といえるわけだが、それは結果的に鎌倉幕府の軍事基盤を硬直化させることにつながった。既述のとおり鎌倉幕府は、十三世紀後半のモンゴル襲来という未曽有の危機に直面して、異国警固番役をテコとした本所一円地住人の動員という、基本原理である主従制度の枠外から兵力の補完を試みたものの、御家人制そのものが抱える右の課題を克服できないまま、元弘三年（一三三三）の滅亡へといたってしまった（高橋典幸 二〇〇八）。

　従来の研究は、このような武家領と本所一円地にまたがる鎌倉幕府軍制の延長上に室町幕府軍制を位置づけ、鎌倉時代と南北朝・室町時代とを直結させる傾向にあった。だが実は、その間に挟まる後醍醐天皇の建武政権によって、御家人制はいったん「廃止」されており、この事実をふまえたうえで、室町幕府の史的前提をとらえなおす必要がある。建武政権が御家人制を「廃止」したこと自体は、これまでにも知られていたのだが、現実を無視した観念的な政策とみなされる傾向にあり、積極的に評価されてこなかった。天皇中心の政治をめざした後醍醐天皇は、鎌倉幕府を打倒すると、反発をかえりみず御家人の称号とその特権を剝奪して、御家人と非御家人の区別なく、すべての武士層を直接支配下に置こうとした、というのが一般的な見解だったのである（佐藤進一 二〇〇五）。

　たしかに『太平記』巻十三には、御家人称号の廃止によって、高名な有力御家人らも一般庶民と変わらない扱いを受けるようになり、おおいに憤慨したとあるものの、これは後醍醐天皇の本意ではなかった。「結城家文書」に残る建武二年（一三三五）の事書で、後醍醐は結城宗広や葛西清貞らの忠節

図4　結城宗広像　光明寺所蔵

を称賛したうえで、彼らが鎌倉期には御家人という陪臣身分で落ちぶれていたところ、直接天皇に召し使われることになり喜び勇んでいるだろう、との意向を示している。このことから、御家人称号の停止に特権を否定する意図はなく、むしろ積極的に直参奉公の栄典を付与したと認識していたことがわかる（吉田賢司 二〇〇八a）。それでは、後醍醐が企図した御家人制にかわる軍事編制はいかなるものであったのか。

建武政権の大番役

鎌倉時代に平時の国家的軍役だった京都大番役は、建武政権のもとでも継続されており、建武二年（一三三五）三月一日以前に制定された「大番条々」という勤仕細則からは、御家人制「廃止」後の新たな軍役賦課方式の構想がうかがえる。これによると、建武政権は京都大番役の賦課対象を、①後醍醐天皇が新たに寄進した寺社一円領、②荘園領主の本所や領家・預所が直接支配する本所領、③武家領に区分して、武家のみならず寺社本所にも軍役を割り当て、二条富小路内裏の警固にあたらせたことが判明する。軍役賦課の対象を、鎌倉幕府は御家人というヒトを単位にしたのに対して、建武政権は所領・所職を基準にしたのである。①寺社一円領と②本所領に属する荘官・名主には、寺社や本所の指揮系統を介した動員がはかられ、鎌倉後期以来の枠組みを温存したまま軍制に取り込もうとしていた。既述の本所一円地と武家領にまたがる鎌倉幕府軍制は、モンゴル再来襲に備

えた異国警固番役を契機に構築された関係上、九州全域と中国・四国の一部に限ったものであったが、これが建武政権により畿内近国その他の地域にも拡大されたと評価できる。

もっとも、このような前代からの連続面が認められるいっぽうで、御家人制の「廃止」にともなう二つの断絶面も見落としてはならない。第一に、鎌倉時代には原則として御家人が補任されていた地頭職が、非御家人層に流出する傾向が本格化して、「地頭職＝武家領」とは必ずしもいえなくなった点があげられる。元弘没収地と呼ばれる、討幕後に後醍醐天皇によって没収された北条与党領には、地頭職をはじめとした御家人領が多く含まれていたが、①の新たな寄進地の大半は元弘没収地の地頭職・旧御家人領だった。元弘没収地が非御家人層にも流出した結果、地頭職という所職を基準とする軍役は、旧御家人・非御家人の区別なく賦課されることになった。非御家人層への地頭職流出はこれ以後も続き、鎌倉期の「地頭御家人」といった表現にみられるような、地頭職と旧御家人身分との一体的な把握は困難となる。

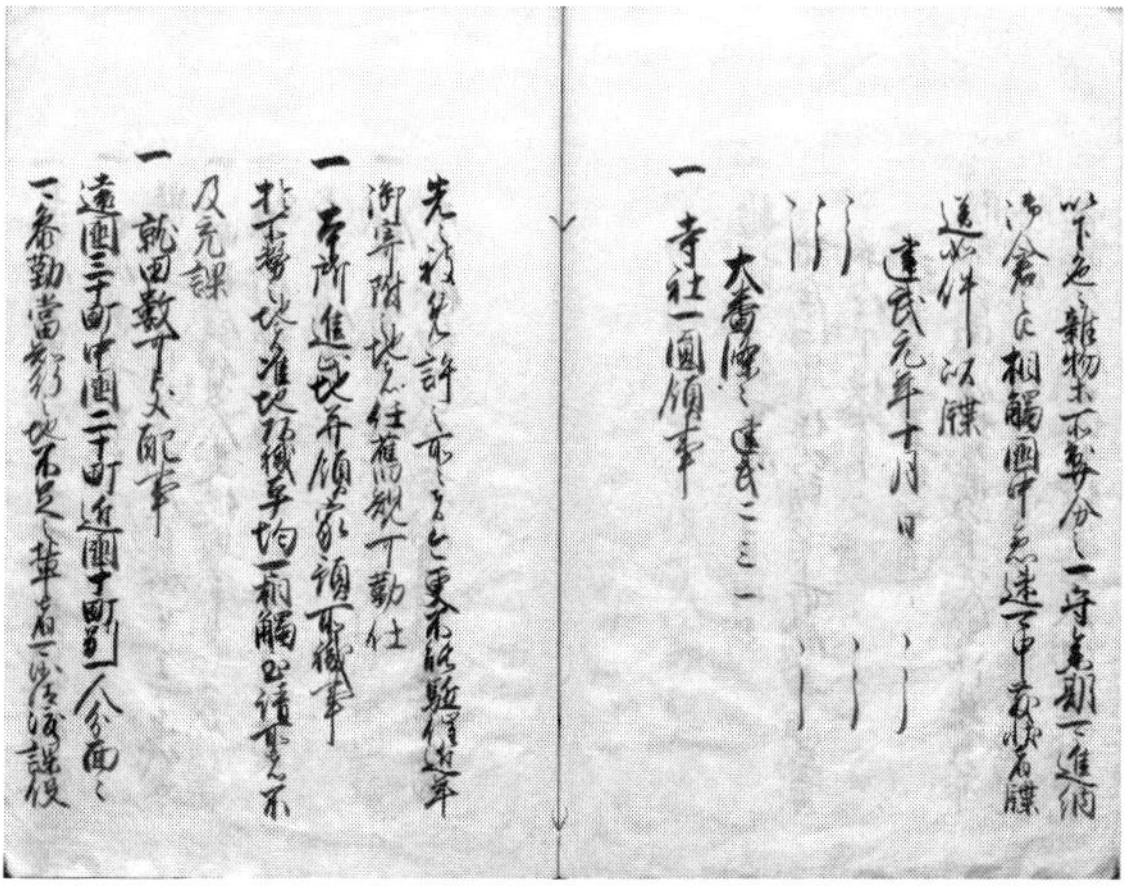

図５　「大番条々」（8 行目以降, 部分）　『建武記』国立公文書館所蔵

前代とは異なる第二の側面は、「某跡」賦課方式の解体である。鎌倉幕府は、たとえば鎌倉初期に御家人Xが負担した御家人役を、X没後の次世代以降に課するさい、賦課単位の把握方法を「X跡」と固定しており、Xの子孫にあたる一族の惣領が庶子に「X跡」に課された負担を配分し、まとめることで勤仕した。このような「某跡」賦課方式は、分割相続が一般的だった鎌倉時代においては、世代交代を重ねるたびに複雑化せざるをえず、鎌倉後期になると幕府は御家人役の安定的な確保に苦慮する事態となっていた。これに対して建武政権の「大番条々」では、単独で軍役を負担しうる規模の所領を保持する庶子には直接勤仕が命じられており、「某跡」の負担単位にかわって、惣領―庶子関係にも個別の所領・所職を基準とした賦課方式の導入が規定されていた。これは、鎌倉時代を通して進展した惣領・庶子関係の変質に対応した方針だったといえる（吉田賢司 二〇〇八ａ）。

2　御家人制壊滅と国家的軍務の変質

京都大番役の廃絶

御家人制「廃止」政策をとった建武政権の崩壊後、足利氏の新たな幕府のもとで御家人称号は復活するが、それは制度としての鎌倉期御家人制の復活を意味するのかは、以上の時代状況を前提にふまえたうえで、慎重に判断しなければならない。

後醍醐天皇に反旗を翻した足利尊氏は、京都での合戦に敗れて九州に退却中、建武三年（一三三六）二月に播磨室津（兵庫県御津町）で軍議を行い、自ら「将軍家」を僭称しだした。尊氏が「将軍家」を僭称しはじめるこの時点をもって、幕府法体系の再起動とみなす説が近年なされている（家永遵嗣 二〇〇七）。室津軍議の結果、中国・四国に派遣された足利一門の諸将は守護・国大将として、各地で尊氏のことを「将軍家」と称する文書を濫発し、これに呼応した西国武士の多くは「御家人」と自称して足利陣営に加わった。足利「将軍家」と自称「御家人」との新たな主従結合は、この時期に守護・国大将を媒介に広域に成立したのだった。このように建武三年二月以降に頻出するようになる「御家人」称号は、足利「将軍家」と主従関係にあることを象徴的に示す自称にすぎず、そこで形成された主従関係は前代の政権から引き継がれたものではなかった（吉田賢司 二〇一〇b）。

よって、「御家人」称号の復活だけをもって、自動的に制度としての御家人制が再生したわけではない。このことを象徴するのが、京都大番役の廃絶である。文明十年（一四七八）、室町幕府の評定衆だった二階堂政行は、故実に明るい前関白の一条兼良に、鎌倉時代に実施されていた京都大番役の廃絶時期を問うており、室町時代に京都大番役は存続していなかったことが明らかとなる。前述した京都大番役の「勤仕証明書」は、御家人身分の証であり、子々孫々に伝えるべき財産の一つとして大切に保管され、室町幕府の成立まもない貞和五年（一三四九）まで、相続に際しての譲状に載せられていたことが確認できる。

このころの初期室町幕府では将軍足利尊氏と弟直義による、いわゆる「二頭政治」がしかれていたが、尊氏が専掌したのは恩賞業務にほぼ限られ、それ以外の政務は直義が総轄し、北朝天皇の土御門東洞院内裏を警固する差配も直義の管轄下にあった。訴訟を指揮した直義は、御家人身分および地頭職の有資格者を精査して、曖昧化した御家人を再び限定化する方針をとっており、システムとしての御家人制の再構築をはかっていたようだが、ちょうどこの時期に、京都大番役の存在は武士たちの間でいまだ強く意識されていたのである。

だが、当初に目指された鎌倉幕府をモデルとした制度設計は、観応の擾乱（一三五〇—五二年）で尊氏と直義の武力抗争が勃発すると、内乱の激化によって頓挫を余儀なくされた。観応二年（一三五一）には、直義攻撃に全力をそそぐため、尊氏・義詮父子は南朝の後村上天皇に降り、北朝の崇光天皇が廃位に追い込まれた正平一統の結果、室町幕府の内裏門役は北朝の消滅にともない名実ともに放棄されるまでの事態となる。翌年に正平一統が破れると、皇位の正統性を保証する先帝も三種の神器も南朝によって賀名生（奈良県吉野郡）に移されるなか、室町幕府は崇光上皇の弟にあたる後光厳天皇の擁立を強行して、急場しのぎで北朝の再建を果たした。しかし、その後三度におよぶ京都争奪戦のため、内裏の警固は、合戦に駆り出された武士に場当たり的になされる不安定な状態が続いた。このような流動的な戦況下、京都大番役の勤仕に関する取り決めは、延文五年（一三六〇）を最後に、武士の相続で譲状に記されなくなり、御家人身分の証として意識されなくなったことがうかがえる（吉田賢司 二〇〇八b、二〇一四）。

室町幕府で内裏門役の「勤仕証明書」が発給された形跡は見いだせず、鎌倉時代のように御家人の厳格な選別指標は、室町時代にはもはや存在していなかった。御家人身分の曖昧化にともない、内裏の警固を御家人に限定して勤仕させるといった、鎌倉期をモデルとした京都大番役は存続不可能となったわけだが、このことはその勤仕形態に象徴された鎌倉幕府の国制上の位置づけが、室町幕府のもとでは観応の擾乱後、なし崩し的に変化したことを示唆している。以下では、その他の軍事・財政にわたる御家人役にも言及して、これらの消滅と公武癒着した室町幕府の確立とが、いかなる因果関係にあるのか述べることにしたい。

篝屋番役の断絶

鎌倉時代の洛中における行政・裁判は、承久の乱（一二二一年）後も、従来どおり朝廷の検非違使が行い、これを補完するかたちで、鎌倉幕府の出先機関である六波羅探題が、追捕や警固といった治安警察を担当した。その主な武力は探題の私的な家人のほか、京都大番役を勤めるために上洛した諸国の御家人と、京都常駐を義務づけられ「在京人」と称される西国の有力御家人だった。暦仁元年（一二三八）鎌倉幕府四代将軍の藤原頼経が上洛したとき、横行していた群盗の禁圧を目的に、洛中の各地に篝屋を設けて在京人を駐在させ、警衛にあたらせることになった（五味克夫二〇一六、塚本ともこ 一九七七）。この篝屋番役についても、他の

図6　鎌倉時代，四条京極の篝屋　『一遍聖絵』巻7，東京国立博物館所蔵，出典：ColBase（https://colbase.nich.go.jp）

物見櫓の上に，御家人が詰める屋形や，防御具の楯がみられる．

一切の御家人役が免除されていたことから、平時の国家的軍務である京都大番役に准じて優先されるべき臨時役だった（高橋典幸 二〇〇八）。

篝屋番役の制度は、鎌倉幕府の滅亡後、建武政権でも継続されていた。このほかに建武政権は異国警固番役も賦課しており、北九州沿岸の警備と石築地の補修を怠らず維持していた（森茂暁 二〇一二）。御家人制を「廃止」した建武政権だが、先述した京都大番役をはじめとした国家的軍務の枠組み自体は、賦課の方法や対象に改変を加えながらも、鎌倉幕府から継承したことがわかる。結論から先に言えば、こうした篝屋番役や異国警固番役も京都大番役と同じく、十五世紀の室町時代には確認できないが、尊氏と直義の「二頭政治」が行われた十四世紀初めごろまでは、前代から引き続き意識されていた。

すなわち初期室町幕府でも、在京人は侍所の指揮下で洛中警固の任に就くかわりに、国もとの御家人役を免除された。既述の鎌倉期における御家人役勤仕の優先順序が、このころ踏襲されていたことがわかるが、「二頭政治」期に侍所を従えたのが尊氏ではなく直義だった点は注意を要する。洛中の辻々に設けられた篝屋も、暦応四年（一三四一）に一条西洞院で存在を確認でき、貞和二年（一三四六）には梅小路大宮に御家人らが駐在した記録があり、初期室町幕府のもとで篝屋番役は実際に機能していたことが判明する。しかし、侍所を管轄する直義の統制下にあった篝屋番役も、観応二年（一三五一）に勤仕の在京人が直義に従って一斉に離京して以後みられなくなることから、観応の擾乱のあおりを受け断絶したものと考えられる（吉田賢司 二〇一四）。なお、さきに付言した異国警固番役も、貞和二年に直義の勤仕指示を最後に史料上から姿を消し、擾乱以後の内乱激化により、海外よりも国内の敵から博多を防衛することが優先されるようになる（佐伯弘次 二〇〇九）。

前節であげた京都大番役と同様に、御家人役のなかでも国家的軍務として優越視された篝屋番役と異国警固番役も、観応の擾乱を機に、ほぼ時を同じくして解体したのである。

異質な洛中警固制度

鎌倉幕府の在京人と、室町幕府の将軍親衛軍である奉公衆の連続性が、これまで指摘されてきた（五味文彦 一九七四）。たしかに、室町幕府が開かれた京都を活動拠点としてきた元在京人は、将軍の親征に従軍する機会に恵まれていた。しかし、たとえば在京人だった田原氏は、観応の擾乱で直義方となったために、尊氏方から所領を没収され、幕府直勤への道が絶たれたように、在京人集団がそのまま直轄軍へと移行したわけではない。擾乱に際しての御家人層の去就と、それに対する室町幕府の賞罰が、将軍に直属する者とそうでない者との二極化をまねく結果となった。鎌倉幕府には存在しなかった直轄軍は、在京人制度の解体を前提に原型が形づくられ、足利義満の応永初年（一三九〇年代）ごろ五番編制の奉公衆が成立するにいたった（吉田賢司 二〇一三、森幸夫 二〇一七）。

いっぽう地域社会においても、混迷きわまる観応の擾乱を機に、御家人制の解体は決定的となる。鎌倉時代に御家役は自身の所領・所職の得分から捻出することが原則とされ、基本的に在地への転嫁を幕府から禁止されていたが、こうした在地転嫁の禁令も貞和年間（一三四五—一三五〇）を最後に出されなくなった（吉田賢司 二〇一三、二〇一四）。前線の戦闘指揮官たる守護は、武家領・寺社本所領の区別なく、軍役の賦課を守護役として恒常化させた。これとともに、御家人や本所領の荘官といった幅広い階層が、「国人」として一括りにされ、守護の地域支配に協力する存在と位置づけられるようになった（伊藤俊一 二〇一〇）。その後も「御家人」という呼称は残るものの、その範囲や資格は鎌倉時代のごとく厳密に限定されず曖昧なものとなり、一般的に国人と呼ばれるようになるのは、以上で述べた歴史的な経緯を経たことによるのであり、鎌倉後期からの連続性で把握できるものではない。

それでは、観応の擾乱を契機に崩壊した、前代以来の京都大番役や篝屋番役に依拠した洛中警固のありようは、いかに再建され、室町時代へとつながっていったのだろうか。

篝屋制度崩壊後の文和元年（一三五二）、侍所は祇園社（現在の八坂神社）に対して、洛中と鴨川東の夜警を要請した。既述の内乱情勢によって洛中警固は、侍所を統轄する所司に選任される大名の被官だけでは人手不足で維持しがたくなり、寺社勢力にも割り当てられたものと考えられる（吉田賢司 二〇一四）。十五世紀の室町時代に侍所の職務は、頭人の所司（山名・赤松・一色・京極・土岐などの在京大名）—代官の所司代（所司の大名家に仕える有力被官）—下級職員の雑色・小舎人（京都の有力住民）の指揮系統のもと、寺社などにも属する「町人」を使役して遂行されたが、こうした侍所による京都「町人」の面的・領域的な動員は、貞治六年（一三六七）前後に定着していくことが指摘されている（松井直人 二〇一七）。この約十年の間に侍所の警察機能は、南北朝初期までにみられた御家人との統属関係を失い、京都の寺社や住人を巻き込みながら立てなおされたのである。

京都大番役の廃絶後、十分に機能していなかった内裏警衛の再建も、この貞治年間（一三六二—七五）を境に進んでいった。この時期には、鎌倉府の管轄下にある東国と、激戦が続く九州を除く畿内周辺の国々では、前線から上洛する守護が増加する（山田徹 二〇〇七）。守護となる大名の在京が恒常化することで、内裏門役にあてる人員不足を解消する条件が、ようやく改善しはじめたのである。内裏宮門の警固は、応安年間（一三六八―七五）には守護役として果たされ、応永年間（一三九四―一四二八）になると四足門＝管領（斯波・細川・畠山の三家）、北門＝奉公衆（既述）、唐門＝評定衆（摂津・二階堂・町野・波多野の上級吏僚）、東門＝御相伴衆（在京大名）・外様衆（番衆よりも格上の幕府直臣）というように、家格ごとに配備される門が固定して勤仕されるようになった（吉田賢司 二〇〇八b）。

　こうした内裏門役の勤仕形態は、戦時の軍役賦課・軍事編制を反映したものだった。四代将軍だった足利義持の執政期（一四〇八―二八年）になると、奉公衆以下の幕府に直属する国人を除いて、これまで幕府から指令を受

図７　洛中巡察　「洛中洛外図屏風」歴博甲本，国立歴史民俗博物館所蔵

上京小川のあたりを巡回する一行．所司代の配下と推定されている（京都市編 1968）．

けていた国人の大半は、守護の指揮に一任されるところとなり、将軍との主従結合を象徴する「御家人」表記そのものが、室町幕府の軍勢催促状から姿を消すことになる（吉田賢司 二〇一〇a）。内裏門役や洛中警固の勤仕が御家人身分の証左とされた時代は、すでに過去のものになっていた。これらのように、観応の擾乱を経て再建された室町期京都の治安警察制度は、諸国御家人の番役によって維持されていた鎌倉期の洛中警固とは、まったく異質なものだったのである。

3　臨時役財源の途絶と代替

御家人役と武家御訪

本章の冒頭でも述べたように、御家人役は軍役を中核としたものだったが、鎌倉幕府に対する平時の経済奉仕も含まれた。このことから御家人役は、幕府から朝廷に拠出される御訪と称する助成の財源にもなっていた。鎌倉時代、朝廷が取り仕切る「国家財政」は、年中行事などの恒例公事については諸国の所課、即位式などの臨時公事については荘園・公領に一律賦課される一国平均役（段銭）を基本財源としたが、不足分の一部については、朝廷を支える諸勢力から御訪を募って充当されていた。したがって御訪は、本来あくまで臨時の補塡、かつ形式上は任意提供の援助であり、恒常・強制的な税負担ではなかったのだが、朝廷は鎌倉幕府の御訪に対する依存度を強めていき、その財源となる御家人役の役割や比重は、増大の一途をたどった（本郷恵子 一九九八、上杉和彦 二〇一五）。

このように鎌倉時代に御家人役は、軍事だけでなく公武の財政を支えていたわけだが、御家人制の壊滅によって、その社会的機能の空白はいかにして補われたのだろうか。鎌倉幕府を滅亡へと追い込んだ後醍醐天皇は、建武元年（一三三四）十月に諸国を治める国衙に対して、荘園・郷保の地頭をはじめとする所職の知行田地を報告のうえ、正税以下雑物などの収益二十分の一を「御倉」に納付させよと命じた。前述のとおり、討幕の恩賞や寄進に割り当てられた地頭職は非御家人層にも流出しており、「地頭職の保有者＝旧御家人」とは限らない状況が進んでいた。建武政権は京都大番役と同様に、「ヒト」を単位とする主従関係にもとづいた御家人役の負担体系、すなわち既述の「某跡」賦課方式を解体し、荘園・公領の所職や所領を基準にした公役の徴収を目指したものと考えられる（吉田賢司 二〇〇八a）。

だが建武政権の崩壊後、暦応元年（一三三八）に初期室町幕府は、光明天皇即位に際しての大嘗会費用の徴収担当を、武家領に限りたいと北朝に申し入れ、武家御訪を提供した。このことから当初、室町幕府は公武の区分を意識して、鎌倉期における公事用途調達方式の復活を望んでいたことが指摘されている（松永和浩 二〇一三）。すでに述べたように、直義執政下の初期室町幕府では、御家人身分の再固定化が進められており、これにともない武家御訪の財源となる御家人役の徴収も再開されはじめていた。たとえば、暦応二年益仁親王の立太子費用や、貞和四年（一三四八）光明天皇の譲位費用が、御家人役として賦課されている。これらの御家人役は、京都と所領の各拠点に配置された一族や被官が分業して納められたが、こうした諸国に散在する武家領のネットワークも鎌倉期以来のものであり、南北朝初期にはまだ温存されていた（吉田賢司 二〇一三）。

暗中模索の代替財源

室町幕府の成立直後には、既述の軍事警察制度と同様に、鎌倉幕府をモデルとした財政基盤の構築が目指されたわけだが、こうした将来構想も観応の擾乱で頓挫した。遠隔地に散在する武家領は、尊氏・直義・南朝の軍勢が混戦するなか不知行化が相次ぎ、貞和五年（一三四九）まで京上されていた御家人役は、観応年間（一三五〇―五二）には断絶してしまう。財政破綻の危機に瀕した幕府は、守護からの資金援助などで急場をしのいだ。これは主従制的財源ながら、御家人一般に広く課された御家人役とは異なり、特定の有力者による将軍への贈与を本質としており、室町時代の「守護出銭（しゅつせん）」と呼ばれる財源の萌芽となる。地頭御家人役の立てなおしもはかられたが、もはや地頭が必ずしも御家人とは限らなくなった段階で、地頭職（武士とは限らない）を賦課基準とした地頭役（じとうやく）へと実態を変質させた。これは守護役とともに京上されたので、室町時代には守護が徴収を請け負う国役（くにやく）となる（山家浩樹 一九九九、桜井英治 二〇一七、吉田賢司 二〇一三）。

ただし守護に依存する財源は、戦況や政治情勢に左右され不安定だった。室町幕府は財政窮乏から脱却できないまま、正平一統の破棄後には、「北朝の軍隊」としての体裁を再び整える必要から、荒廃した北朝の復興テコ入れに積極化せざるを得ない事態におちいった。自立困難な北朝を抱え込み、朝廷儀礼にかかる莫大な費用を捻出しなければならなくなったのである。文和元年（一三五二）、混乱のなか挙行された後光厳天皇の践祚（せんそ）は詳細不明ながら、十八万疋（ひき）という多額の費用を要したことから、これを強行させた幕府が全額費用を負担したと推測されている（松永和浩 二〇一三）。注目されるのは、同年に幕府が異例にも土倉酒屋に対して、朝廷関係の費用に充てる天役を臨時役として課したことである。京都で金融業を営む土倉酒屋の多くは延暦寺の配下に属しており、これまで容易に課税の対象にできなかったのだが、今回は免除申請を受け付けず徴収が強行されたことから、後光厳践祚に関わる費用を調達するためのものだったと考えられる（吉田賢司 二〇一四）。

応安三年（一三七〇）後光厳天皇の譲位費用は、幼少の将軍足利義満を後見する管領細川頼之が、先述の守護出銭方式で在京大名に費用を負担させようとしたところ、彼らの協力を得られず拒否されたため、しかたなく土倉役の徴収代行を朝廷側に打診して用意された（吉田賢司 二〇一三）。同じ譲位費用でも、かつて御家人役として賦課された貞和四年（一三四八）の光明天皇のときと比較すると、その違いは歴然としている。この応安年間（一三六八―七五）に、臨時の資金援助だった武家御訪は放棄され、恒常的に室町幕府が朝廷にかわって段銭の催徴を行うという税賦課方式に制度化されることになった（早島大祐 二〇〇六、松永和浩 二〇一三）。朝廷の「国家財政」を外部から支援する武家御訪のありようは、その財源となる御家人役の途絶によって、朝廷財源の催徴を丸ごと肩代わりすることで幕府の責務を埋め合わせる方式へと移行したのである。

図8　細川頼之像　地蔵院所蔵

朝廷に属する検非違使庁の職権や、延暦寺など諸権門の利権を、室町幕府が奪取していくかたちで、「治安警察→行政・裁判→商業課税」の順に、公家・寺社勢力の政治・経済基盤であった京都の「支配権」を確立させるという、いわゆる「権限吸収」論は、「公武統一政権」の様相を呈した室町幕府権力の形成を明快に説明するものとして、これまで通説となってきた（佐藤進一 二〇〇五）。

御家人制壊滅の帰結として

しかし近年、このような「権限吸収」的な視角に対して見なおしが進んでおり、観応の擾乱後、衰退いちじるしい北朝の求心力を強化する必要から、室町幕府は朝廷の財源だった段銭などの催徴を代行したとの理解が示されている（松永和浩 二〇一三）。これに加えて、以上で述べてきたとおり、観応の擾乱は北朝だけではなく、室町幕府の制度や基盤にも甚大なダメージをあたえ、当初に目指された御家人制を基盤とした権力構想は、もろくも挫折したという事実も忘れてはならない。室町幕府の特質としてあらわれる公武の融合は、室町幕府が喪失した主従制的な基盤の再構築とともに、相互補完的に推進されたのだった。

京都市中の警察・裁判に対する幕府侍所の関与も、観応の擾乱後に機能不全におちいった検非違使庁にかわり、公家社会の強い要請を受けるかたちで本格化したこと、さらに明徳四年（一三九三）、幕府が土倉・酒屋に恒常的な課税を実施できたのは、内乱で中絶した祭礼の復興支援を通じて延暦寺に属する勢力を懐柔し、良好な関係を築いたうえで了解を引き出したことが背景に考えられている（早島大祐 二〇一〇）。ここでもやはり、室町幕府そのものの警察機能が、観応の擾乱で大打撃をこうむり大きく変化したことや、土倉酒屋役との初めての接点が、後光厳践祚の費用を捻出するため、御家人役にかわる財源の付け替えから始まったことなど、本章で論じた御家人制の消失を考えあわせることで、その本質に迫れよう。「権限吸収」と呼ばれる現象は、武家政権の発展上ではなく、朝廷・幕府双方の再建を連動させて捉えなければならないのである。

三　「守護在京制度」とは何か

1　守護を兼ねる在京大名

室町期の「守護在京」

室町期京都の特質を考える際に、注目すべきトピックのひとつに、「守護在京」と呼ばれる現象がある。室町時代には、幕府が守護の理由なき任国下向を制限して「守護在京」は常態化し、彼らの一族やその被官を含む多くの地方武士（国人）も京都に居住するようになっていた。ただし鎌倉時代の京都にも、六波羅探題や在京御家人（在京人）、さらに京都大番役を勤仕するため上洛した諸国の守護・御家人が駐留しており、武家の組織的な在京自体は前代にも共通してみられる。また六波羅探題や在京人は、西国守護を兼任する場合もあり、「守護在京」という行為それだけでみると、室町時代に限ったものではない。このような類似の条件が存在したにもかかわらず、「守護在京」を室町期京都の特質として論じるためには、二章で取り上げた御家人制の崩壊とともに、南北朝の内乱をはさんで変質した、守護の「中身」を問うことが重要となる。

したがって、守護の在京形態が、室町時代とそれ以前とでいかに異なるのかも論点となる。中世の京都は自然環境に適応するように、旧平安京の東半分を母体に再生した都市だったが、さらにそのなかでも北部と南部それぞれで独自に発展をとげることになった。その結果、洛中は十五世紀の室町期になると、左京エリアの二条大路をおおよその境として、内裏・幕府の所在地で廷臣や大名が暮らす北の上京（上辺）と、商工業者が集住して経済活動に従事する南の下京（下辺）に、大別されるようになった（京都市編 一九六八）。このように室町期京都における「武家の空間」は、おおむね上京を中心に広がっていたのだが、鎌倉時代には洛外にあたる鴨川東の六波羅と、洛中でも下京の一部地域に限られていた武家勢力の拠点が、室町時代いかにして上京へと広げられることになったのか、単に領域的な問題だけではなく、質的な実態をも含めて考える必要がある。

そこで本章では、必要に応じて叙述を室町時代よりも以前にさかのぼらせることで、京都に「武家の空間」が形成・確保されるまでの過程についても留意した。これまでに明らかにされた研究成果を整理し、鎌倉時代・南北朝時代の状況とも比較しつつ、室町時代の「守護在京」にあらわれる独自のありようを確かめ、その歴史的特質について論じることにしたい。

「守護在京」の道程

室町期に守護が在京したこと自体は、従来から知られてはいたが、近年その形成過程の詳細が明らかにされた。それによると、足利尊氏が後醍醐天皇の軍勢を破って入京した建武三年（一三三六）六月から、各地に諸将を派遣する軍事行動が続いたが、暦応元年（一三三八）七月に京都南郊における南朝の拠点だった八幡が陥落して戦況が好転すると、東は下総、西は長門にいたる、かなり広い地域の守護が在京するようになることが確認されている。守護職を帯びた人物の都市在住や政権参加のあり方は鎌倉期から引き続くものであり、「守護在京」を室町幕府特有の制度として前提視することに疑問も出されている。このように、前代との共通点を見いだせる当該期は、「前期在京期」とも呼ばれている（山田徹 二〇〇七a）。二章でもふれたとおり、このころは足利直義の執政下、鎌倉幕府をモデルに初期室町幕府の制度が整備されていく時期にあたり、以下で述べるとおり同じ「守護在京」という事象でも、室町時代のものと実態を区別して考える必要がある。

すなわち、鎌倉期の状況をうけた「守護在京」のあり方は、初期室町幕府の制度・機構と同様に、観応の擾乱で崩れ去り、文和年間（一三五二―五六）には各地の激戦に対処するため、京都を引き払い諸国に出陣する諸将の数が増加する。しかし、貞治・応安年間（一三六二―七五）以降になると、戦局の好転にともない、鎌倉府を中心に秩序が形成される東国と、反幕勢力の平定戦が続く九州に挟まれた畿内周辺の国々で、地域偏差をともないながらも守護の上洛が段階的に進む。三代将軍だった足利義満は、明徳の乱（一三九一年）や応永の乱（一三九九年）鎮圧で有力大名の勢力削減に成功し、その間に果たした南北朝の合一（一三九二年）によって六十年にわたる内乱に終止符を打った。こうした政情の安定化を背景に、明徳年間（一三九〇―九四）に在京する守護の範囲が拡大し、応永年間（一三九四―一四二八）には室町期における「守護在京」の定着をみた（山田徹 二〇〇七a）。

南北朝・室町期に進んだ「守護在京」にともない、京都における武家関係者の人口は数万人におよんだとされる（京都市編 一九六八）。もっとも、有力守護のあいだでさえ、在京にかかる経済負担の重さから在国志向が強かったことから、京都に駐留させる軍勢は必要最低限にして、コストを低く抑えていた可能性が指摘されている。このことは、京都で政変もしくはその予兆があると、諸国から軍勢が続々と上洛したことからも裏づけられる（桜井英治 二〇〇三）。先述したように、鎌倉時代にも西国守護を兼ねる六波羅探題・在京人およびその被官、さらに京都大番役勤仕の諸国守護・御家人が駐留したことも勘案すると、室町期の「守護在京」は、単に「数」だけではなく、その「質」を問うことが重要になってくる。

それでは、鎌倉時代における六波羅探題・在京人の京都常駐や、これを引き継ぐ暦応年間の「前期在京期」と、室町期の「守護在京」とは、質的にどのような点で異なるのだろうか。鎌倉時代における守護の職務は基本的に、管国内の御家人に内裏・院御所を警固させる京都大番役と、謀叛人・殺害人の逮捕といった、大犯三か条と呼ばれる事項に限られていた。ところが、観応の擾乱後の内乱激化を機に、守護は戦時の総動員態勢を構築する一環で、任国の荘園・公領に軍役を頻繁に賦課しはじめた。やがて守護の在京化にともない、こうした守護役が公方役というかたちで恒常的に京上されるようになり、これに関わる荘民をはじめとして、地域社会の広範な階層も上京や在京をしなければならなくなった。その結果、在京守護の任国と京都のあいだの人・物の往来が緊密になり、室町期に京都の求心性は前代よりも強まることになったのである（早島大祐 二〇〇六、伊藤俊一 二〇一〇）。

守護の上洛が進んだ応安年間（一三六八―七五）には、二章で述べたように、室町幕府が朝廷にかわって段銭などの調達を肩代わりし、現地で守護に催徴させるようになっていた。観応の擾乱後の内乱情勢を背景にした守護役や段銭の恒常化・京上は、鎌倉期の守護がいくら在京しても起こりえない現象である。武家勢力の組織的な在京自体は前代にも共通してみられるが、類似の条件・現象が存在したにもかかわらず、室町時代に京都の求心性が以前よりも高まったのは、守護の「中身」に変化が生じたことを一因としている。

守護不入地の両義性

ただし、室町期京都の卓越した求心性を考える場合、特定の所領に対する守護の干渉を幕府が禁じる守護不入地の存在を、いかに考えるのかも問題となる。

将軍義満が公家社会に参入し、公武にわたる室町殿として権力をふるいだす永和・康暦年間（一三七五―八一）から、段銭や守護役などの諸役免除や、守護の中間搾取を防げる京済と呼ばれる京都での直納も、室町殿が認定するようになった。これにともない、室町殿に直属する奉公衆などの武家直臣や、彼と親密な公家・寺社の所領に対して、守護不入の特権が付与されていったのである。よって室町期京都の求心性は「守護在京」だけを指標にすると、不入地のように、守護の支配が十分におよばない領域を取りこぼす弱みがあるのだが、これを補うのに有効なのが、「守護在京」を「守護職を兼ねる大名の在京」ととらえなおす視角である。在京大名は基本的に守護を兼ねたことから、従来は守護と大名とを同一視しがちだったが、近年では双方を区別して室町期の社会を多角的に論じる傾向にある。実は在京大名も守護とは別に、室町殿に直結して守護不入特権を保持する、もう一つの顔をもっていた。

すなわち、在京大名は政変や追討戦の機会をとらえ、自身の守護任国以外の諸国にも大規模な散在所領をいくつも獲得しており、守護としての側面だけではとらえきれない性格を有していた。足利一門を中心とした大名が、守護職に加え、大規模な所領を争奪・獲得していくのは、恒常的な在京が増加して中央で党派的な政争をくり返した、貞治年間（一三六二—六八）のこととされる（山田徹 二〇〇八）。もっとも、守護となる大名も任国外の散在所領においては、段銭や守護役を他国の守護に納入しなければならない立場にあった。在京大名は、所轄の守護としては諸役徴収の請負化で領域支配を推進するが、散在所領の領主としてはこれを忌避したいという、相反する志向性を有していたのである。守護を兼ねる在京大名は、おのおの任国外にも散在所領を領有したがために、相互にこれを尊重し保証しあう関係が築かれ、守護不入は制度として定着することになった。室町幕府も大名家の相続にあたり、散在所領の安堵状と守護職の補任状とを区別して、それぞれ別紙で与えたことから、大名の両側面を混同していなかったことが見て取れる（吉田賢司 二〇一〇、二〇一三）。

このように在京大名は、地域を統轄する守護職を兼ねるとともに、守護不入特権を有する大領主でもあったと理解すれば、人口や守護の視点のみではもれてしまう地域の「富」も、京都に回収される事象の説明が容易となる。室町期京都の卓越した求心性は、都鄙にわたる在京大名の多面的な結びつきを視野に含めることで、総体的に把握できるのである。

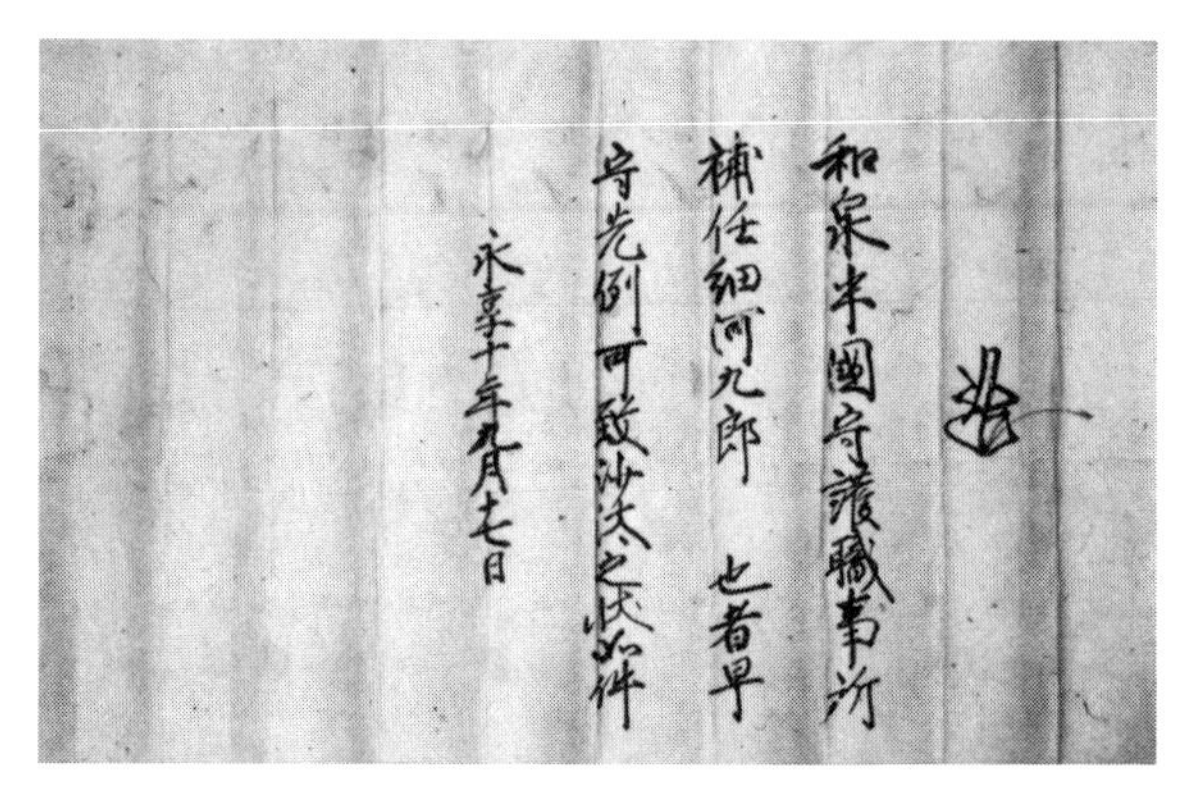

和泉半國守護職事所
補任細河九郎也者早
守先例可致沙汰之状如件
永享十年九月十七日

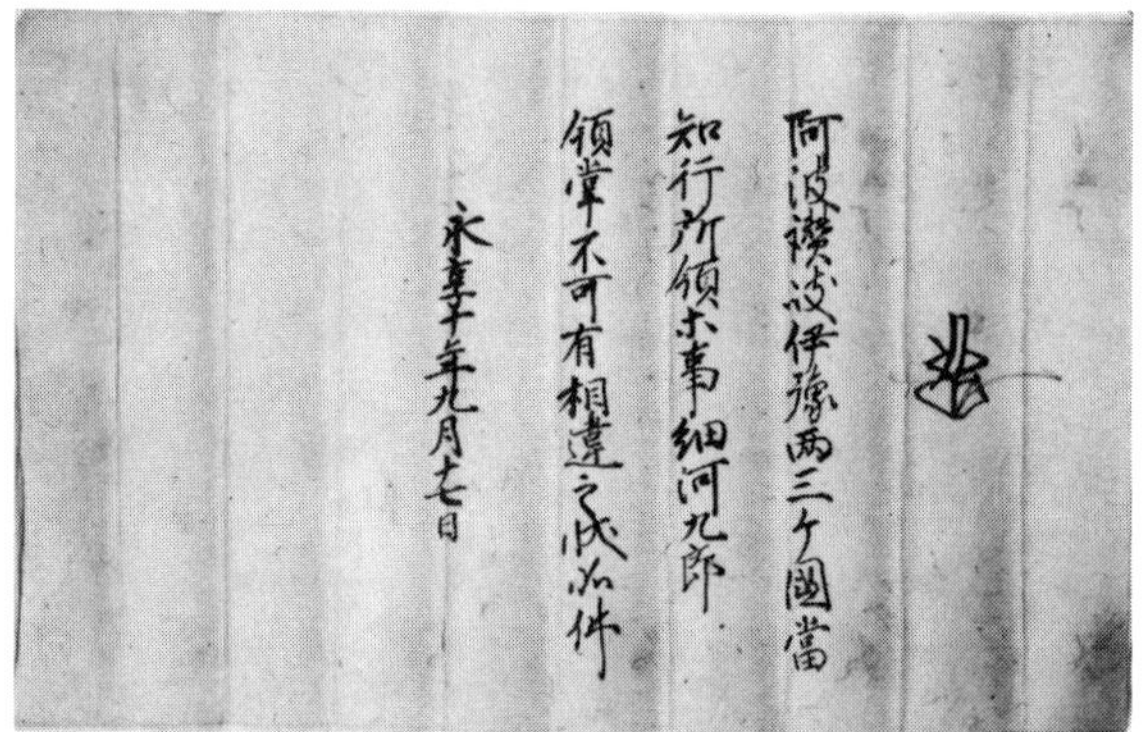

阿波讃岐伊豫両三ヶ國當
知行所領等事細河九郎
領掌不可有相違之状如件
永享十年九月十七日

図9　将軍足利義教が細川教春に与えた守護職補任状（上）と当知行地安堵状（下）『細川家文書』（公財）永青文庫所蔵

和泉半国守護職の任命と，阿波・讃岐・伊予に散在する所領の支配保証とが，永享10年9月17日の同日付で，別紙に記されている．文書の袖（右端）に，義教の花押がすえられている．

在京の方法と実態

大名やその被官たちが、洛中に居住空間を確保するまでの過程は、いかなるものであったのか。鎌倉幕府の御家人は鴨川東の六波羅、つまり洛外を拠点としたが、洛中の南北をとおる東洞院—東京極大路間と、東西をとおる三条—五条大路間に囲まれた下京の一部エリアにも集住していた。東海道に通じる粟田口に近いこの区域は、建久元年（一一九〇）源頼朝上洛の供奉や、洛中警固などの在京活動を遂行するため、朝廷の許可のもと鎌倉幕府の領有下に入り、御家人に配分されたものと推定されている（木内正広 一九七七）。鎌倉幕府の滅亡後、こうした京内の武家地で北条氏ゆかりのものは、後醍醐天皇に没収され、討幕に功績のあった武家に再分配されたようである。六波羅探題を攻め落とした足利尊氏は、建武二年（一三三五）までに六波羅から洛中の二条高倉へと移り、南隣の三条坊門には弟の直義が居所を構えた。そのすぐ北西の二条富小路には後醍醐の内裏があり、これらの邸宅は天皇から足利氏に与えられたものと考えられている（上横手雅敬 一九八七）。

南北朝内乱の勃発後も、下京の洛中東部一帯が武家勢力の中心的な居住区だったが、こうした状況は、鎌倉期以来の傾向を引き継いでいたといえる。直義の宅地だった三条坊門は、彼が将軍尊氏から政務を委任されたことで、室町幕府の政庁としての役割を果たすようになり、この周辺に幕府奉行人や大名およびその被官の多くも居住していた。南朝との戦争に専念した将軍尊氏は居所を転々としており、自身が擁立した北朝の天皇が住まう上京の東洞院土御門内裏を防衛すべく、その南隣に居住することもあったが、幕政の中心は下京の三条坊門におかれたのである（田坂泰之 二〇一六）。既述の

「前期在京期」にあたるこのころは、二章で論じたように、鎌倉幕府に類似した洛中警固や御家人役徴収がいまだ行われており、洛中における武家邸宅の空間配置も前代の影響を色濃く残していたことがわかる。

ただし、在京人の系譜をひく小早川氏のように、前代以来のこうした敷地を確保できる武士は一部に限られた。内乱で軍勢の上洛・下国がくり返されるなか、室町幕府は武士による民家の強制収容を禁じるいっぽう、罪人から没収した家屋を在京武士に斡旋するなどしたものの、家屋の建つ敷地の権益は旧来の寺社本所に基本帰属しており、居住の保証には限界があった。在京武士も幕府をあてにせず、相互に家屋を貸し借りしたり、寺社本所に直接交渉して境内や土地に借り住まいしたりと、多様な方法で居所の確保に努めたが、その居住形態は内乱に影響され臨時的なものだった。ところが、貞治年間以降に大名の在京が進むと、方一町（約一二〇平方メートル四方）の大規模な「大名邸宅」や、その近辺に一定の空間的なまとまりをもった大名被官の居所が、室町期を通じて確認されるようになる。さらに永和四年（一三七八）、足利義満が烏丸今出川に室町第を造営し、創業以来の三条坊門第から移ったのを機に、在京大名は既存の「大名邸宅」とは別に、室町第の近辺で出仕に利便な「第二の邸宅」を設け、その居住域が下京から上京へと広がることになった（松井直人 二〇一五）。

三条坊門第は応永十五年（一四〇八）義満没後に四代将軍義持により再び使用され、上京＝武家・公家居住域、下京＝商工業地域という住みわけが定着するのは、永享三年（一四三一）三条坊門第を放棄して室町第に移った六代将軍の義教以降のこととされる（田坂泰之 二〇一六）。だが、大名家本邸と副邸の存在に注目した松井直人の研究は、将軍御所の移転ごとに大名も追従して周辺に居を構えなおすというイメージの再検討とともに、これらの存立形態も解明した点で重要である。すなわち、下京の春日（かすが）・万里小路（までのこうじ）に立地する畠山（はたけやま）氏の「大名邸宅」は、廷臣万里小路家の所領上に建てられており、畠山氏のような有力大名でも敷地使用料の地子（じし）を、領主の万里小路家に納める立場にあったことが指

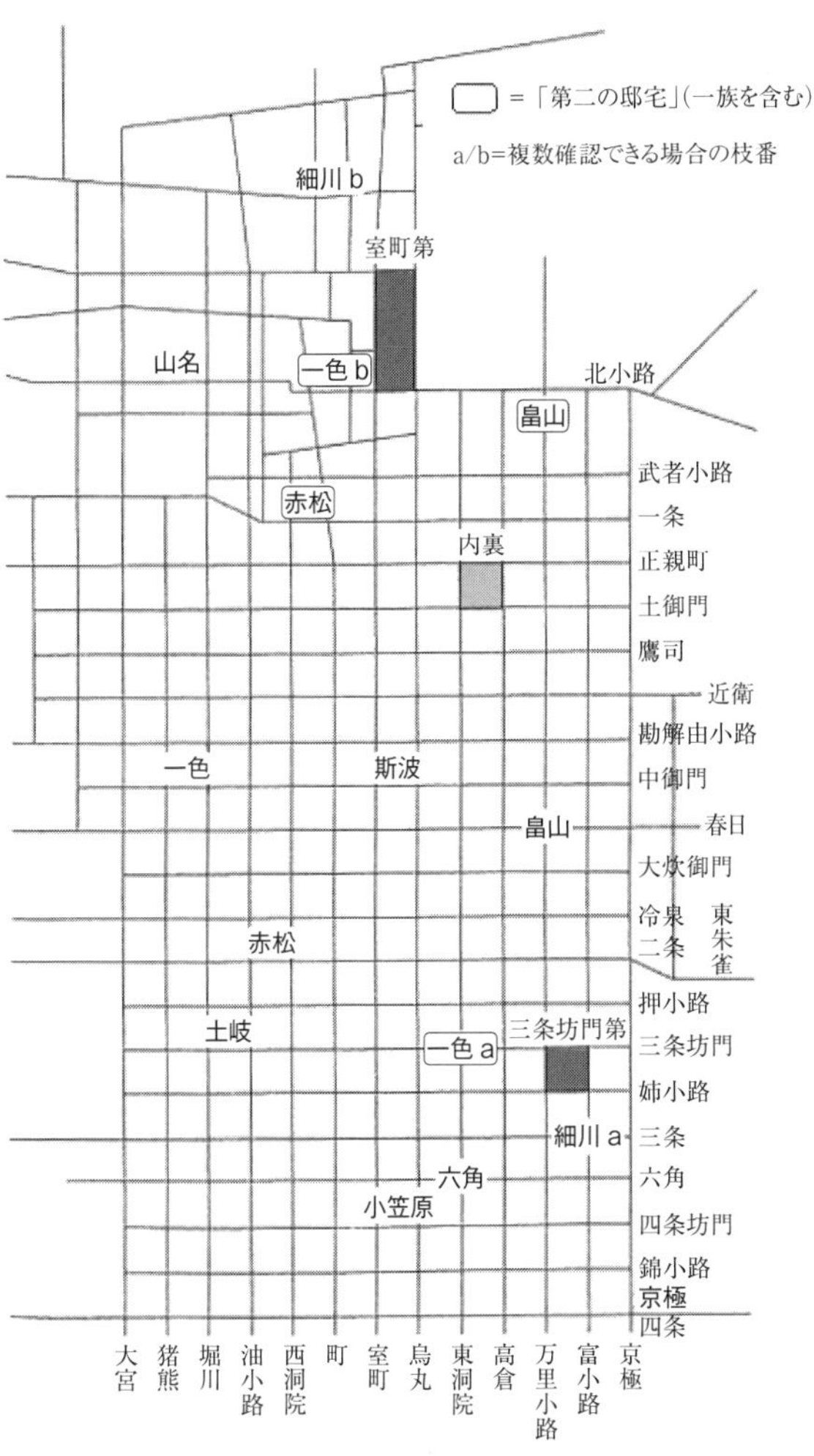

図 10 「大名邸宅」・「第二の邸宅」位置図　松井直人 2015 をもとに加工

摘されたのである。万里小路家は室町殿に奉仕する家司で、その庇護をうけていた。ほかにも室町殿と親しい寺社本所との個別交渉で、在京に必要な居所を確保する武家勢力が複数検出されている。

室町期の武家在京は、寺社本所の権益を一方的に否定するものではなく、むしろ室町殿に保護される寺社本所の領主権を前提に、安定が保たれたとする松井の評価は、前節で述べた室町殿との関係を軸とする秩序が、京都での武家の居住方法をも制約したことを示している。

管領制と大名衆議

在京大名は幕政に参与したが、そのあり方も観応の擾乱で大きく変化する。擾乱前の初期室町幕府が鎌倉幕府をモデルに発足したことは再三ふれたが、将軍尊氏にかわり直義が執政する「二頭政治」も、将軍不執政の伝統のもと北条嫡流の得宗が政務を担う鎌倉幕府の政治形態に酷似した（吉田賢司 二〇一四）。このことは、直義の管轄下にあった政務機関にもあてはまる。たとえば、所領裁判の所務沙汰を審理する引付方の頭人（三〜五人）や、その上位の決裁機関である評定を構成する評定衆（十人前後）などの役職も、鎌倉幕府から導入されたものだった。違ったのは、鎌倉期に北条一門で占められたこれらの重要ポストに、前代以来の足利被官を出自とする高・上杉両氏の有力者が就任したことである。だが観応の擾乱にともない、高・上杉両氏は互いに抗争して打撃をうけ、諸将の離京・下国で人材も不足するなか、京都に残り忠勤に励んだ京極・土岐・細川・石橋の諸氏が重用されるようになり、幕政の担い手として発言力を増していった。彼らは畿内近国守護を兼ねるとともに、評定衆や引付頭人などの役職にも抜擢された（山本康司 二〇一八）。

このように内乱情勢に左右され、在京大名の勢力図に変化が生じたわけだが、これは単に幕府機関の重職者メンバーが入れ替わっただけの話ではない。すなわち、引付方は観応の擾乱で機能不全におちいり、それまで実施されていた毎月六回の定例開催を維持できなくなっていた。訴訟案件は衰微した評定・引付にかわって、将軍親裁の恩賞沙汰と同一構成の御前沙汰で処理されるようになり、義満の親政が開始される永和年間（一三七五—七九）には、奉行人が将軍と管領の居所を往来して個別に決裁を仰ぐ方法へと変化した（山田徹 二〇〇七b）。管領は、もともと執事と称されて将軍の恩賞沙汰を補佐したが、貞治六年（一三六七）二代将軍の義詮が三十八歳で早逝し、幼少の義満を後見した執事の細川頼之が将軍権力を代行した結果、従来の執事とは異なり、軍事と政務の両面で将軍（室町殿）を輔弼することになったポストである。管領を基軸とする室町幕府の制度を「管領制」と称する。

これにともない、評定衆や引付頭人といった複数の役職は形骸化して、一種の名誉職となってしまう。これ以外に在京大名が就任する役職として、執事を母体として成立した管領や、侍所の頭人（所司）といった役職は機能してはいるものの、管領は既述のように執事と次元の異なる存在へと変貌をとげたし、侍所も二章でふれたとおり、その実態を大きく変化させていた。よって在京大名の幕政参与も、これらの役職にもとづいた初期室町幕府のころのあり方とは、おのずと異質なものになる。義満期以降、管領は斯波・細川・畠山の三氏が、また侍所の所司は山名・赤松・一色・京極・土岐の諸氏が、それぞれ交替で就任したが、このほかにも役職によらず在京大名が意見を出しあい、将軍（室町殿）の意思決定に影響を与えるようになった。この合議体の構成は時期により異同もあるが、内乱が終息して武家の家格が固定しだす十五世紀になると、斯波・細川・畠山・山名・赤松・一色といった、複数の守護職を兼ねる有力大名が主要メンバーとして定着する（今谷明 一九八五）。

こうした在京大名の合議体は、かつて「重臣会議」と表現されたこともあったが、幕府の重臣は大名に限定できず、また在宅答申などのように必ずしも会合の形態をとらないので、現在では「大名衆議」の名称で呼ばれるのが一般的である。大名衆議の淵源については、有力大名でも評定衆でなければ評定に参加できないため、閉鎖的な評定とは別に非公式の意思決定の場である寄合が設けられ、そこでの大名の意見・衆議が活発化した点に求める見解がある（山本康司 二〇一八）。非制度的な側面をルーツとみなす点では妥当な意見だが、評定の代替ならば、そこで決裁されていた所務沙汰の議案も、大名衆議に当然あげられたはずである。だが大名衆議において、訴訟案件が協議された形跡は確認できない。所務沙汰は前述のとおり将軍（室町殿）の御前沙汰で決裁されるようになり、制度上この審議に関与できるのは管領の地位にある大名だけだった。よって、参加資格者が限られた評定の閉鎖性を克服するため、その代替に大名の寄合が発展したという右の因果関係には再考の余地がある。

大名衆議は、二章でみた複数の大名に関わる守護出銭などの費用負担のほか、軍事行動についての議案が大半を占めた（吉田賢司 二〇一〇）。諸大名の戦評定はこれまでにもみられ、同様の議題が多い大名衆議との類似性が顕著に見受けられる。この場合の「評定」は、規則的に運営される幕府機関としての評定ではなく、戦況に応じて不定期に開催されるものであり、軍営で開かれることのある「寄合」も同様の性格のものだった（吉田賢司 二〇一四）。このことから、大名衆議は内乱期に恒常化した軍議を起源にすると考えた方が、幕府機関の評定との差異を理解しやすい。大名衆議のメンバー固定の前提となる在京が定着しだす応安年間（一三六八—七五）は、管領細川頼之が幼少の将軍義満を後見した時期にあたる。管領が諸大名の協力を求めながら幕政を運営しなければならない政治状況にも左右され、在京大名に対する諮問が慣習化したとみられる（吉田賢司 二〇一三）。

都鄙支配の結節点

幕府の裁決は、これを現地に下達する使節遵行という手続きにより執行された。鎌倉後期には、両使と呼ばれる二人の御家人が現地に派遣され幕命を履行していたが、内乱で押領や濫妨が多発した南北朝期、とりわけ観応の擾乱後になると、強制執行に組織的な武力を発動できる守護がその大半を担うようになった（外岡慎一郎 二〇一五）。室町幕府における遵行手続きの基本的な流れは、①管領の施行＝将軍（室町殿）の決裁を守護に伝える→②守護の遵行＝管領の施行を守護代に伝える→③守護代の打渡＝守護の遵行を又守護代に伝える、というように順次下達され、土地の引き渡しや諸役の徴収免除などが現地で執行された。遵行に関する文書の申請および配達は、荘園代官などの当事者が行わなければならなかったが、管領や守護に就任する大名の在京にともない、守護代や守護奉行人になる有力な大名被官の在京も多くなった結果、荘園領主側と守護勢力との直接折衝が日常的に可能となり、荘園制秩序の安定につながった（伊藤俊一 二〇一〇）。

守護の職権は、既述のとおり観応の擾乱後なし崩し的に拡大したが、四代将軍だった足利義持の執政期（一四〇八—二八年）には、任国統治の権限委託がさらに進んだ。この時期、代始めや天変地異をきっかけに、寺社本所領の復興と公正な裁判の励行を柱とする徳政が、治世の前半と後半の二度にわたり実施されていた（榎原雅治 二〇〇六、清水克行 二〇一一）。当該期における守護の職務拡大の多くは、

図11　足利義持像　神護寺所蔵

徳政の断行で予想される混乱に対処するための制度整備を契機としており、義持の政策を推進するためのものだった。たとえば、知行人のいない闕所の拝領を幕府に願う者は、そこが確かに無主の闕所かどうかを守護に照会することが義務づけられた。また、所領支配を保証する幕府の当知行地安堵では、その履行を守護に指令する管領の施行が不正使用防止のため廃止され、守護は施行発給を前提とせず在地の当知行を保証する役割を強めることになった。これまで述べてきたとおり、畿内近国の守護職の大半は、在京大名に兼務されていたのだから、これらは都鄙間をつなぐパイプ役として守護の役割が増大したことを意味する（吉田賢司 二〇一〇、二〇一六）。

さらに、伊勢神宮の造営費である役夫工米の催徴が、朝廷に属する造宮使と大使を介する古来のあり方から、守護が徴収して幕府に納入する新たな方法へと切り替えられた（百瀬今朝雄 一九六七）。すでに義満晩年の応永初年には、守護が段銭などの催徴を請け負いはじめていたが、ここに役夫工米も含めて種別を問わず守護に委任されることになった。室町幕府が段銭などの朝廷財源の催徴を行うようになる点については、二章で述べたように、内乱で衰微した朝廷を支えるべく、幕府がその機能を肩代わりしたものと、近年では考えなおされる傾向にある。守護に役夫工米の催徴がゆだねられたのも、幕府が朝廷の権限を奪取した結果ではなく、天災の続くなか、幕府の主導で伊勢外宮を速やかに造替するため、徴収の強化・徹底をはかったものと理解できる（吉田賢司 二〇一七）。義持の応永年間に確立した右のような収取方式は、室町幕府が京都の土倉・酒屋に営業税を上納させるかたわら、直接的に在地に関与しなくても、守護を兼ねる在京大名に請け負わせるかたちで、地域社会の富を京都に吸い上げたことから、「都市依存型財政」と呼ばれている（早島大祐 二〇〇六）。

そのいっぽうで在京大名のなかには、自身の守護任国の枠組みをこえ、奥州・関東・九州などの地域勢力との個々の人脈を利用して、室町殿から在国の地域勢力に命令が下される際や、逆に在国の地域勢力から室町殿に向けて上申や注進がなされるときに、仲介役としてこれらの情報を伝達する者もいた。こうした任務をになう特定の在京大名は、「取次」あるいは「申次」と呼ばれるが、交渉の対象となった諸地域の守護職を有していたわけではなく、室町殿に指名され、守護制度とは異なるかたちで京都と地方とのあいだを取りもった点に留意したい。これにより、大名が在京して守護職を兼ねる畿内周辺の内円部（近国）と、在京しない遠隔地域の外円部（遠国）に大別される社会構造が、室町時代に形成されることになった。近国に対しては幕閣を構成する在京大名たちが守護として直接支配を行い、彼らが守護職を保有していない遠国に対しては申次として都鄙間の交渉を取り次ぐことで、京都の政治的な求心性は確保されたのである（桜井英治 二〇〇九、吉田賢司 二〇一〇）。

在京大名が室町殿の許しを得ないまま離京・下国することは、これまでに述べてきたような、室町幕府の多方面にわたるシステムの歯車に機能不全を生じさせる恐れがあった。諸大名の無断下国が、明文化されていないものの慣習法として室町殿から制限され、ともすると反逆行為とみなされたのは、こうしたことも一因に考えられよう。

3　大名在京の展開と矛盾

大名在京を支える被官層

室町殿に対する大名の在京奉公を、実務面で補佐したのが大名被官たちだった。既述の遵行における彼らの仲介は、守護制度にもとづく「守護被官」としての職務だが、中央の幕政に参与する大名の被官として、大名衆議にさいして主人の意見を室町殿側近に伝える使者や、在国勢力との連絡を細部で調整する交渉役なども勤めていた（山田邦明 二〇〇八、吉田賢司 二〇一〇）。さらに役職つきの大名家の場合、管領に在職する大名の被官が、賦と呼ばれる幕府の訴訟窓口を担当し、侍所では所司に着任した大名の被官が所司代となり、洛中における治安警察の指揮を事実上ゆだねられていた（鳥居和之 一九八八、松井直人 二〇一七）。管領や侍所のもとには、室町殿に直属する幕府奉行人が事務職員として配属されており、大名被官は彼らと連携しながら、それぞれの職務を果たした。これらの室町幕府の諸制度は、大名家の組織を取り込むかたちで存立していたといえる。

大名のそば近くに仕えて中央政治の枢要に関与できたのは、被官のなかでも上層の「内衆」と称される有力被官だったが、二章で論じた内裏門役を勤仕した大名被官が「諸分国の人」であったように、基本的に在京する内衆のほかにも、大名家の在京活動を維持するための要員として、その守護任国から随時交替で上洛させられる在国の被官も存在した（吉田賢司 二〇〇八、山田徹 二〇一五）。当時の交通路と要所の宿駅は、京都を中心に、東は鎌倉、西は博多を三つの極として分布していたが、これらの間は在京大名が守護職をもっている国々のインフラで結ばれており、京都の室町幕府および大名家を支える都鄙の往還路として機能していた。交通路を掌握して宿を運営する在地の富裕者は、その国の守護である大名の被官となっていることが多く、彼らは在京大名家の要求に応じて、労役に従う人夫を国内の諸荘園から調達する役割を請け負っていた（榎原雅治 二〇〇三）。

大名被官は在京奉公の見返りに、大名から所領や役職といった恩恵にあずかったが、細川嫡流の京兆家の場合、そこから得られる収益の一部は、女房・遁世者・中間・厩者など、京兆家に仕える多数の奉公人に支払われる給分にあてられ、人件費の負担が義務づけられていた。困窮のため在国を志向したり、室町殿を自邸で接待する御成の費用を忌避したりする大名の事例からうかがえるように、恒常的に莫大な経費を必要としていたと想定される（川口成人 二〇一八）。大名家は在京活動を維持するため、中間など数多くの奉公人を必要としたが、その供給源となったのが京都近郊の荘民であった。十五世紀の前半、京都南郊で伏見宮家領だった伏見荘では、有力荘民の小川と三木が、それぞれ在京大名の山名氏と畠山氏の被官となり、京都西郊の東寺領久我荘でも、有力荘民の真板と壇が、おのおの畠山氏と細川氏の被官となっており、同様の動きはその他の京郊荘園でもみられた。彼らは在地における地位の保全・向上をはかり、武家との接点を求めていた（早島大祐 二〇一二）。

このことは、自身の守護任国から時間・労力・費用をかけて在国被官を呼び寄せるよりも、てっと

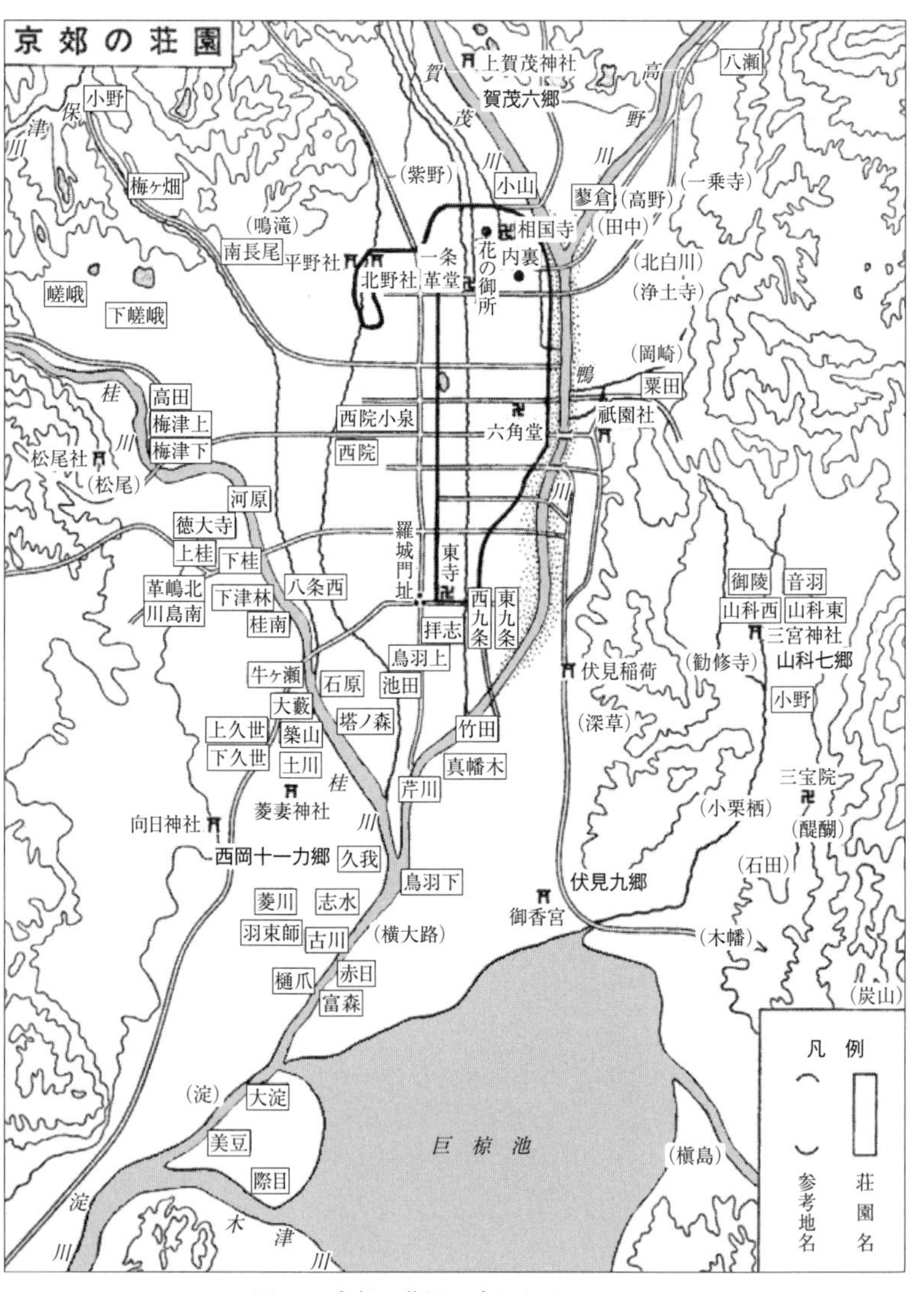

図 12　京郊の荘園　京都市編 1968 より

り早く京都の近くで必要な人手を動員したい大名家の利害とも一致していた。伏見宮貞成が記した『看聞日記』応永二十七年（一四二〇）十一月二日条によると、山陰に守護国をもつ山名時熙から伏見荘の小川禅啓に、十五日間の石清水八幡宮警固役の勤仕が命じられたとある。小川は前述のように山名の被官となっていたために催促をかけられたのだが、当時の山城守護は一色義範であり、ここでの山名と小川の立場は大名とその被官としてのものだった。このように京都近郊における被官の獲得は、室町殿に対する日常的な在京奉公の要員確保だけではなく、有事の際、地方の守護任国から軍勢を上洛させるよりも迅速に兵力をかき集めることができる点でも、在京大名たちにとって垂涎の的であったと考えられる。

幕政の変転と制度疲労

六代将軍の足利義教が播磨守護赤松満祐に弑逆された嘉吉の乱（一四四一年）は、在京大名の幕政参与に変化をもたらす画期となった。すなわち、義教の子息である七代義勝・八代義政は嗣立時いずれも幼少だったため、細川氏と畠山氏が交互に管領に就任して政務を代行したが、諸大名は細川・畠山両派閥に分かれて競合し、幕閣は政争の場と化した。幕政が停滞するなかで成長した義政は親政に意欲を示し、管領以下諸大名の勢威を削ごうと、自身に忠実な側近伊勢貞親を補佐役に抜擢して重用することで、主導権の回復を目指したのである。

その結果、長禄二年から三年（一四五八・五九）にかけて、管領に担われてきた幕府の訴訟窓口が複数に分割されるとともに、寛正二年（一四六一）ごろには、管領にかわって貞親が義政に対する戦況報告を独占して行うようになり、管領の役割は限定・縮小されていった（鳥居和之 一九八八、吉田賢司二〇一〇)。遠国との連絡を取り次ぐ申次の分野においては、義教期の後半にあたる永享年間(一四二九―四一)中ごろ以降、地域紛争の多発化に対応するため、複数の在京大名から管領職にある細川氏への限定とともに、これを補佐・掣肘する目的で室町殿側近の登用が進んでいたが、こうした傾向は義政の親政期に一層と顕著になったといえる。(川口成人 二〇一六)。

また、軍事方針も義政と貞親のあいだで決められ、その後に諸大名に下達されるようになり、大名衆議の形骸化も顕著となった。義政の親裁強化は、管領・諸大名を政権中枢から排除して試みられたわけだが、諸大名の意見をくみ上げることなく無理やり動員された軍勢は、飢饉のさなか戦地周辺の荘園から兵粮を強奪するなどの違乱行為をくり返し、義政の意思を逸脱して十分に統制できない状況におちいった。室町殿の親衛軍たる奉公衆などの直属国人も、義教の時期から相次ぐ地域紛争の鎮圧に駆り出され続けて疲弊しきっており、義政のころには幕府の軍勢催促にも難渋するようになり、京都を退去して在国する者が増加した(吉田賢司 二〇一〇)。室町殿に直属する国人と、守護を兼ねる大名の二本柱に支えられてきた幕府軍制の枠組そのものが、ここにきて機能不全をきたしはじめていた。

こうしたなか政治情勢の動揺は、幕府膝下の京都でも都市問題というかたちで噴出した。嘉吉元年(一四四一)以降、義教横死の代替わりに触発され、貸借関係の破棄を求めて多発した徳政一揆によって、洛中で金融業を営む土倉が各地で襲撃され、土倉に課税していた幕府の財政は打撃をこうむる事態となった。だが、一揆の構成員に大名被官が含まれていたために、これを鎮圧すべきはずの在京大名の動きはにぶく、幕府の対応は後手にまわった。京郊荘民の大名被官化が、逆に洛中警固の足かせとなっていた。さらに一節で論及した守護不入地の京郊荘園が、土一揆や盗賊の恰好の隠れ場所となっており、大名在京に付随する制度疲労はここでもみられた。嘉吉の乱で赤松家が取り潰されたことで、主家を失った大量の牢人が京都に流入し、その一部は治外法権の大名邸宅にかくまわれたり、土一揆に合流もしくは盗賊化して京郊の守護不入地に潜伏したりしていたのである（早島大祐 二〇一二）。

先述したように大名や奉公衆があてにならない状況で、土一揆や盗賊の取り締まりにあたったのは侍所の所司代だった。寛正三年、侍所の所司代に就任した多賀高忠は、所司京極持清の被官であるが、その手勢の主力は骨皮道賢に代表される浮浪の徒を組織したものだった。既述のとおり洛中の治安警察を実質的に担っていた所司代は、京都住人と直接交渉して職務を執行するかたわら、それに付随する私的な利殖にも勤しんでいた（松井直人 二〇一七）。これらの活動をとおして高忠は、洛中を徘徊する牢人に接触する機会をとらえ、彼らと個別に関係を結んでいったのだろう。広範な階層を巻き込んだ登用は、幕府軍制の疲弊・牢人問題を前提としたものであったが、洛中に流入した浮浪の徒や京郊の大名被官は応仁の乱（一四六七年）で足軽化し、甚大な戦争被害を京都にもたらした（早島大祐 二〇一二）。大名在京が抱えた構造的な問題が、制御不能な大乱への道を準備したといえる。

図 13　多賀高忠像　芳春院所蔵

十一年におよんだ応仁の乱は、勝敗を決せないまま文明九年（一四七七）にいたって、西軍諸将が続々と各自の守護任国へと引き揚げたことにより、ようやく終結をむかえた。大名の在京自体は応仁の乱後も断続しながらも、細川政元が将軍足利義材（のち義稙）を廃し、足利義高（のち義澄）を擁立した明応の政変（一四九三年）を機に、最終的に断絶することが明らかにされている（上田浩介 二〇一三）。応仁の乱後における幕府再建の動きも軽視できないが、以上で述べてきた大名在京に立脚した権力のありようは、やはり応仁の乱をさかいに崩壊してしまい、結果的に乱前の状態にもどることはなかった。

大名在国化と戦国期幕府

すなわち、義政が伊勢貞親を重用したことで、室町殿の側近が幕政の中心となり、管領職が形骸化する傾向がみられた点は既述した。さらに応仁の乱が勃発すると、細川氏は管領在職に関係なく、軍勢催促状の発給や注進の受理を将軍義政の上意によらず、京兆家当主の立場で公然と行うようになった。諸大名間の提携については応仁の乱後もみられたものの、これは大名相互で独自に締結された攻守同盟としての性格が強く、幕府の意思決定過程に参画した大名衆議の機能が復活することは二度となかった。こうして管領制と大名衆議は事実上の終焉をむかえ、細川京兆家と協調・対立をくり返しながら、室町殿の側近が幕政を補佐するという、戦国期室町幕府へとつながっていったのである（吉田賢司 二〇一〇）。

侍所も、文明十八年（一四八六）に多賀高忠が死去して以後、所司代中心の運営方式は廃絶することになった。所司代の職務は幕府奉行人から選任された事務方の開闔に継承されたが、治安の悪化した戦国期京都における警察活動は、実質的に細川京兆家の協力により支えられることになった。また、大名の在国化にともない、室町幕府の基盤は畿内中心の地域に縮小を余儀なくされたが、その主要部分を占める山城・摂津・丹波の三ヵ国は細川京兆家の守護任国であり、幕府の下知を有効ならしめるには、京兆家の同意が不可欠となった（山田康弘 二〇〇〇）。かつて洛中に所在した主な大名邸宅は、応仁の乱を経ておおむね廃絶したことが確認されている（松井直人 二〇一五）。大名の在国化は、本章で述べてきたような種々のシステムの瓦解を意味しており、大名の在京によって維持されていた室町期京都の求心性を著しく低下させつつ、戦国期段階への移行を促すことになったのである。

四　京の武家政権と禅宗寺院

1　京都の禅宗

首都京都と五山禅宗

室町時代を代表する仏教宗派といえば禅宗、とくに室町幕府と結びついた臨済禅の隆盛が知られる。その基礎を築いたのが、両皇統の天皇から帰依を受けた「七代帝師」にして、将軍足利尊氏・直義兄弟の政治顧問としても活躍した夢窓疎石（一二七五―一三五一）である。彼を派祖とする夢窓派を中心として、京都には五山禅宗と呼ばれる一大宗教勢力が誕生した。もっとも、室町幕府を率いた足利氏が京都では「新参者」であったように、夢窓派を中心とする五山禅宗という体制が最初から存在していたわけではない。

すでに鎌倉時代から、鎌倉だけでなく京都にも大小の禅刹が甍を並べていた。円爾（聖一派祖）は九条道家の外護を得て東福寺を開き、門下の聖一派は広く諸国に教線を展開した。また、大覚寺統祖亀山天皇は院御所を仏閣に改め南禅寺を創建し、その皇統の天皇たちは渡来僧をはじめ高僧を盛んに都へ招聘した。後宇多天皇は南浦紹明（大応派祖）や一山一寧（一山派祖）を迎え、後醍醐天皇は鎌倉幕府が滅亡するや明極楚俊（燄慧派）・清拙正澄（大鑑派）らを相次いで鎌倉から呼び寄せた。南禅寺住持に請われて上洛した夢窓疎石（仏光派）もその一人である。また、宗峰妙超（大応派）が開いた大徳寺は、建武政権下に南禅寺とともに五山第一位に至る。こうして当時の日本禅林界の「大物」が次々に京都に集い一時の隆盛を極めた。しかし、建武政権は短期間で崩壊し京都の禅林は再び大きく変化してゆくことになる。

禅宗史研究の新展開

かつて室町時代の禅宗といえば、五山文学（詩僧）や水墨画（画僧）をはじめとする文芸面、また庭園や室礼にあらわれる禅思想の影響など、文化史や文化論の枠組みで論じられることが多かった。近年では、精神論的な次元で語られてきた武家と禅宗の関係が再検討され、顕密諸宗との対比を通じた室町幕府との関係や（原田正俊 一九九八、細川武稔 二〇一〇）、禅僧の招請や分与をめぐる公武諸勢力の駆引きが検討されている（斎藤夏来 二〇一八）。また、首都京都に集住する武士層との文芸を介した交流（芳澤元 二〇一七）、荘園代官としても重用された禅僧が会得していた実践的な知識体系など（川本慎自 二〇二一）、新たな切り口からの禅宗文化史の展開もみられる。隠遁や漂泊のイメージに代表されるような、世俗との隔絶や孤高を強調する高僧伝的な禅宗史像から、室町社会における禅宗の

図14　夢窓疎石像　妙智院所蔵

存在意義や、寺院内外での禅僧の日常に関心が移りつつあるといえよう。
こうした研究動向を踏まえ、室町時代の首都京都と政治権力の関係をテーマとする本巻では、京都に進出した武家政権―室町幕府が拠点とした禅宗寺院を取り上げつつ、五山禅宗が室町時代の体制的宗教として確立してゆく過程と、室町幕府の京都支配において五山の仏事を含む都市の宗教儀礼が担った社会的機能に注目したい。

2　二つの菩提寺と足利直義

等持寺

鎌倉幕府滅亡後、足利尊氏・直義兄弟は洛中下京に居を構えた。尊氏の二条高倉邸そして直義の三条坊門邸である。この両邸に南北を挟まれた一画に、かつて等持院（のちの等持寺）という寺院が存在した。ここで行われた仏事の記事には「三条坊門第等持院」（『師守記』）とあり、単に「武衛邸」とも略記されたことから、当初は直義邸に附属した仏堂的存在とみなされたようである（細川武稔 二〇一〇）。やがて等持院が北山に移ると（後述）、洛中の等持院は等持寺と名を改めた。以後、足利将軍家を弔う菩提寺として、また十刹第一位の官寺として中世末まで続いた。

室町幕府の草創期に設けられた等持寺は、足利氏を檀那とする洛中禅刹の嚆矢としても重要であるが、ここで注目したいのは所在地が示す直義との関係である。初代住持の古先印元は、元の中峰明本に嗣香した幻住派の禅僧であり、その法系よりも「金剛幢下」（元の古林清茂＝金剛幢の薫陶を受けた入元僧や渡来僧）の一員として知られる。直義が帰依した禅僧は諸門派におよび、とくに文雅の気風で知られる金剛幢下に執心したという（玉村竹二 一九八一）。その信仰の淵源を辿ると、足利頼氏の家女房となり家時を生んだ某氏や、貞氏の妻にして尊氏・直義兄弟の生母である清子を輩出した上杉氏に至る。

たとえば、鎌倉の足利氏菩提寺（義氏創建）である浄妙寺は、金剛幢下を代表する渡来僧竺仙梵僊（古林派）や天岸慧広（仏光派）が住持をつとめている。入元して古林清茂に参じた天岸慧広は、帰国後に上杉氏一族の重兼（清子甥・憲房養子）から家時の菩提を弔う報国寺の開山に迎えられた（玉村竹二 二〇〇三）。そして五山文学の隆盛を導いた詩僧として名高い竺仙梵僊は（西尾賢隆 一九九九）、清子の生前には私邸に招かれ親しく交わり、その薨去時には普説（説法）を行った（『竺仙録』）。また直義の推挙で鎌倉五山の浄智寺や南禅寺に昇住、晩年には足利氏ゆかりの真如寺住持にもなった（『竺仙和尚行道記』）。果たして古先印元も清子の帰依を受けた一人であり、次に等持寺住持となった明叟斉哲も幻住派にして古林清茂にも参じた入元僧であった（玉村竹二 二〇〇三）。なお、禅宗に篤く帰依した清子は剃髪して「雪庭禅尼」と呼ばれ、彼女の置文が遺る上杉氏の氏寺光福寺（京都府綾部市）は丹波安国寺（後に十刹）とな

図 15　等持寺跡石碑

図16　上杉氏・足利氏関係系図

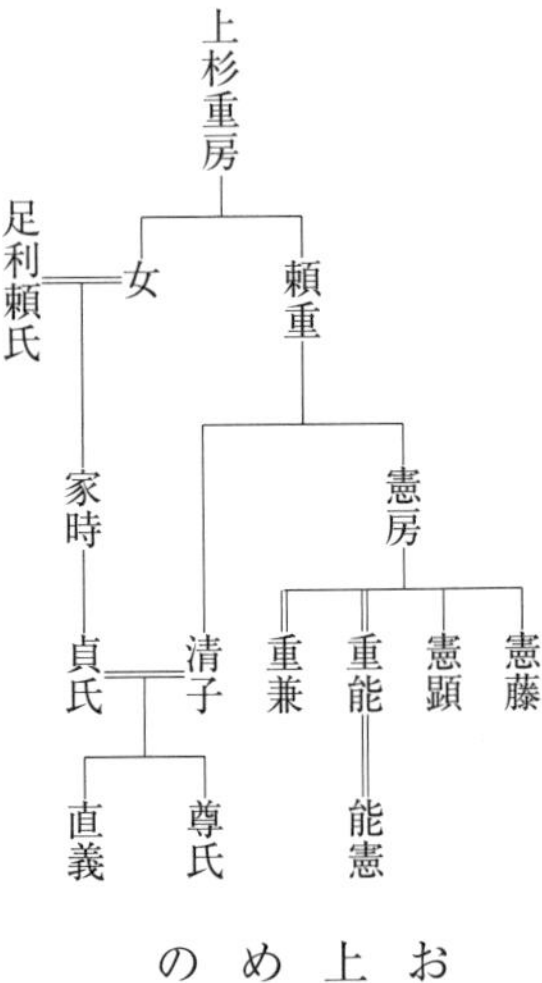

る（安国寺については五章参照）。

　このように、草創期の等持寺には直義の信仰が反映しており、その背景には足利氏との姻戚関係から被官となった上杉氏の禅宗帰依の影響が指摘できよう。京都に拠点を定めた室町幕府と禅宗の関係は、まず鎌倉時代までの足利氏の「家」の信仰を引き継ぐかたちで始まったのである。

等持院

「北等持」とも呼ばれた等持院は将軍家の荼毘所であり、いまも歴代の木像が安置される。直義邸の傍にあった等持院が北山に移された背景に、先に触れた上杉清子の存在がある（山家浩樹　一九九八）。そもそも、「両将軍（尊氏・直義）、貞和戊子臘月廿三、恭しく尊妣等持院殿（中略）七周の冥忌に遇う」（『乾峰和尚語録』）とあるように、当初「等持院」は「尊妣」すなわち母清子の院号であった（尊氏没後に「果証院」に改められる）。やがて尊氏が母と同じ場所で荼毘に付されると、等持院は足利氏歴代や一族が葬られる菩提寺となった。ところで、なぜ清子はここに葬られたのだろうか。

　延文三年（一三五八）に没した尊氏の葬儀について、『太平記』（三十三巻）は「麓等持院に葬り奉る」とする。一方、近衛道嗣の日記『愚管記』には「今暁、大樹（尊氏）葬礼と云々、真如寺においてこの事有り」とあり、等持院ではなく真如寺とする。同じく貞治六年（一三六七）に没した二代将軍義詮の葬儀についても、『愚管記』は「大樹（義詮）去る八日夜仁和寺等持院に移す、今日荼毘」と記し、三条公忠の日記『後愚昧記』には「今日、大樹真如寺において荼毘の儀あり」とする。このように、記録により荼毘・葬儀の場所が異なっている。これは情報の錯綜なのだろうか。そこで、ここに登場する真如寺の来歴を検討したい。

　現在の真如寺は等持院の東隣にある尼寺で、暦応三年（一三四〇）に足利氏の家宰高師直が創建し、高氏一族の菩提寺となったという。ここで注目されるのは、この場所には元々「仏光祖師塔所」（『夢窓国師年譜』）すなわち仏光派祖の渡来僧無学祖元の爪髪を納めた正脈庵が存在し、これを開山塔に取り込む形で真如寺（この寺名も無学祖元ゆかりという）が成立したという経緯である。

図17　等　持　院

　当地に正脈庵を営んだのは、無学祖元の弟子の無外如大なる尼僧である。彼女は安達氏の出身で金沢北条氏に嫁し、その息女釈迦堂殿は貞氏の正室となり尊氏・直義の兄高義を生んだという（田中拓也 二〇一九）。その関係からか、尊氏と直義はそれぞれ正脈庵に所領を寄せている（『仏光国師語録』、「臨川寺重書案文」）（山家浩樹 一九九三）。このように真如寺も足利氏有縁の寺院であり、その境内に葬られた清子の墓所が等持院であった（細川武稔 二〇一二）。つまり、先に挙げた記事は錯綜ではなく同じ場所を指していたのである（ちなみに、等持院と真如寺はともに無学祖元の塔所円覚寺正続院と同じ「万年山」を山号とする）。

さて、真如寺には無学祖元の法孫でもある夢窓疎石の後、古先印元・竺仙梵僊・明叟斉哲（等持院も兼帯）が相次いで住持となった（『賢俊僧正日記』）。等持寺と同じく、直義に近い金剛幢下や幻住派の禅僧たちである。そもそも直義は鎌倉において無学祖元の影前で受衣（弟子となる儀礼）しており、仏光派の在俗信徒でもあった（玉村竹二 一九八一）。京都における無学祖元ゆかりの正脈庵、そこに創建された真如寺への関与はむしろ自然といえよう。ここでも、鎌倉時代以来の足利氏の信仰と由縁、そして直義の主導性がうかがえるのである。

図18 真 如 寺

直義路線の払拭

京都に進出して間もない時期の足利氏と禅宗の接点は、鎌倉時代以来の縁戚関係や帰依僧を基盤としており、上杉氏・高氏ら側近を含めた足利氏の「家」の信仰の延長線上に展開したものであった。それゆえ、荼毘所―等持院や、「持仏堂躰」（『門葉記』）―等持寺のような、一族の菩提を弔う空間が目立つのである。一連の展開において将軍尊氏の影は薄く、直義の方が前面に出ているようにみえる。尊氏は東山の常在光院（尊氏義母の実家金沢北条氏ゆかりの禅刹（納冨常天 一九八二））を御所とした時期もあったが、ここで特記すべき仏事が行われた様子はうかがえない。もっとも、「二頭政治」と評価されてきた初期室町幕府の体制が実際には直義主導と指摘されるように（亀田俊和 二〇一六）、こうした傾向は禅宗との関係に限らず当時の宗教行政全般にも当てはまる特徴である。

この直義主導の方針は、彼の失脚そして観応の擾乱を経て様変わりする。対延暦寺交渉の使節も勤めるなど直義の信頼厚かった古先印元は京都を離れ、以後は鎌倉長寿寺など東国で活動した。すると等持寺開山は古先印元から夢窓疎石に置き換わり、二代将軍義詮期からは夢窓派が住持を独占する（高鳥廉 二〇一九）。また等持院では、尊氏の妻赤橋登子の塔所が等持院内に設けられた際、義詮は料所の寄附とともに夢窓派による追善を指示した（細川武稔 二〇一一）。もっとも、夢窓疎石は真如寺（等持院）・等持寺ともに当初から深く関わっており、直義が帰依した禅僧たちとの距離も近い。しかし両寺住持の人選にみるように、直義の主導下では特定の門派が足利氏との関係を独占した様子はみえない。それが直義の失脚後に夢窓派が突出して足利氏との関係を深めたことは、それまでの直義路線からの転換を意味しよう。宋朝禅を理想視する直義と元真言僧で諸宗融和的な夢窓疎石は相容れず、聖俗異なるとはいえ仏光派の同門である両者の間には懸隔が指摘される（玉村竹二 一九八一）。その影響も考えられるが、より大局的にみれば鎌倉幕府の体制継承を志向する直義の政治路線からの決別と軌を一にしたものといえよう。観応の擾乱を経て「鎌倉から来た進駐軍」から「京都の武家政権」へ、そして「鎌倉から来た仏光派」から「京都の夢窓派」へ。師檀それぞれの新たな方向性が菩提寺のあり方にも変化をもたらしたのである。

3　天龍寺の創建

後醍醐天皇の死

暦応二年（一三三九）、後醍醐天皇は帰京を果たすことなく吉野に没する。それから間もなく、その菩提を弔うため夢窓疎石の勧めで嵯峨亀山殿の旧地に一寺の建立が発願された。霊亀山天龍寺である。発願から落慶供養に至るまで足掛け六年の歳月を費やし、武家・公家からの料所寄進では財源が足りず、五千貫文の納入契約で貿易船（天龍寺船）の派遣に踏み切るほどの大造営であった。

図19　天　龍　寺

また、総じて足利尊氏の存在感が薄い当時の宗教政策全般において、こと天龍寺の造営に関しては前のめりといえるほど積極的である。それは、後醍醐に対し終生その思慕の念を隠さなかった尊氏にとって、その菩提を弔う動機が強く存在したからに他ならない。天龍寺造営の顛末を記録した『天龍寺造営記』（「鹿王院文書」）の冒頭には、「後醍醐院吉野新院と号す暦応二年八月十六日崩御の事（中略）且つうは報恩謝得のため、且つうは怨霊納受のためなり、新たに蘭若を建立し、彼の御菩提に資し奉るべきの旨、発願と云々」とあり、後醍醐への報恩とその怨霊の鎮魂が創建の理由に挙げられている。

表1　天龍寺造営略年表

暦応2年（1339）	10月，後醍醐天皇を弔う仏閣の建立を命じる光厳上皇院宣が幕府に下る．勅により寺号を暦応資聖禅寺とする．
暦応3年（1340）	4月，木作始．この年，幕府から造営料所が寄進される．
暦応4年（1341）	7月，光厳上皇院宣により寺号を天龍資聖禅寺へ改める． 9月，光厳上皇，造営費として成功や料所寄進を行う． 12月，足利直義，「造天龍寺宋船」の派遣を決定する．
康永元年（1342）	3月，礎始．以後，7月木引，8月立柱，12月法堂上棟． 12月，光厳上皇院宣により五山第二位となる．
康永2年（1343）	8月，仏殿が落成し，光厳上皇と夢窓疎石が梁銘を記す． 11月，山門・法堂・寮舎などが落成する．
康永3年（1344）	9月，光厳上皇が臨幸し工事を視察する．
康永4年（1345）	7月，延暦寺が天龍寺破却と夢窓疎石流罪を求め強訴する． 8月，落慶供養当日の光厳上皇臨幸を取り止め，強訴止む． 8月，29日落慶供養．翌日に光厳上皇が臨幸する．

もっとも、尊氏の立場は北朝を支える室町幕府を率いる征夷大将軍である。なお南朝は健在であり全国各地で散発的に戦闘が続く中、後醍醐への哀悼は一私人の営為を超え、天龍寺造営はその過程そのものが同時代の政教関係史というべき様相を呈してゆく。

君臣道合

五山といえば武家政権の印象が強いが、天龍寺の造営に関しては北朝の関与も顕著である。『天龍寺造営記』によると、造営の開始は夢窓疎石と尊氏に対する光厳上皇の院宣を以て宣言され、落慶法要には臨幸が予定されていた。ここから初期の室町幕府が朝廷権威を必要とした状況も読み取れるが、「靫負尉」百人分の成功（売官による費用調達）や荘園の寄進など物理的な支援も伴っており、当時の北朝とりわけ光厳自身にも積極的な姿勢がうかがえる。

図20　光厳上皇像　常照皇寺所蔵

後醍醐から神器を譲り受け光明天皇が即位した経緯から、建前であれ北朝が後醍醐を追悼することは自らの正統性の主張でもあった。さらに、当時は怨霊がもたらす災厄の対象は後醍醐を裏切った尊氏一人にではなく、幕府・朝廷をはじめ世間全体に降りかかると観念されており、怨霊の鎮魂は優れて社会的問題でもあった（後述）。

また、晩年に出家し禅僧となった光厳は、その激動の後半生が仏道に没入する動機として注目されるが、洛西の西芳寺（夢窓疎石を再興開山とする。通称「苔寺」）で受衣するなど、早くから夢窓疎石に帰依していた。天龍寺造営の過程ではともに仏殿の梁牌に署名し、竣工中の現地を視察している。落成後も一度ならず訪問しており、その篤い信仰心は塔所金剛院の建立に結実する。

かくして、尊氏とはまた違った動機で積極的だった光厳の存在もあり、天龍寺造営は「君臣道合」（『夢窓国師語録』）や「君臣合躰の御願」（『天龍寺造営記』）のように、公武一体の事業として位置づけられた。後年、夢窓疎石が施主となり催された高峰顕日（夢窓嗣香の師）三十三回忌の陞座法語には、「夫れ大明国師（無関玄悟）の如きは南禅を開山して、ただ王公を感ぜしめ賢臣を感ぜず、聖一（円爾）国師は東福を開山して、ただ賢臣を感ぜしめ王公を感ぜず、惟に我が国師、巨いに茲の山を闢く、王臣（公）景仰し文武兼崇す」（『乾峰和尚語録』）とある。天龍寺は南禅寺や東福寺では成し得なかった「王臣」や「公武」双方の崇敬を得た禅刹、すなわち国家的寺院と讃えられており、天龍寺創建に込められた幕府・北朝の意図がうかがえる。

山門強訴

天龍寺造営は当初から批判や資金難に見舞われたが、その最終段階でも大きな困難に直面した。山門延暦寺による康永の強訴である。康永四年（一三四五）六月、延暦寺は落成間近の天龍寺の破却や夢窓疎石の配流を朝廷に突き付けた。もっとも、この強訴の実際の焦点は光厳の臨幸の是非にあった。

鎌倉時代後半から顕著になる大覚寺統による禅宗興隆は、延暦寺をはじめ南都北嶺の危機感と反発を招き、山城正伝寺の破却や大和達磨寺の焼討など、ときに実力行使を伴った強訴が頻発した（原田正俊 二〇一九）。今回の強訴もその延長線上に位置づけられ、訴状には「仏法の外道」「法滅の妖怪」など、禅宗に対する辛辣な文言が並ぶ（「山門訴申」）。当初の「暦応資聖禅寺」から天龍寺への寺名変更も、かつて同じ元号名である嘉元寺を破却した延暦寺の差し金である可能性が高い（辻善之助 一九四二）。これに対し幕府は、もし強訴により神輿が入洛すれば、天台三門跡（青蓮院・妙法院・梶井）および各門徒の所帯を没収するという強硬姿勢を示した（『園太暦』）。これも鎌倉時代後半から強訴に対して実際に行われており、単なる脅し文句ではない（平雅行 二〇〇二）。大衆たちが後醍醐方に付き、足利軍と激戦を交えた建武の争乱からなお十年と経たないころである。その争乱時には、「山門両度の臨幸を許容申して、将軍に敵し申す事他事なし（中略）しかるを今武家のためには怨を結び、朝敵のために懇祈を致すは当家の蠹害、釈門の残賊なるべし」（上杉重能の言）、「山門を三井寺の末寺にやせまし（中略）ただ一円に九院を没倒し衆徒を追ひ出だして、其跡を軍勢にや取らすべきと、高・上杉の人々、将軍の前に参じて評定しける」（『太平記』十八巻）とあるように、『太平記』は後に幕閣を担った面々の間で山門不要論が高まっていた様子を伝えている。

しかし、こうした幕府の態度を北朝の重臣洞院公賢が「迷惑極まりなし」「天下の安危、頗る累卵の如し」と案じたように（『園太暦』）、強訴に対して公家側は及び腰であった。「理不尽の訴訟」（『沙汰未練書』）たる強訴を否定したり、剰え実力で神輿の入洛を阻止すれば、公事の停止や放氏（所属の氏から追放されること）など朝廷全般への影響を免れないのが平安以来の王法と仏法の「伝統」であった。実際、今回の落慶供養に派遣される勅使の人選も公家たちが延暦寺の「報復」を恐れて難航した（山家浩樹 二〇二〇、『光明院宸記』）。結局、落慶供養当日の天龍寺臨幸を取りやめることで落着し、比叡山上で待機していた日吉社神輿は帰座した。それを見て入洛を防ぐべく鴨河原に展開していた武士たちも撤収し、ギリギリのところで全面衝突は回避された。

落慶供養

康永四年（一三四五）八月二十九日、幾多の障害を乗り越え遂に落慶供養が挙行された。開山住持の夢窓疎石を導師として陞座説法が行われ、尊氏・直義に多数の武士が従い勅使も参向した。その翌日には、光厳も尊氏らを従えて臨幸を果たした。この年は後醍醐の七回忌にあたり、彼が師と仰いだ夢窓疎石をして大々的にその菩提を弔わせることで、鎮魂政策としても大きな意義を有した。

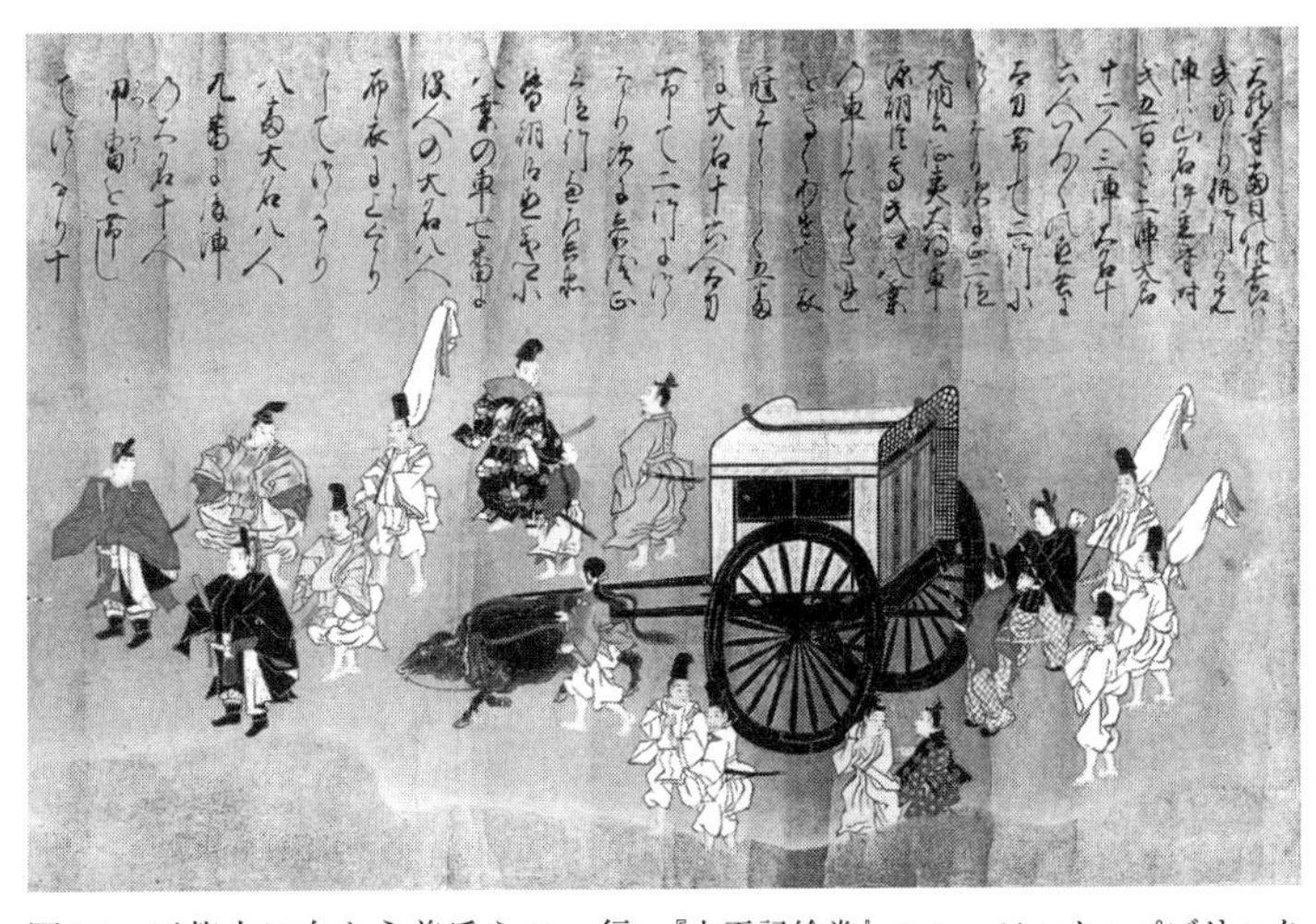

図21　天龍寺に向かう尊氏らの一行　『太平記絵巻』ニューヨーク・パブリックライブラリー所蔵

加えて今回の落慶法要を記録した文献に特徴的なのが、当日の行列への眼差しである。『太平記』は落慶供養を情報量多く描くが仏事自体の記述は乏しく、むしろ武者行列の参加者の交名（リスト）や上皇臨幸の行粧を賛辞とともに詳しく記す（西山美香 二〇〇六a）。これは『太平記』一流の演出かというとそうでもない。「今日、前権大納言源朝臣（尊氏）、左兵衛督源朝臣（直義）ら参入す、（中略）朝より見物の貴賤道路に充満す、一条大路は加茂祭に比すること十百倍と云々」（『光明院宸記』）とあるように、行列はまさに都市民の「見物」を前提にしたものだった。実際、洞院公賢は公家たちと牛車に相乗りで見物に出掛け（『園太暦』）、光厳と梶井宮（尊胤法親王）の兄弟は、一条今出川に桟敷を設け行列を迎えた（『光明院宸記』）。賀茂祭が引き合いに出されたように、洛中から天龍寺へ向かう大行列は、都人にはさながら祝祭の一場面の如く映ったことであろう。

また、この落慶供養が「今日の儀、大略建久六年鎌倉右大将家東大寺供養の儀を摸され畢んぬ。天下壮観、寺中大会なり」(「結城文書」)と准えられたことも象徴的である。源頼朝が全国の御家人を動員して警護し、後鳥羽天皇臨席の下で厳粛に営まれた東大寺大仏殿再建供養は、幕府が武威を以て朝廷を支える新たな社会秩序を示威する機会でもあった(上横手雅敬 二〇〇九)。これを敷衍するならば、都に登場した新たな支配者—室町幕府は、威儀正しい武者行列が誇示する軍事力、大伽藍の創建を可能にした経済力、そして公武一体の禅宗興隆、これらを通して北朝を支え京都ひいては国家全体に安寧をもたらす存在として自らを内外に知らしめたといえよう。天龍寺造営とは、初期室町幕府の統治の理念と構想が集約された優れて政治的なパフォーマンスでもあった(山家浩樹 二〇一〇)。

五　首都の統治と五山禅宗

1　京都五山の成立

五山の変遷

公武を挙げた大事業の末に落成した天龍寺は、当然ながら禅林界にも大きな影響を与えた。その最たるものが五山の位次である。五山制度は中国南宋の時代に五山—十刹—甲刹（諸山）なる寺院の国家的序列が制定され、これを鎌倉幕府が導入し禅宗寺院の格付けに用いたとされる（以下、制度的な説明は主に〔今枝愛真　一九七〇〕による）。ただし鎌倉時代の五山の順位は明確でなく、建長寺・円覚寺・寿福寺・浄智寺・建仁寺といった、鎌倉中心の主に北条得宗家ゆかりの禅刹が確認される〔山家浩樹　二〇一四〕。さらに建武政権下には南禅寺をはじめ京都の禅刹が五山に加えられ、大徳寺は南禅寺とともに五山第一位となる。後醍醐天皇は都に高僧を招くだけでなく、膝下の禅刹を鎌倉に並ぶ地位に引き上げようとしたのである。

そして、天龍寺造営中の暦応五年（一三四二）、光厳上皇が院宣を将軍足利尊氏に下すかたちで五山の位次が改められた。第一位と第二位は鎌倉と京都それぞれ一ヵ寺を配し、第二位に天龍寺が加わり

表2　天龍寺・相国寺創建時の五山序列（『扶桑五山記二　日本禅院諸山座位次第事』より）

年代	場所	五山之上	第一	第二	第三	第四	第五	准五山
暦応五年（一三四二）	京都	—	南禅寺	天龍寺	—	建仁寺	東福寺	—
	鎌倉	—	建長寺	円覚寺	寿福寺	—	—	浄智寺
至徳三年（一三八六）	京都	南禅寺	天龍寺	相国寺	建仁寺	東福寺	万寿寺	—
	鎌倉	—	建長寺	円覚寺	寿福寺	浄智寺	浄妙寺	—

建武政権下に五山第一位だった大徳寺が外れた。とくに建長寺は「大刹之最頂」（『扶桑五山記』）とされ、全体として鎌倉時代までの五山を尊重した序列と評価される。そのなかで夢窓疎石開山の天龍寺は、後発ながら無学祖元開山の鎌倉円覚寺に並ぶ地位を得たことになる。

その後も十刹の位次を含め幾度か小規模の異動があり、義満の相国寺創建を契機として至徳年間（一三八四—八七）に再び大きな改変が行われ五山の位次が確定する。京都では相国寺が第二位に加わったことで天龍寺は位次を上げ第一位となり、さらに第一位の南禅寺は明の天界寺の例に倣い「五山之上」となった。それまでの鎌倉基準のあり方から鎌倉と京都それぞれが五山を擁するかたちとなり、並列とは言え実際には京都優位へと展開していった。こうした傾向は下位の十刹でも顕著とされ、菩提寺の場合と同じく鎌倉重視の路線から京都中心の体制への移行がうかがわれる。

五山の統制

天龍寺と相国寺の創建を契機として、京都の禅刹は新たな序列—京都五山に再編され、「大檀越」足利将軍家の手厚い保護の下で五山禅宗という一大勢力となった。室町幕府が手本とした大陸の五山制度は、『清規』という規律に基づき厳格に運営される諸寺院を序列化し、これを中央集権的に編成した「官僚的」なものとされる（今枝愛真 一九七〇）。この特徴自体、世俗と変わらない慣習が寺内に横行したり、寺院内外の抗争や時に世俗権力への実力行使も辞さない顕密諸宗へのアンチテーゼとなり、公武権力が禅宗を支持した一因とされる（原田正俊 二〇〇七）。逆に言えば、五山禅宗は檀那すなわち世俗権力が御し易い宗教勢力ということになる。

足利義満が永徳元年（一三八一）に定めた禅院規式などによれば、各五山の定員は暦応年間（一三三八―四二）に三百五十人とされ貞治年間（一三六二―六八）に五百人と改まるも、このころには「或いは七八百人、ないし一千二千と云々」と定員をはるかに超過していたという（「円覚寺文書」、『追加法』一一八）。また、文安五年（一四四八）に五山で起きた騒動について「近年、諸五山僧・沙喝は毎々に武具を帯び、殿内において嗷訴を致す」（『鹿苑日録』）とあり、必ずしも綱紀粛正が徹底していたわけではない（原田正俊 一九九九a）。その点では南都北嶺の衆徒たちとさして変わらないが、たとえ寺内で起きた事件であっても幕府が直接処罰するところが大きく異なる。

「四ケ大寺」（延暦寺・園城寺・東大寺・興福寺）に代表される中世の顕密大寺院は、権門として自力救済を主張し世俗権力の露骨な介入を拒んできた。これに対し幕府は五山以下の官寺に規式を制定する主体であり、ひとたび事件が起きれば侍所や奉行人が検挙・処罰を行った。また将軍（より正確には足利家の家長）は、公帖（住持任命状）で知られるように五山の住持をはじめ諸役職の任命権者でもあった。すなわち幕府は五山禅宗の人事権を握り、かつ法を定め警察権や裁判権を行使し得る絶対的な存在なのである。鎌倉時代以来、一条家・九条家の庇護の下で官寺ながら規制の埒外の立場を保ってきた東福寺も、応安年間から康暦年間にかけて幕府から圧力を受け、他の五山と同じく将軍による住持任命を受け入れるに至る。そして「自今以後は法則を守るべきの旨、大衆一同子細を申す」(『追加法』一一五)とあるように、同寺の大衆たちも五山の法に従う旨を幕府に誓ったのである(桜井景雄 一九八六)。

かくして、五山禅宗はそれまでにない従属的な宗教勢力として三代将軍足利義満期に確立した。その繁栄は手厚い保護と表裏の厳格な統制の下に築かれていたのである。かかる体制のモデルは、大陸とくに江南地域における元朝と禅宗の関係に求め得るもので、皇帝や国家への奉仕的側面が強い仏教のあり方が渡来僧や入元僧により日本にもたらされ、その後の政教関係に影響を与えたという(原田正俊 二〇〇七)。衣体や儀礼だけでなく、国家と宗教の関係も大陸風の流儀が持ち込まれたわけである。では、五山は実際にどのような「奉仕」を行ったのだろうか。

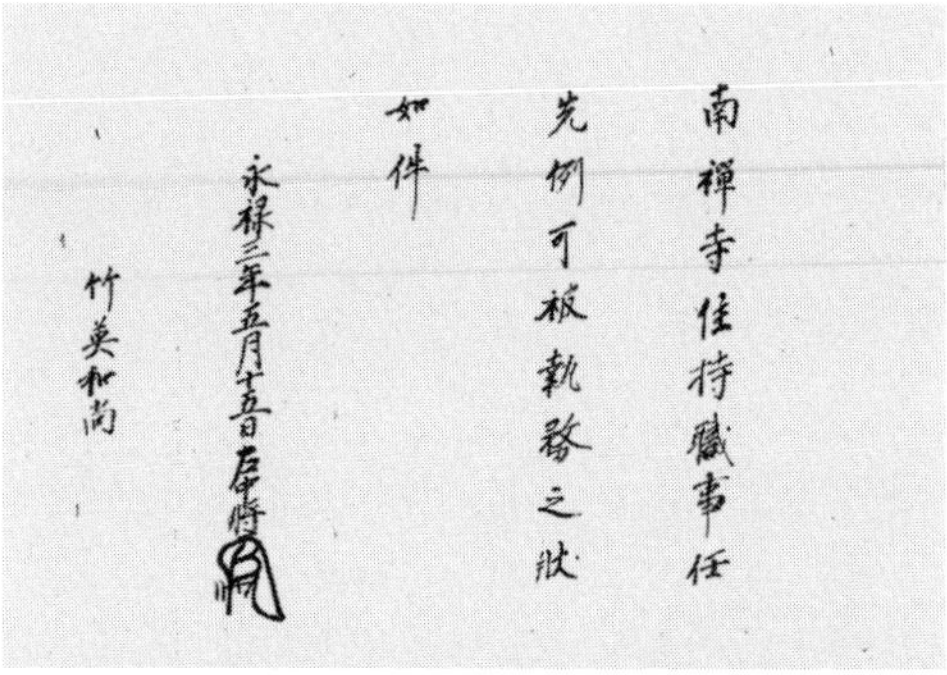
南禅寺住持職事任
先例可被執務之状
如件
永禄三年五月十五日 左中将(花押)
竹英和尚

図22 足利義輝公帖 東京大学史料編纂所所蔵

2　五山仏事の機能①——戦乱と鎮魂

五山制度とも言われるように、五山については序列や出世ルートが注目されることが多い。一方、創建の経緯や外護者が異なる諸禅刹が官寺として編成されたことで、宗教活動上どのような変化がみられたのか。ここでは当時の社会問題にも深く関わる戦乱をめぐる五山の仏事に注目したい。

戦乱と仏事

「鎮護国家」に象徴されるように、古代から仏教に期待されてきた社会的機能として攘災があり、顕密諸宗により祈禱や読経などの仏事が行われてきた。対象となる災厄はさまざまであるが、武士の勢力が拡大してゆくなかで戦没者の亡魂も災厄をもたらす存在（怨霊）と観念されるようになる。この怨霊を鎮めるべく催されたのが鎮魂仏事である。早いものでは承平天慶の乱後の天暦元年（九四七）、朱雀上皇は「東西凶乱を救わんがため」（『日本紀略』）、「官軍在りと雖も、逆党在りと雖も、既に卒土と云い誰か王民に非ざらん、勝利を怨親に混じ、以て祓済を平等に頒たんと欲す」（『本朝文粋』）と願文に記して延暦寺で千僧供養を催している。また治承寿永の内乱の後には、戦没者鎮魂を目的とした造寺造仏や供養仏事が公武で盛んに行われた（上横手雅敬 二〇〇九）。こうした戦乱をめぐる鎮魂仏事の実施は、単に敗者の怨霊の慰撫だけでなく、勝者の政治的正当性や戦時から平時への移行を世間に印象づける「演出」の側面を伴うものであった（久野修義 二〇〇一）。

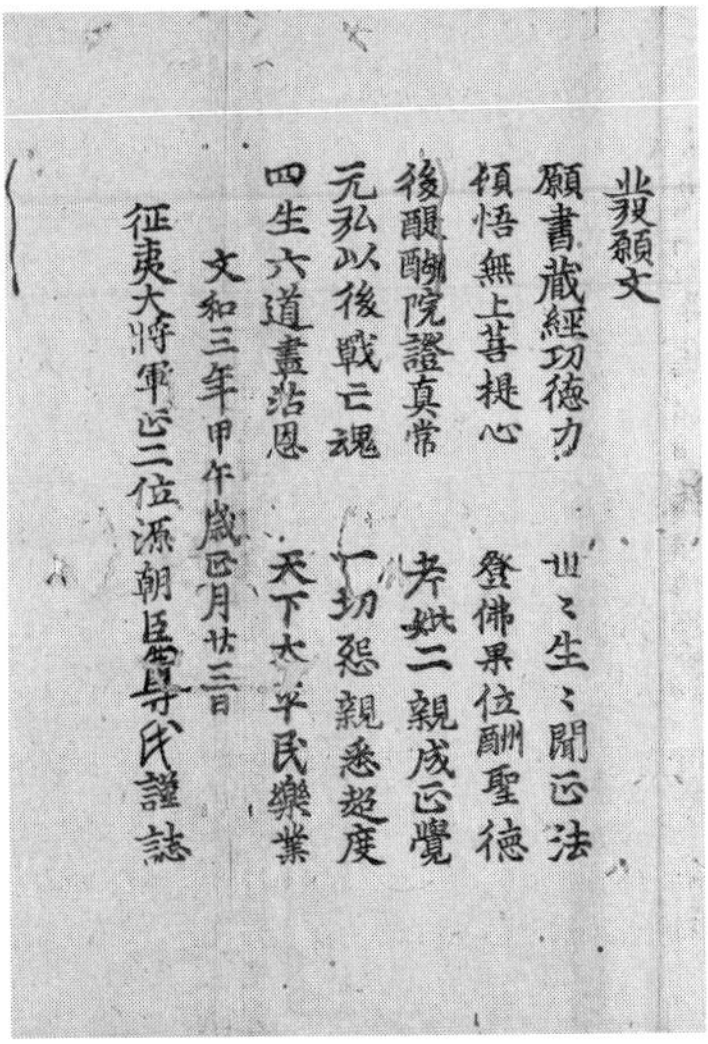

發願文
願書蔵経功徳力　世々生々聞正法
頓悟無上菩提心　登佛果位酬聖徳
後醍醐院證真常　考妣二親成正覺
元弘以後戦亡魂　一切怨親悉超度
四生六道盡沾恩　天下太平民楽業
文和三年甲午歳正月廿三日
征夷大将軍正二位源朝臣尊氏謹誌

図23　「足利尊氏願経」『妙法蓮華経』巻第4，文和3年足利尊氏奥書，東京大学史料編纂所所蔵

内乱期の鎮魂と禅宗

したがって、内乱の収束を目指す室町幕府にとっても鎮魂は重要な政策の一つであった。その早いものとして安国寺（あんこくじ）・利生塔（りしょうとう）の設置がある（今枝愛真　一九七〇）。足利直義（ただよし）が主導した政策とされ、「州ごとに一寺一塔を建立し、普（あまね）く元弘（げんこう）以来の戦死傷亡一切魂儀のため」（『夢窓国師語録』）、すなわち戦没者鎮魂を目的に全国の六十六ヵ国二島に一ヵ所ずつ寺と塔を配置したものである（ただし利生塔の設置が確認できるのは約三十ヵ国に止まる）。建武五年（一三三八）ごろから指定がはじまり、康永四年（一三四五）に北朝の院宣を以て諸国の寺・塔は安国寺・利生塔という通号に統一された。利生塔に指定された寺院には東寺（とうじ）から拠出した仏舎利（ぶっしゃり）が奉納され、安国寺は既存の寺院を各国の安国寺として指定（〇〇国安国寺）した。このうち安国寺はほぼ五山派の禅宗寺院であり、利生塔は禅宗と律宗（りっしゅう）の寺院を中心に構成されていた（松尾剛次　二〇〇三）。また、各国の守護による推挙を要したことから設置された地域や時期に偏差があり、内乱状況における地域単位の勢力圏を示す軍事政策としての側面も有した。なお、山城（やましろ）国については安国寺が四条大宮の辺りにあった北禅寺（ほくぜんじ）（「無徳和尚行実」）、利生塔は「八坂の塔」で知られる東山（ひがしやま）の法観寺（ほうかんじ）が

指定された。

また、「足利尊氏願経」と呼ばれる文和三年（一三五四）の一切経書写事業も、幕府の鎮魂政策との関わりが指摘される。尊氏生母上杉清子の十三回忌を契機とし、供養後は嘉禎四年（一二三八）の北条泰時の亡母十三回忌に倣って園城寺へ奉納された（『三井続灯記』）。発願文には後醍醐天皇と「元弘以後戦亡魂」の鎮魂が謳われており、奉納先こそ先例により天台宗の園城寺となったが、書写に参加した寺院の圧倒的多数は禅律とくに五山を筆頭とする京・鎌倉の禅院が名を連ねた（生駒哲郎 二〇〇八）。ここに、安国寺・利生塔と同じく禅律系寺院と元弘以来の戦没者鎮魂という共通点がみてとれる。また、文和三年と言えば後光厳天皇親政の始動や直義追善仏事の実施など、観応の擾乱の「戦後」を意識した動きが顕著となる時期にあたる。このとき、大陸由来の鎮魂仏事である水陸会も一切経供養と共に等持院で催されており（『源威集』）（康昊 二〇二一）、やはり一連の仏事の重点は、戦没者鎮魂により世間を平時へ誘導することにあったとみてよいだろう。

禅と律

このように、十四世紀前半における大規模宗教事業は、いずれも元弘以来の戦没者鎮魂を謳っており内乱の深刻さを物語る。と同時に、その担い手の中心が禅律系であったことが注目される。西大寺流の展開が知られるように、鎌倉幕府は禅宗だけでなく律宗も重用し、それは禅律方の設置にみられるように初期室町幕府へと継承される。この段階の鎮魂政策においても禅律という括りがみてとれる。ただし、その後の両宗は異なる展開を見せてゆく。律宗は泉涌寺・安楽光院を拠点に北朝後光厳流の葬送・追善を泉涌寺律が担う一方（大石雅章 二〇〇三）、「北京律」とも呼ばれた在京の諸門流は政権中枢から一定の距離を置いて活動したようである（大塚紀弘 二〇〇六）。これに対し禅宗では、伏見の大光明寺を拠点として光厳上皇はじめ北朝崇光流の葬送・追善を夢窓派が担うも（原田正俊 二〇〇三）、やはり足利将軍家との師檀関係を基盤とする室町幕府との結びつきが強固であった。以下に述べるように、夢窓派を含む五山禅宗は幕府が展開する宗教政策を引き続き担ってゆくことになる。

室町期京都の鎮魂

北朝・南朝による京都争奪戦が何度も繰り返されたように、京都もたびたび戦乱の衢と化した当時、鎮魂仏事実施の機運も高まったはずである。しかし、それまで鎮魂仏事を含め攘災を担ってきた顕密諸宗は、内乱下に仏神事の抑留（ボイコット）を強訴の手段とし、幕府への間接的打撃を狙って北朝の恒例公事を軒並み延期・退転に追い込んでいた（大田壮一郎 二〇一四）。公事再興による朝廷の威信回復を目指すなかで復興にこぎ着けた貞治六年（一三六七）の最勝講では、あろうことか宮中で衆徒同士が乱闘になり死者も出る前代未聞の有様となり（『後愚昧記』、『太平記』）、この年を最後に最勝講は途絶した。

こうした状況を前にして、幕府は首都京都における鎮魂仏事の実施にあたり、洛中騒擾の契機となったり仏事自体を強訴のターゲットにしかねない顕密諸宗を頼らず、抵抗なく僧侶を動員できる禅宗を選択した。十四世紀後半には、大陸で盛んとなった水陸会（「横死孤魂」を含む全人的な死者救

図 24　最勝講　『太平記絵詞』第 12 巻，国立歴史民俗博物館所蔵

済の大規模儀礼）が渡来僧を介して導入され（康昊 二〇二一）、日本では五山僧を大量動員して催される大施餓鬼に展開してゆく。鎮魂という宗教儀礼が幕府の遂行する「戦争」の一部を構成していた当時、それは軍事政策の一環としても確実に実施される必要があった。その一例として、義満による有力大名への圧力を契機とした「明徳の乱」を取り上げたい（乱の背景や戦闘の詳細についてはシリーズ第四巻『南北朝内乱と京都』参照）。

大施餓鬼会

明徳二年（一三九一）の大晦日、山名氏清・満幸勢と将軍足利義満率いる幕府軍の間で激しい市街戦が行われ、内野を中心に洛中洛外に多数の死体が散乱したという。この「明徳の乱」の顛末を描いた軍記『明徳記』は、戦後に行われた仏事の様子を以下のように記す。

五山ノ清衆一千人ヲ以、大施餓鬼ヲ行セ玉ヒ、陸奥前司氏清幽儀并ニ諸卒戦死亡霊、六道有情三界万霊悉皆得道ト廻向セサセ給シカバ、何計諸仏モ納受シ給ヒテ、亡魂モ受悦給フラント、聴聞ノ貴賤モ涙ヲ流シ、只当時ノ善修ノミニ非ズ、末代ノ規範ニモ祈禱ニモ成セ給フベキハ今日ノ大仏事也、去バ弥天下モ安泰ニシテ御運長久ノ基也、万人首ヲ低レテ値遇ノ結縁ヲ喜ビケリ

山名氏清はじめ戦没者の「亡魂」を鎮め天下に安泰をもたらす「大仏事」として、「聴聞ノ貴賤」を前に五山僧千人による大施餓鬼が繰り広げられた様子が描かれている。仏事が行われたのは明徳の乱から百箇日（卒哭忌）のことで、施主として義満が献じた直筆の「疏」（対象となる者へ振り向ける仏事の功徳を記した文章）が遺っている（『諸回向清規式』）。そこには「逆臣」・「忠士」の亡霊を「平等」に救済せんとする義満の祈願内容が記されていた（原田正俊 二〇一三、池田丈明 二〇一三a）。いまだ戦塵の冷めやらぬ中で行われた大施餓鬼会は、仏事主催者＝勝者による戦乱の総括と日常回帰への宣言であり、それゆえ路上に溢れる遺体を目の当たりにした都の住人たちの前で、彼らの動揺を抑えるべく「大仏事」として催される必要があった。

これ以後も、同じく京都が戦場となった船岡合戦や天文法華の乱など、大きな戦乱の後には五山禅宗による大施餓鬼会や千僧水陸会が催された（西山美香 二〇〇六b）。このことは、五山禅宗による鎮魂仏事が戦乱を清算する社会的機能を担ったことを物語る。『明徳記』が〈予言〉したように、大施餓鬼会は「末代ノ規範ニモ祈禱ニモ成セ給フベキ」仏事として定着したのである。

すでに鎌倉時代から禅宗には鎮魂が期待されており、高僧による亡魂救済譚などの評判もあった（原田正俊 一九九九b）。とりわけ十四世紀の長期的内乱が、鎮魂仏事の需要とそれを担う五山禅宗の存

在意義を高めたといえよう。鎮魂仏事の実施は師檀関係に基づく私的営為とは異なり世間全体を対象としたものであり、言わば公的な次元において意味を持つ。軍事政権に規定された当時の国家体制において、鎮魂仏事は戦後処理の一環として不可欠の宗教儀礼であり、まさしく五山禅宗が果たした国家的機能の一つと言えよう。

3　五山仏事の機能②——飢饉と鎮魂

戦没者の鎮魂を通じて見出される五山禅宗の公的機能は、また別の場面でも発揮された。それは、戦争と同じく無名かつ無念の横死者が大量に生み出された大飢饉における鎮魂である。

飢饉と仏事

内乱終結後の比較的安定期とされる十五世紀中盤にも、首都京都が大混乱に陥ったことがあった。応永二十八年（一四二一）と寛正二年（一四六一）の二度の大飢饉である（以下、それぞれ「応永度」「寛正度」と略記する）。応永度の大飢饉では、前年から諸国の飢人が京都に流入し路頭に餓死者が溢れ、当年には疫病が流行り多数の死者が出た。このとき、「人民死亡追善」のため五山で施餓鬼会が催されている（『看聞日記』）。翌年には、「去年の飢饉、病悩万人死亡の間、追善のため」五条河原に桟敷を設け、室町殿足利義持の「見物」を前に勧進僧や五山僧による施餓鬼会が企てられた（延暦寺の反対により、実際には五山の各寺院で実施）（『看聞日記』）。次いで寛正度の場合は、冷夏の影響で大飢饉となり、鴨

表3　五山僧を動員した鎮魂仏事

年　代	鎮魂対象	場　所	五山僧の出仕記事
明徳3年(一三九二)	明徳の乱の戦没者	相国寺?	「五山ノ清衆一千人」(『明徳記』)
応永24年(一四一七)	上杉禅秀の乱の戦没者	相国寺	「南禅寺・相国寺・□□院」(『満済准后日記』)
応永29年(一四二二)	応永度の大飢饉による死者	五条河原	「五山僧衆」(『看聞日記』)
寛正2年(一四六一)	寛正度の大飢饉による死者	四条橋・五条橋・渡月橋	「諸五山並塔頭」(『碧山日録』)
永正8年(一五一一)	船岡山合戦の戦没者	北野経王堂	「五岳の衆六百余人」(『実隆公記』)
天文5年(一五三六)	天文法華の乱による戦没者	清水寺	「諸五山衆(中略)或いは五百或いは三百」(『鹿苑日録』)
天文9年(一五四〇)	天文九年の飢饉による死者	北野経王堂	「諸五山僧衆」(『鹿苑日録』)

川は死体で流れが塞がれ腐臭が漂い「城中死者八万二千人なり」(『碧山日録』)と記されるほど凄惨を極めた。これに対し室町殿足利義政は、建仁寺(五条橋)・相国寺ほか(四条橋)・東福寺(四条橋)・万寿寺(五条橋)・南禅寺(四条橋)・天龍寺ほか(渡月橋)の諸寺——すなわち五山に命じて「飢疫死亡の霊」(『碧山日録』)のため洛中洛外にかかる橋上で施餓鬼会を連続して行わせている。このうち東福寺から出仕したのは「三百余員」(『碧山日録』)とあるので、他の五山の場合も数百人規模の僧侶が動員されたと考えられる。

このように、大飢饉に伴う都市京都の非常事態に際しても、五山禅宗をして鎮魂仏事を行わせることで幕府は混乱の収束を図ろうとした。注目されるのは、その仏事が行われた場所である。応永度では五条河原、寛正度では四条橋・五条橋・渡月橋のように、いずれも寺院境内ではなく橋や河原など都市の公共空間で実施されている。こうした場所は死穢が及ばないという観念的意味もあったにせよ、寛正度の施餓鬼会では所司代が警固にあたったように（『蔭凉軒日録』）、明らかに群衆を意識した会場設定といえよう。ここには、人々の結縁願望への対応という宗教的理由だけではない企図もうかがえる。

室町期京都の施行

その名の通り施餓鬼は餓鬼に食を施す仏事として現在も各宗派で行われているが、禅宗の施餓鬼会には実際に餓鬼へ食物を施す作法は含まれず、むしろ無遮大会（一切衆生を供養対象とする仏事）に意義があるという（池田丈明 二〇一三b）。しかし実際のところ、応永度では施餓鬼会を行った天龍寺・相国寺で施行（食糧施与）も催され「貧人が群衆」し、翌年の大施餓鬼会でも勧進で集められた施物が義持の指示で五山に運び込まれている（『看聞日記』）。また、寛正度では時衆の願阿弥が率いた勧進聖集団による施行が有名だが（西尾和美 一九八五）、その原資となる百貫文の施入をはじめ義政による施行への積極的関与も注意される（東島誠 二〇〇〇）。ここから見えてくるのは、鎮魂と施行を連動して行い、非常時における都市民の物心両面の不安に対処した室町殿の都市政策である。

為政者による民衆への食糧施与は普遍的な統治政策の一つであり、日本では古代律令制のころから儒教的な有徳観を背景とした賑給が知られる。平安京においては「京中賑給」や「施米」が年中行事化するも早くに形骸化した（櫛木謙周 二〇一四）。その後、仏事開催に伴う非人施行をはじめ、貧者の物

図25　神泉祈雨　『弘法大師行状絵詞』巻8，東寺所蔵，東京美術写真協力

理的救済を功徳・積善と見なす仏教的施行が中世では盛んとなる（丹生谷哲一　二〇〇八、水野智之　二〇一三）。これに対し義持や義政は、横死者を含めた一切衆生を対象とする施餓鬼会（餓死者の救済）と併行して、不特定多数の人々を対象とする賑給的施行（飢人の救済）を都市の公共空間で催したのである。

こうした飢饉時における亡者供養と賑給的施行の同時執行の先例は、世に「無遮之大会」（『中右記』）と称えられた長承四年（一一三五）にさかのぼる。このとき、「近日天下疾疫、餓死者道路に充満す、世間として恐るる事あるか、（中略）御祈の如き行わるべきか」（『中右記』）とあるように、餓死者の怨霊を怖れる世間の不安を背景に祈禱が企図されるとともに、鳥羽上皇は「千万人集会」した河原で京中「臨時賑給」を行い（『中右記』）、また「王家の氏寺」法勝寺を開放し、「飢饉貧賤の者」に米千石を与えた（『百錬抄』）。一方、室町期の大飢饉では、室町殿の指揮の下で河原や五山における施餓鬼会と施行の

実施というかたちで、院政期以来の包括的な飢饉対応策が行われた。このように、戦乱だけでなく飢饉による首都京都の危機においても、五山禅宗がその宗教的機能を以て公的役割を担っていたのである。

室町期京都の祈雨

必ずしも都市空間における実施ではないが、祈雨も室町時代の京都で五山禅宗が担った仏事である。「雨乞い」といえば、およそ村落の単位から国家主催の大規模なものまで、洋の東西を問わず農耕社会で行われる典型的な宗教儀礼である。この祈雨を都市とりわけ首都で行う理由は、その国家性を演出する意図だけではない。大都市であるほど食糧を外部に依存せざるを得ない都市の本質的性格からすれば（藤田弘夫 一九九二）、旱魃による不作は都市に飢餓という危機をもたらす以上、為政者には都市社会維持のための対応が求められた。もちろん諸国からの生産物運上を前提とする大消費地京都にとっても死活問題であり、二十二社奉幣や空海の雨乞い伝承で有名な神泉苑における請雨経法など、神仏への祈雨が古代より公事として行われてきた。なかでも「雨僧正」仁海（九五五―一〇四六）の活躍や東密・台密合同の水天供の登場など、祈雨儀礼としての密教修法が発展したことが知られる（スティーブン 二〇一六）。

こうした中で初めて五山禅宗に祈雨が命じられたのは応永九年（一四〇二）の旱天時のことであっ

た。神社奉幣や水天供など軒並み効果が見られないなか、義満は相国寺僧衆から「百口を清撰」（『吉田家日次記』）して祈雨にあたらせた。このときはただちに雨が降ったので五山全体への命令か定かではないが、応永十四年の場合は祈雨を「五山等禅院が承」り、相国寺から始まり七日間ずつ南禅寺・天龍寺と順番に行われた（天龍寺の七日目に「大雨降」となり打ち止めとなったか）（『応永十四年暦日記』）。以後も十五世紀を通じて「諸五山」に祈雨が命じられており、室町期の祈雨として定着したことが知られる（細川武稔 二〇一〇）。その伝達経路は幕府から蔭凉職・鹿苑僧録を介するもので、まさしく五山官寺への国家的祈禱命令であった。

集団性・公開性

ここで注目したいのは、従来の顕密諸宗の祈雨や神社奉幣も依然として続いていたことである。祈雨の効果を禅宗だけに認めるならば、他の祈雨儀礼を継続する必然性はない。しかし、密教修法はもとより朝廷の神社奉幣も室町殿の差配により行われた（小河仁 二〇二二）。

これまで、室町時代における顕密諸宗の祈禱と禅宗のそれとの関係については、「仏事体系上の棲み分け」（原田正俊 一九九八）や「相互補完」（小川仁 二〇二二）と評価されている。一方、これまで検討した五山禅宗の仏事のあり方からすれば、五山の祈雨もまた都市と都市民に向けられた宗教儀礼として理解できるのではないだろうか。その共通点は、大人数の集団であること、および開かれた場所での実施である。初例の時は相国寺僧「百口」が催され、応永十四年（一四〇七）の際は「相国寺五百」とあるので、続く南禅寺・天龍寺も同程度の人数が動員されたと思しい。義持期の応永二十五年

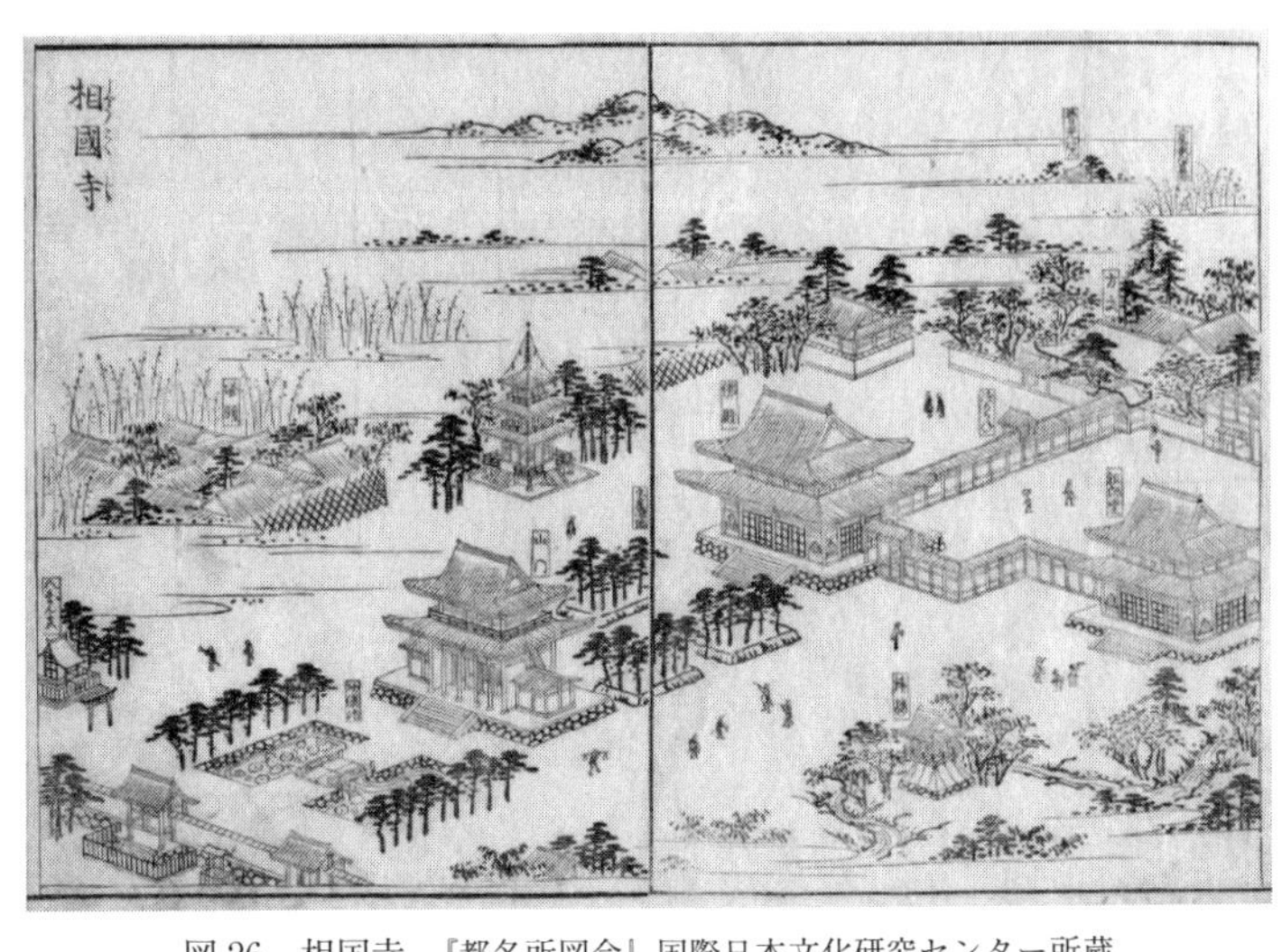

図 26　相国寺　『都名所図会』国際日本文化研究センター所蔵

には「今日、南禅寺祈雨のため三百卅(三十)三人を以て観音懺法を行うと云々、炎旱、民の愁い喉に迫ると云々」(『看聞日記』)という例がある。(なお、この特徴的な数字は義持の観音信仰〈観音三十三応身〉に由来するもので、義持は伊勢神宮などの寺社参詣に近習三十三人を代参させている(大田壮一郎 二〇一四))。さらに義政期の長禄三年(一四五九)には、相国寺山門の閣上に百三十三人が上り三日間の懺法を行わせた事例もある(『蔭涼軒日録』)。こうした集団性は、先にみた鎮魂仏事としての施餓鬼会にも共通するものである。

　祈雨に限らずおよそ密教修法は、堂舎や邸宅内の壇所など閉ざされた空間で少人数の僧侶により執り行われる「内向き」の宗教儀礼と言える。それを「見る」者も施主やその関係者など少数に限られた。神社への奉幣も宮中と神前で厳かに執り行われるものであり、修法と同じく「内向き」の儀礼と言えよう。対照的に、五山の仏事では百人単位の集団で僧侶が出仕し（その人数が記録されること自体が関心の所在を示している）、また儀礼自体を都市民に「見せる」かのように、人々が行き交う橋上や境外の人々の耳目を集める閣上など「外向き」の場所で行われた。同じ目的の祈願でありながら、教義上の違いだけでなく「外からの視線」について正反対の方向性にあった。

また、都市の維持において重要な交通路の維持も宗教儀礼と不可分であった。なかでも「造橋」は作善功徳の一つとされ、その竣工時に行われる橋供養の歴史は長い（上相英之二〇〇八）。中世では、弘安九年（一二八六）の宇治橋供養が有名であろう。菩薩行の実践として、橋梁に限らず津泊の修理など社会事業に邁進した叡尊とその集団（西大寺流律宗）の手で修築された宇治橋では、二百人の律僧による盛大な橋供養が催され、上皇や関白らの「見物」があり、また「舞楽」も催された（『実躬卿記』、『勘仲記』）。また文和二年（一三五三）に鎌倉六浦の瀬戸橋が修築された際には、鎌倉時代から架橋事業を担ってきた律院称名寺の長老による「六浦瀬戸橋供養文」が読み上げられている（『金沢文庫古書』）。

一方、室町期の京都では、応永十六年（一四〇九）に五条橋、宝徳二年（一四五〇）に四条橋が修築され、ともに禅僧による橋供養が行われた。前者では建仁寺住持仲方円伊が導師をつとめ（『仲方和尚語録』）、日野重光ら公家たちが挙って見物に出掛け（『教言卿記』）、後者の場合は「禅僧一千口、相国寺・南禅寺・建仁寺等僧なり」とあるように、ここでも五山の各寺院から千人が出仕して執り行われた（『東寺執行日記』）。このように、都市のインフラ整備の一環であり同時に都市民の結縁の場である橋供養においても、この時期の京都では律宗ではなく五山禅宗がその役目を担ったのである。

五山禅宗に命じられた鎮魂や祈雨は、いずれも首都京都の安定に不可欠な宗教儀礼であり、それ自体は朝廷の命令を受けた顕密寺院や神社によって以前から連綿と行われてきたものである。室町期の場合、その主催者が治天の君(王家の家長)ではなく室町殿(足利将軍家の家長)であること、そして京都の安定を祈る宗教儀礼に五山禅宗という新たな宗教勢力が加わり、集団的かつ公開的な仏事が行われたことが特徴といえるだろう。それを可能にしたのが五山制度に基づく幕府の強力な統制であり、大人数の禅僧を擁する五山を支える社会的・経済的基盤を調達したその強力な保護であった。

コラム1　〈変貌〉する相国寺と義満

「花御所」室町殿の主である足利義満が大臣の位に昇ったころ、その東隣に室町殿に数倍する敷地を持つ「武家願寺」（『荒暦』）の造営が始まった。天龍寺と並び五山禅宗史の画期となった万年山相国寺である。寺名は義満の官位＝左大臣の唐名「相国」から取ったともいわれる。場所といい、寺名といい、相国寺はまさしく「公方の館」室町殿と一対の「公方の寺」といえよう。義満はここを舞台に大仏事を相次いで挙行し、「公方」＝室町殿の時代の到来を盛大に演出した（シリーズ第四巻『南北朝内乱と京都』参照）。往時に比べればかなり縮小したとはいえ、今も境内には禅宗様の大伽藍と塔頭が整然と立ち並んでいる。こうした現在の姿からは想像し難いが、創建当初の相国寺は目まぐるしく〈変貌〉する寺院であった。

永徳二年（一三八二）、義満は夢窓派を率いる春屋妙葩や鎌倉から戻った義堂周信らに禅院の建立を諮った。義堂周信は宋の都に大相国寺の在ることを述べ、また「相国」に「承天」（天皇の意を承ける）を合わせた「承天相国」の寺名を提案した（『空華日用工夫略集』）。当時、義満は公家社会に颯爽とデビューした時期であり、朝廷を率いる気鋭の公卿という立場に相応しい命名といえよう。ただし、最初から大伽藍を計画したわけではない。

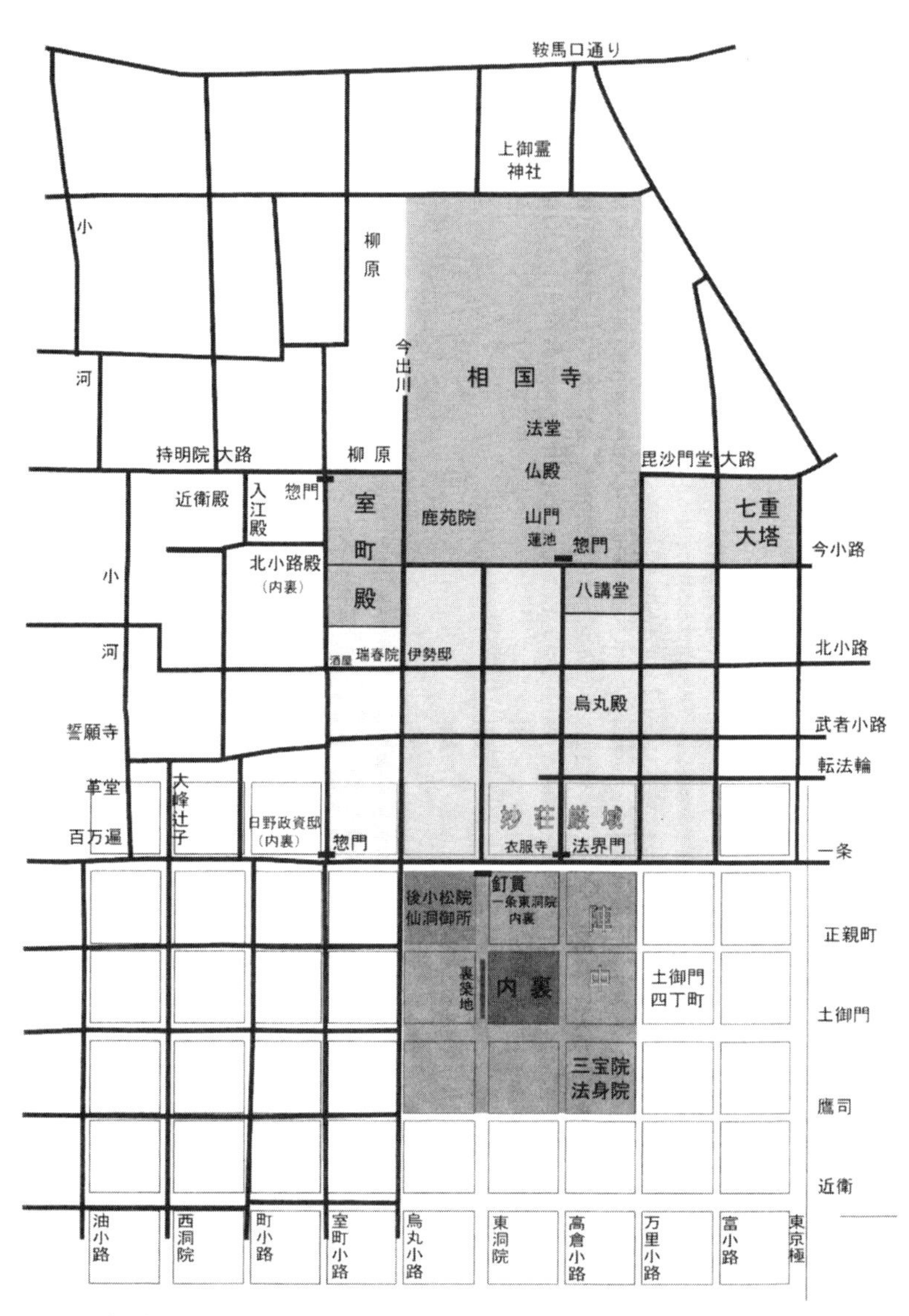

図 27　義満期相国寺の伽藍配置図　高橋康夫 2018 より

若き日の義満は、坐禅工夫や講義聴聞に熱心であった。紅葉狩りに出かけた洛西の西芳寺（苔寺）で、取り巻きたちが流行りの和漢連句に興じるなか独り庵室に籠もり坐禅を続けたエピソードが知られる（『空華日用工夫略集』）。また、禅宗所用の経典や祖師語録について義堂周信から毎月のように普説（講義）を受けていた（原田正俊 二〇〇九）。こうした修禅弁道の延長線上に、義満は室町殿に附属する坐禅道場のような「小刹」を構想していたらしい。しかし、義堂周信らは「相洛五山に準じた」伽藍の建立を勧め、義満も同意したことで造営が始まる（『空華日用工夫略集』）。

永徳二年末には早くも仏殿や法堂の上棟が行われ、当初は急ピッチで造営が進んだ。ところが事は順調に運ばず、落成までに十年近い歳月を要している。その原因は、義満自身が懸念した財政難もあるが、大造営ありきの拙速な方針が招いた面も否めない。敷地となった場所の住人達は貴賤を問わず立ち退かされ、平家の「福原遷都」以来と嘆かれた（『荒暦』）。また、威信を懸けた造営の割には法堂は等持院から移築して間に合わせ（『荒暦』）、方丈も畠山基国が五条にあった邸宅の寝殿を寄進し、それを「壊ち渡し」（解体して運ぶこと）、境内に建てられたものだった（『吉田家日次記』）。

堂舎の移築が示唆するように、困難を極めたのが落書に「ミヤコニハ、ヒノキスギノ木ツキバテテ、ナゲキテツクル、相国寺カナ」（『玉塵』）と揶揄された材木の調達である。資材が枯渇するほどの大工事ともいえるが、造営の総責任者たる春屋妙葩をして、番匠たちに「木切と号し用木を取るの条、其の費えなきにあらず、たとい無用たりと雖も、木五寸以上は、これを取るべからず」（「天龍寺文書」）と事細かに定め置くほど逼迫していた。近国では需要を賄いきれず、義満は伊予国はじめ諸国から材木を運上させている（『築山本河野家系譜』、「東寺百合文書」）。ようやく落成にこぎつけたころには、春屋妙葩も義堂周信もすでに世を去っていた。

明徳三年（一三九二）八月、相国寺は落慶供養の日を迎えた。導師をつとめた住持の空谷明応（夢窓派）は直前に国師号を賜り（『広光卿記』）、当日は天龍寺供養で夢窓疎石が着した袈裟で出座し、五山長老と在京十刹の住持たちがこれに従った。五山禅宗界を制する夢窓派の「総本山」に相応しい威儀といえよう。また、「檀那」義満の出御には武者行列に加えて公卿や殿上人が扈従した（『迎陽記』）。すでに右大将就任時から家礼や家司として公家衆を供奉させており（桃崎有一郎二〇〇七）、それ自体は当時さして珍しいことではないが、このときの行列には「両局輩」つまり太政官の外記・史ら地下官人が参加した（『康富記』）。その理由は、今回の仏事が王家御願寺や摂関家氏寺の供養会などに見られる「准御斎会」（勅許を得て「公家沙汰」の体制で実施される仏事）として催されたからである。禅宗仏事の准御斎会は先例のないものであり、位人臣を極め摂関家を凌ぐ権勢を振るう義満の立場に相応しい格式で、「御願寺」相国寺の落成が寿がれたのである。

かくして相国寺は華々しく都に登場した。ただし、その境内は義堂周信らが望んだ五山の如き寺観とはいささか異なる様相を呈していた。禅宗様の伽藍が立ち並ぶ境内の東南角に、顕密僧が出仕して将軍家追善仏事を行う八講堂なる「顕教の道場」が附属していたのである。その柿落としというべき明徳元年（一三九〇）の足利尊氏三十三回忌では、「法会の儀、院中の式を模され」

た顕密仏事が盛大に催された（『わくらはの御法』、「東寺百合文書」）。また境内の東には白河法皇創建の法勝寺八角九重塔を上回る「高三百六十尺」（約一一〇メートル）（『翰林胡蘆集』）の七重塔が建立され、南都北嶺や真言宗の諸寺から千人の僧侶が出仕した落慶供養が応永六年（一三九九）に行われた。このとき義満は亀山法皇の先例に倣うだけでなく、東密・台密の頂点に君臨する仁和寺御室や天台座主を従えて仏事に参加し、顕密仏教界の上位に自らを位置づけた（冨島義幸 二〇〇一）。絶頂期の義満が法皇のごとく振る舞ったことは仏事に限らず知られるところであり（臼井信義 一九六〇）、相国寺に「顕教の道場」や「密教の塔」を建てたのは、かつて法勝寺に体現された院権力による顕密仏教支配を意識したものとされる（冨島義幸 二〇一四）。

はたして、相国寺は禅宗と顕密仏教の兼学寺院になったのだろうか。ここから相国寺はさらなる変化を遂げる。応永五年（一三九八）、義満が室町殿から北山殿に居を移すや、八講堂は相国寺から移築され顕密仏事も北山殿で開催されるようになる。また、七重塔も応永十年に落雷で焼失した後は北山殿に再建されたのである（後に焼失し相国寺に三たび再建される）。そもそも相国寺に顕密僧は常住せず仏事の時のみ八講堂に出仕しており、七重塔に至っては派手な落慶供養と対照的に以後の状況はよくわからない。こうしてみると、相国寺に出現した顕密仏教の堂塔は、伽藍の一部というより義満一人の権威を演出する「劇場」的な儀礼空間といえるだろう。

公武の尊崇を一身に集めた夢窓疎石というカリスマ亡き後、夢窓派は五山禅宗の主流となったがゆえに門派内外の対立や政争に振り回され、決して順風満帆ではなかった。そうした中で門派の将来を模索する春屋妙葩らが企てたのが、義満に新たな将軍家菩提寺の創建を勧め、そこを新たな夢窓派の拠点とすることだった。天龍寺の場合、元より夢窓派の拠点には違いないが、境内には後醍醐（多宝院）や光厳（金剛院）の塔所も存在し、創建の経緯からしても将軍家との関係という意味では距離がある。一方、すでに夢窓派の影響下にあった将軍家菩提寺の等持院や等持寺は、規模としては中小寺院に過ぎない。夢窓派にとって、相国寺の創建は将軍家との関係を独占し、五山禅宗界に卓越した立場を確立する機会だった（玉村竹二 一九五八、今枝愛真 一九七〇）。

他方、全国をほぼ平定し室町殿として公武政権を手中に収めつつあった義満は、首都京都に対して、また「天下」に向けて自身の権威を見せつける舞台を必要としていた。そのために規模も格式も当時における至高のものが求められた。こうした師檀双方の思惑が交錯した結果、相国寺はその姿を目まぐるしく変えていったのである。「小刹」の構想から大伽藍の造営、さらに禅宗と顕密仏教が並び立つ境内空間の出現と大仏事の連続、そして義満の北山殿移住と共に消えた道場と塔。一連の展開は義満自身の〈変貌〉の投影ともいえよう。

義満が没した後、勝定院（義持の位牌所）をはじめ境内の諸塔頭は将軍家歴代の位牌を安置する香華院となり、多くは夢窓派内の分派拠点として展開した（中井裕子 二〇一二）。また、僧録が置かれた義満の塔所（檀那塔）鹿苑院では、院内の蔭凉軒が相国寺だけでなく禅林行政全般を取り仕切り五山禅宗界を統括してゆく。義満がこの世を去り、ようやく相国寺は純然たる五山の禅刹に落ち着いたのである。

六　都市の支配と宗教儀礼

1　攘災と祝祭

都市の攘災

前章でみたように、五山禅宗の社会的機能に注目すると、都市民を意識した室町幕府の施策との関係が浮かび上がる。古今東西、首都の安定は国家の要諦である。平安京遷都以来、京都の治安維持は検非違使が担い警察・裁判・課税など都市行政を司ってきた。もっとも、「都市という場は、時代と地域を問わず、繁栄と背中合わせに、疫病・災害・治安悪化などの脆弱性を抱え」ている（高谷知佳　二〇一六、二二六頁）。したがって、疫病や災害の原因を怨霊・鬼神や天変がもたらす「災厄」と見なした前近代において、京都の安定は物理的な力のみでは完結せず、常に神仏の力を必要とした。それは、神祇祭祀をはじめ陰陽道の境界祭祀や顕密仏教の修法・読経など、あらゆる宗教儀礼を駆使して京都の攘災が行われてきたことに明らかである（上川通夫　二〇一五）。こうした面からみれば、五山禅宗の仏事も京都を災厄から護る都市政策の系譜に位置づけることができよう。

ところで、室町時代は支配者層たる公家・武家・寺社の諸権門がいずれも京都を政治的基盤とし、足利将軍家の家長―室町殿が全体を束ねる非制度的な政治構造を形成した。これは長い中世のなかで他と画する固有の社会状況であり、都市という視点で言えば王家の家長―「治天」に替わる新たな支配者が登場したことになる。それは同時に、諸権門とそれに連なる人々の都市生活を保障する責任者の交替も意味した。たしかに鎌倉幕府も早くから京都の都市行政に関与したが、あくまで武力による治安維持の範囲であり、六波羅探題が京都の攘災を主体的に担った形跡はない。「京都市政権」を北朝から吸収したとされる内乱期の室町幕府も同様である。攘災を含めた京都の包括的な安定に目を向けた（向けざるを得なかった）のは、やはり足利義満以降の「室町殿の時代」とみるべきであろう。

ただし、それまでの攘災のあり方は天皇という存在と不可分の理念――間断なく天皇の身体安全を祈ることが、「王城」京都の平安と国家の安泰をもたらす――を前提とし、年頭の後七日御修法をはじめとした「玉体安穏」の祈禱が攘災そのものであった。こうした「神学」を持たない室町殿の場合、京都の攘災は都市民に対してより明示的に行われる必要があったと考えられる。このことは、都市空間で行われた宗教儀礼を見渡すことでより明確な像を結ぶだろう。

室町殿の見物

現在も京都を代表する都市祭礼である祇園祭（以下、祇園会）は、各町が出す山鉾に象徴される「町衆」の祭礼として知られる。しかし、近年その民衆的イメージは大きく変わりつつある。とくに室町時代の祇園会は、室町殿の存在を抜きには語れないほど時の政治権力と深い関係にあった（河内将芳 二〇一二、二〇二〇）。

長い歴史を持つ祇園会において、神輿渡御を中心とした神事に対し山鉾の存在が注目されるようになるのは南北朝時代の後半である。このころ、日吉社の神輿造替問題に端を発した延暦寺の強訴により日吉社の神事が停止すると、その末社でもある祇園社も連動して神事が行われなかった。一方、その間も山鉾巡行は続けられており、これを桟敷で見物したのが足利義満である。祇園会の見物なら尊氏・義詮にも先例があるが、「室町殿（義満）、京極入道殿桟敷に御出、（中略）山鉾以下結構し、先日の風流に超過し美を尽くす」（『迎陽記』）とあるように、義満の見物のために山鉾は華美を極めるようになり、やがて神輿渡御に連なる馬長の行列に替わり「風流」の中心となってゆく（山路興造 一九九七）。義満以降の歴代室町殿もしばしば行列を組み桟敷に出向いて見物し、「祇園会御成」として先例化した（二木謙一 一九八五）。

さらに、義満は見物だけでなく祇園社内部にも関与し、祭礼費用の徴収システム（馬上役）を整えるなど、祇園会の安定開催の道筋を付けたのである（瀬田勝哉 二〇〇九）。なお、義満は同じく延暦寺末社であった北野社の北野祭にも見物と介入を行っている（三枝暁子 二〇一一、西山剛 二〇一五）。

義満が祇園会にこれほどの拘りを見せた理由について、瀬田勝哉は「都市全階層の眼前にくりひろげられる祇園会を「年中行事」として確立すること、これこそがこの年中行事をさまざまの面から保障していく将軍権力の存在を、全都市民に誇示する願ってもない場であると考えられたのである」（瀬田 二〇〇九、三九〇～三九一頁）と端的に指摘した。現在の研究段階を踏まえるならば、その「保障」の主体は「室町殿」と表現するべきだろう。室町時代の祇園会では天皇や上皇さらには異国使節の「見物」もあり、いずれも室町殿の「仰せ」によって実現した（大塚活美 二〇〇五、河内将芳 二〇一二）。山鉾や風流に彩られる祇園会は、都市民が希求する疫病退散の行事であるとともに——現在もそうであるように——京都の繁栄を可視化する祝祭である。祇園会の開催を「保障」することは、同時に天皇から地下人に至る全都市民の願望に応える存在、すなわち都市支配者としての正当性を室町殿に「保障」したのである。

祇園会と山訴

このように、山鉾巡行が中心となった室町時代の祇園会は、新たな京都の支配者——室町殿とその政権に密接であり、山鉾は「将軍家の持ち物だった可能性」（桜井英治 二〇〇六）を指摘されるほどである。ところが、その接近が仇となって延暦寺による「山訴（さんそ）」の対象となり、十五世紀半ばから祇園会は延引と追行（ついこう）を繰り返すようになる（下坂守 二〇一四）。

山訴では、まず要求を実現すべく衆徒（しゅと）による堂舎閉籠（どうしゃへいろう）や神輿動座（どうざ）が行われる。さらに末寺末社に対して「閉門」を要求し、それに伴い各末社での諸祭礼も停止された。ここまでは従来の強訴と大差ないが、室町時代における山訴の対象は朝廷ではなく幕府であり、祇園会をはじめ祭礼の執行は幕府による「裁許」すなわち山訴の要求実現を条件とした。こうして都市祭礼を「人質」に取って行われた山訴に対し、幕府は最終的に要求を受け入れるのが常であった。その交渉が長引くと執行が年末までずれ込むこともあり、十五世紀半ばから十六世紀にかけてたびたび「冬の祇園祭」（河内将芳 二〇一二）が出現したのである。

この山訴が効果を発揮した背景として、災異改元が相次ぐ不安定な状況や文安六年（一四四九）の

図 28　山鉾巡行　「洛中洛外図屛風」右隻第 3 扇，米沢市上杉博物館所蔵

山訴の際に疫病の蔓延や群発地震が重なったことで、都市民の間にあらためて「王城守護の二神」(『応仁略記』)への意識が高まった、という経緯が指摘される(下坂守 二〇一四)。それは、相次ぐ天災や疫病により菅原道真の「怨霊」が人々の畏怖を増し「天神」として恐れられたように、およそ偶発的な要素に左右された現象ではある。こうした神威への畏怖に加えて、たとえ年末になっても祭礼の執行に拘ったのは、前述のように祇園会が室町殿の権威や権力を可視化する機会(逆に言えば祇園会の不開催は室町殿の政治力の毀損につながる)として定着していたからに他ならない。延暦寺が祇園会を山訴のターゲットにしたことが如実にそれを物語っている。

こうしてみると、首都京都を治める室町殿が真に怖れたのは、疫病による災厄そのものよりも、攘災としての都市祭礼を求める都市民の視線ではなかったか。それゆえ、この時代の祇園会は国家的仏事における公請抑留(ボイコット)のように政治的駆け引きの道具とされ、挙句にその要求を呑まざるを得なかったわけである。ちなみに、源氏の氏神として手厚い保護を受けた石清水八幡宮においても、室町殿が公卿の一員として上卿を勤める「勅祭」放生会の実施に合わせて同社の神人たちが幕府に要求を行い、裁許を得るまで祭祀の執行を抑留する「神訴」が頻繁に行われた(鍛代敏雄 一九八八)。

神戦、ふたたび

都市民の不安に敏感に反応する室町殿の姿は他にも見られる。応永二十六年(一四一九)、六十九年ぶりに祈年穀奉幣(伊勢神宮をはじめ諸社へ奉幣し豊作を祈願する神事)が復興する。多くの年中行事と同じく南北朝内乱で退転した祈年穀奉幣が突如として復興した背景には、後に応永度の大飢饉を引き起こす天候不順に加えて、「応永の外寇」(倭寇鎮圧のため朝鮮王朝

図29 「山法師強訴図屏風」 滋賀県立琵琶湖文化館所蔵

軍が対馬を攻撃した事件）を契機として、各地の寺社から政権中枢に対し神々の「神戦」や社頭での「怪異」の注進が相次いだことが挙げられる（西山克 二〇〇四、伊藤幸司 二〇〇九ほか）。たとえば尾張国熱田社からは「今夜の光物は伊勢の御影向と云々（中略）今度異国責め来る、重事の御評定□八幡も御影向と云々」（『満済准后日記』）との一報がもたらされた。伊勢神の下に神々が集い「御評定」をする様子は、まさに蒙古襲来時の「神戦」を彷彿とさせる。

このように、対外危機により国家神・宗廟神たる伊勢神宮の神威が高揚した結果、伊勢神宮への奉幣行事が復興したわけである。むろん、神事復興の決定権者は室町殿足利義持であり、約三百貫の費用は洛中に賦課される土倉酒屋役や守護が負担する国役により調

達された（早島大祐 二〇一〇）。歴代将軍の中で突出した参宮回数で知られるように、義持自身が篤く伊勢を信仰しており（山田雄司 二〇一四）、以後も所領寄進など伊勢神宮の興隆が図られた。

都に現れた伊勢神

一方、膝下の京都市中では別の事態が進行していた。応永度の大飢饉による悲惨な状況と、「神戦」や「怪異」により過分に誇張・増幅された対外情報の流入が相まって、疫病の蔓延と「応永の外寇」の戦没者の怨霊が結び付き、人々は異国を「征伐」した伊勢神を怨霊の祟りによる疫病を鎮める「治病神」と崇めるようになった（瀬田勝哉 二〇〇九）。その発信源は、京都の神官卜部（うらべ）氏とも巷間の「唱門士（しょうもじ）」（声聞師）とも言われるが（『氏経卿引付』）、室町時代中期の京都で伊勢信仰が急速に広まったことは、この時期に「今神明（いまじんみょう）」として洛中洛外に伊勢神の勧請（かんじょう）が相次いだことにうかがえる。

この今神明は制御できない都の「流行神」でもあった。伊勢神宮は永享十年（一四三八）ごろから京都における伊勢神の勝手な勧請を止めるよう再三にわたり公武に訴えていた（『氏経卿引付』）。しかし、室町殿義教は自ら「姉小路町西洞院」の今神明（高松神明）の勧進に参加したし（『看聞日記』）、享徳二年（一四五三）に至っては、一向に要求が聞き入れられない現状に業を煮やした神宮が、洛中洛

図30　高松神明神社

外の今神明を破却しなければ祈年穀奉幣を抑留すると「神訴」に及ぶも事態は変わらなかった（『氏経卿引付』）。文安四年（一四四七）には、宗砌ら「連歌七賢」が連衆となった高松神明の法楽連歌会が催されるなど（「姉小路神明百韻」）、都市民の心の拠り所として俄かに注目を浴びた京都の流行神を室町殿が排除することはなかったのである。

さらに、祈年穀奉幣が宝徳元年（一四四九）に一時中断すると、「中絶しかるべからざるの由、武家執奏申さる」（『康富記』）と幕府は朝廷に継続を強く求めており、都市民の動揺がもたらした伊勢信仰の高まりに反応するかのように、伊勢神との関係を強めて行った。このことは、義持期以降に参宮だけでなく神宮祈禱が盛んになってゆくことにもうかがえる（飯田良一 二〇〇九）。その祈願理由が将軍家一族に取り付いた怨霊退散であったり（『建内記』）、時期は下がるが永正十二年（一五一五）には幕府が「怪異攘災御祈禱の事」を命じたように（『守則長官引付』）、その意図するところは宗廟神による天下国家の安泰というより、膝下の京都を災厄から護ることに重きが置かれたのではないだろうか。

北野万部経会

ハレの行事である祭礼とは対極にある仏事ながら、同じく室町幕府が継続に努めた恒例行事が北野万部経会である（梅澤亜希子 二〇〇二）。明徳の乱の戦没者追善供養として、応永二年（一三九五）に「江州百済寺僧」（『東寺王代記』）某が、激戦地となった右近馬場に諸国から千人を超える僧を経衆として集め、十日間に計一万部の法華経を真読したことに始まる。これを「北山殿御願」として観音経読経を加えた形で足利義満が引き継ぎ、さらに道場として同所に「新御堂」（願成就寺北野経王堂）を建てて毎年行われるようになった（『吉田家日次記』）。幕府は諸国に「御経料所」を設定するとともに、北野社一切経書写事業でも活躍した「経奉行」北野覚蔵坊に仏事運営を委ねて執行体制を整備した。この仏事は、応仁の乱後の中断を除き明応年間まで約一世紀にわたりほぼ毎年開催された（梅澤亜希子 二〇〇七）。

図31　北野経王堂　「洛中洛外図屏風」左隻第4扇，米沢市上杉博物館所蔵

北野万部経会には、これまで取り上げてきた宗教儀礼との共通点を見出すことができる。まず開催場所は寺社の境内ではなく都市空間に開かれていた。東大寺大仏殿にも匹敵する大規模建築と推定される経王堂が設けられてはいたが（冨島義幸 二〇一六）、北野万部経会は周辺の空閑地を含む野外と一体となって催された。当代を代表する歌人正徹（一三八一―一四五九）は、当地へ聴聞に訪れた際、「千百人とかやなみゐたりし御堂は、いつしか嵐にちりをはらひ、かすしらす男女立こみたりし野へも、朝露ふかき草

の原はかりなり」と余韻が残る結願翌朝の情景を記している（『草根集』）。「野へ」（野辺）には結縁のために群集した多くの都市民の姿があり、その人出を当て込んだ市や仮屋も立ち並び（『草根集』、『言継卿記』）、騒擾を警戒した侍所が警固にあたった（『晴富宿禰記』ほか）。そして、願主である歴代の室町殿も聴聞に毎回「御成」し、桟敷から都市民の前にその姿を現したのである。十日間の熱狂は、祇園会と同じように繁栄を享受する都市民とそれを提供する室町殿が一同に会する祝祭的時間でもあった。

都鄙の往還と京語り

また千人を超える経衆が、南都北嶺ではなく諸国から上洛した僧侶で構成されたことも注目される。五山禅宗の場合と同じく、都市民を前に多数の僧侶が戦没者供養を執り行ったわけだが、北野万部経会の場合は経衆を介して諸国にも京都の宗教儀礼の様子が伝わることになった。幕府は、彼らに対し毎年の経会ごとに摺写された法華経の経本、さらには「北野御経結願の時、法師共の御布施料」として錦絹の「小袖一重」を与えたのである（『吉田家日次記』、『教言卿記』）。義満の代から室町殿は内蔵寮に編成されていた織手職人を保護し、贈答儀礼や神輿の荘厳に織物加工品を用いたという（西山剛 二〇一五）。経衆が賜った小袖も、まさに彼らの手により織られた品であった（『教言卿記』）。諸国から集った僧侶たちは、読誦に用いた経本と当時最高の技術で作られた織物を携えて帰国し、都の繁栄と室町殿の権勢を国元で語ったことであろう。

2　王朝の伝統、室町殿の伝統

朝廷公事の存続

ここまでみたように、室町時代の京都では、災厄を怖れ攘災を求める都市民を意識した恒例・臨時の宗教儀礼が、歴代の室町殿による介入や興隆を得て展開した。そこには、祇園会のように前代を継承したものもあれば、北野万部経会のように新たに始められたものもあった。なかでも五山禅宗を動員した仏事は、規模だけでなく儀礼形態も大陸由来の新規性を有したことから人々の目を惹くところとなった。士大夫層による小規模の水陸会が、元代・明代には皇帝主催の戦没者供養として大規模に展開し、やがて朝鮮王朝でも水陸斎として導入されたことを鑑みると（井上智勝 二〇二〇）、東アジア世界との共時性を踏まえた室町殿の儀礼体系として、都市京都の宗教儀礼を包括的に捉えることも可能だろう。

ただし、こうした状況を幕府が朝廷の攘災機能を奪った結果とみるのは正確ではない。朝廷公事すなわち各種の王朝儀礼が姿を消してゆく中世後期において、引き続き維持された公事も存在した。なかでも都市京都に関わって注目されるのが、賀茂祭（現在の葵祭）である。賀茂祭とその祭礼行列は、応仁の乱までほぼ毎年の実施が確認されるのである。

都大路の祭礼行列

賀茂祭と言えば、『源氏物語』の「車争い」の場面で知られるように、祇園会と同じく「風流」を競う華やかな祭礼行列と、それを「見物」する貴賤の群衆で賑わう都市祭礼であり、土地神への奉幣に起源を持つ「王城鎮護」を代表する祭礼でもある。天皇や上皇の見物も恒例となっていたが、足利将軍家でも義詮に始まり、「北山殿(義満)御見物、例年の如しと云々」(『吉田家日次記』)とあるように、義満は北山殿に移った後も毎年のように桟敷に出向いたし、それに倣ってか義教もたびたび見物した(『看聞日記』)。

すでに鎌倉幕府の時代から朝廷公事の費用は「武家御訪」と呼ばれる財政援助によって賄われており、とりわけ観応の擾乱以降は正統性に瑕疵のある北朝の権威確立のため、室町幕府は積極的に公事復興を支援したとされる(松永和浩 二〇一三)。むろん、すべての公事が復興されたわけではなく、その選択には当然ながら幕府の意図が存在したはずである。多分に漏れず賀茂祭も幕府から援助を得ており、内乱中も途切れることなく室町時代を通じて維持された(早島大祐 二〇〇六)。これは、幕府自身が京都を治める上で嵯峨朝以来の「伝統」を持つ都市祭礼を必要としたからにほかならない。

賀茂祭の行列が渡される一条大路と言えば、北には室町殿、南には土御門内裏に挟まれ、東辺の相国寺から西に向かえば北野社の前を通り等持院へと続いてゆく道である。京都の北辺がにわかに政治拠点化した室町時代、その真ん中を東西に貫く一条大路を行路とした祭礼行列は、図らずもこの「新都心」を荘厳するに相応しいパレードとして、新たな儀礼的意義を纏うことになったと言えよう。

後七日御修法

朝廷公事のなかで、賀茂祭と同じく南北朝内乱を経て室町時代まで続いた宗教儀礼が、正月年中行事の代表とも言える後七日御修法である。今は東寺で行われるこの密教修法は、九世紀以来、宮中真言院を道場として催された真言宗の最重要仏事であった。その発願

図32　賀茂祭の行列「車争図屏風」東京国立博物館所蔵，出典：ColBase（https://colbase.nich.go.jp）

句には、香水（神泉苑から汲んだ霊験ある水）を用いて加持を行うと大きな効果があり（「加持香水　得大霊験」）、あらゆる災厄から護られ天皇の身体は安全となり（「護持聖王　消除不祥　玉体安穏」）、その居所である都の平和と人々の幸福に普く利益がもたらされ、国家安泰となる（「宮内安穏　諸人快楽　天下法界　平等利益」）とあるように、天皇と国家が結びついた典型的な護国修法であった。

この後七日御修法は、顕教法会の御斎会と共に正月の年中行事として国家的仏事の枢

図33　後七日御修法　『年中行事絵巻』個人蔵

要に位置していたが、御斎会は次第に南都北嶺の強訴でたびたび延引や中止に追い込まれ、やがて南北朝内乱のなかで退転してしまう。一方、玉体安穏を象徴する「加持香水」の省略など儀礼自体が変質しながらも（大田壮一郎 二〇一四）、後七日御修法は幕府から費用の助成を得て恒例開催が維持されてきた。ここで注目したいのが、その道場である真言院と天皇に灌（すす）ぐ香水を汲んだ園池神泉苑である。

内野の官衙と宗教儀礼

後七日御修法が行われる真言院の日常的管理は東寺が担ったが、災害等により転倒や倒壊に見舞われた際には、再建費用の助成や作事に室町幕府が積極的に関わった（久水俊和 二〇二〇）。神泉苑についても同様で、幕府は大名ごとに区画を割り当て築地（ついじ）の修造を命じたこともあった（「東寺百合文書」）。もっとも、これは単なる土木工事ではなく、祈雨道場としての「清浄」を保つことでその効験が現れる、という当時の観念に基づき「結界」として築地を造営したものであった（松本郁代 二〇〇六）。

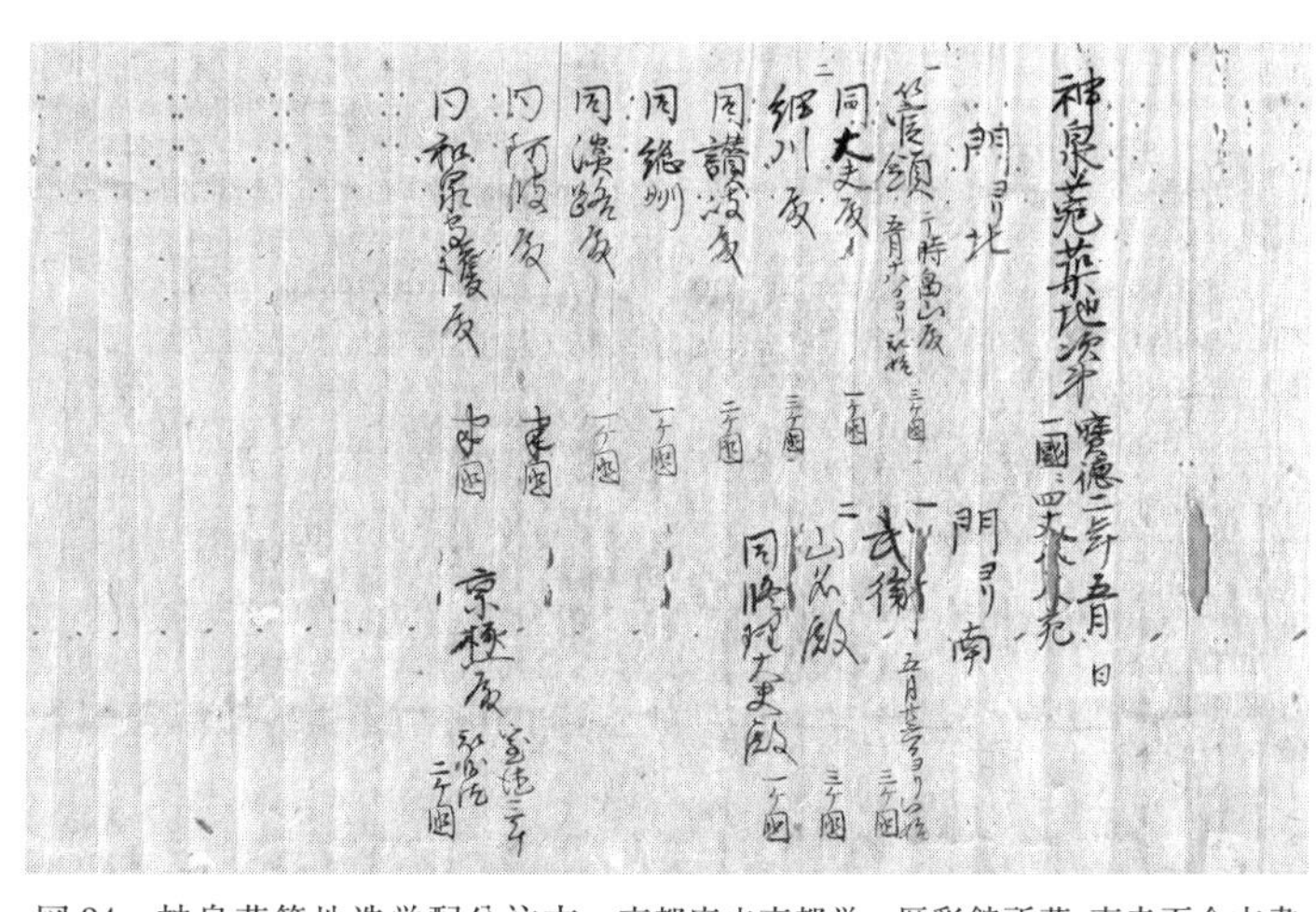

図34　神泉苑築地造営配分注文　京都府立京都学・歴彩館所蔵 東寺百合文書 WEB より

このように、修法にかかる経費から施設の維持まで、幕府は後七日御修法の存続を支えていた。この後七日御修法が数ある国家的仏事のなかで手厚い保護を受けたのはなぜだろうか。近年の研究によると、中世には荒野と化したと思われてきた旧大内裏すなわち内野には、室町時代に至るまで神祇官・太政官・真言院・神泉苑が築地に囲まれ存続しており、他と画する「聖域」と認識されていたという（久水俊和 二〇二〇）。もちろん神祇官や太政官が実際に官衙として使われたのではない。室町時代の政治構造が公武政権という形態を取ったがゆえに、朝廷の存続に必要な公事は室町殿の指揮の下に公武共同で維持され、その遂行に必要な施設として内野に官衙が存続したのである。

儀礼空間として存続した施設の中に真言院と神泉苑が含まれた理由を、都市京都の視点から考えてみると、神泉苑は龍神の棲む祈雨道場と伝えられたように、単なる園池ではなく都市民の生活に直結する儀礼の場であったことが想起される。当時、神泉苑の築地は四方のうち東面だけが意図的に修造されていた。それは市街地側からの「視線」を意識して、実際には荒廃している現地の姿を遮蔽するためであったという（東島誠 二〇〇〇）。都市の繁栄と都市民の安穏に責任を負う立場にあった室町殿は、京都を護る儀礼空間を維持・管理する「姿勢」を見せ続けなければならなかったのである。また、後七日御修法は攘災を象徴する年頭の宗教儀礼として定着していたことで、代替し得ないものとして維持されたと考えられる。このように、室町殿は攘災に長い歴史を有する王朝儀礼の「伝統」を活用しつつ、首都京都の統治にあたったのである。

「伝統」のゆくえ

やがて十五世紀後半になり室町殿の威勢が弱まると、その支援を得て存続してきた王朝儀礼も実施困難となった。応仁の乱で祭礼行列が途絶えた賀茂祭は、「内祭」として一部の神事が続くも文亀二年（一五〇二）を最後にそれも見えなくなる。同じく後七日御修法は、長禄四年（一四六〇）年の真言院大破による延引を契機に途絶し、以後も復興が試みられたが果たせなかった。どちらも本格的な復興は近世を待たねばならない。時代の荒波をくぐり抜け数百年の間つづいた王朝儀礼も断絶の時を迎えたのである。それは、朝廷の衰微の末の出来事というより、「室町殿の時代」の終焉を象徴するものであった。

なぜなら、存続できなくなったのは王朝儀礼ばかりではないからである。祇園会は応仁の乱の影響で以後三十年以上にわたり不開催となり、経衆を減じながら応仁の乱後も何とか続いてきた北野万部経会も、明応の政変を境に恒例開催が途絶えた。たしかに戦国期に祇園会は復興を遂げたし、北野万部経会も散発的な開催が確認できる。しかし、くりかえし追放や脱出を余儀なくされ、京都在住が当たり前でなくなった時代の将軍たちから見れば、「室町殿の伝統」と言うべき都市京都の宗教儀礼は、もはや絵巻や屛風のなかにのみ「存在」する過ぎさりし栄華への憧憬でしかない（亀井若菜 二〇〇三）。現実には、かつての室町殿のように自らの手で興隆し維持する力はなかった。実際、祇園会で「見物」が注目されたのも将軍ではなく実権を握る細川京兆家（ほそかわけいちょうけ）の方であったという（河内将芳 二〇〇六、二〇一二）。また、天文九年（一五四〇）の飢饉時には「世上相煩い」につき細川晴元が北野経王堂にて大施餓鬼会を催した。実施にあたり五山側は「公儀として仰せ付けらるべきや否や」と「上意」の有無を確認しており（『大館常興日記』）、ここには室町殿主催の仏事としての認識が確かにうかがわれる（東島誠 二〇〇〇）。しかし、当時の記録には「京兆（晴元）見物、薬師寺・柳本警固なり」とあるように（『鹿苑日録』）、誰の目にも主催者は明らかであった。すでに都市支配の主役は足利将軍家ではなく、その「伝統」も新たな支配者の手中にあったのである。

七　室町幕府と皇位・皇統

1　鎌倉後期以来の皇統問題

正元元年（一二五九）、後嵯峨上皇は嫡男の後深草天皇から寵愛する皇弟亀山天皇へと皇位を継承させた。以来、皇統は後深草の持明院統と亀山の大覚寺統とに分裂し、皇位継承の決定に鎌倉幕府を介在させる事態を招いた。幕府との同意の上で一代限りの皇位継承者となった後醍醐天皇は、自らの子孫に皇統を伝えるべく倒幕を果たし、公武一統の新政を開始した。この建武政権は短期間で人心を失い、武家政権の期待を背負った足利尊氏が離反し、建武三年（一三三六）八月に持明院統の光明天皇への譲位を強行した。しかし後醍醐は足利方の目を盗んで吉野に逃れ、持明院統の北朝と大覚寺統の南朝の二人の天皇が並立する南北朝内乱が始まった。約六十年の対立を経た明徳三年（一三九二）、室町幕府三代将軍足利義満によって南北朝合一が果たされた。

本書が対象とする十五世紀を目前にして、鎌倉後期以来の皇統問題が合一によって解決されたかというと、実はそうではない。合一の条件のひとつである両統迭立つまり両朝から交互に皇位継承者を出す約束が、事実上反故にされたことにより、南朝の皇胤は反幕府勢力によりたびたび担ぎ出され反乱の旗印となった。この後南朝問題はよく知られるところであるが、北朝内部の皇統問題も依然として継続していた。南北朝期の幕府の内訌であった観応の擾乱に起因する、崇光流と後光厳流の対立である。この二つの皇統問題は、室町幕府の政治課題と深く連動するもので、相互に影響を与える関係にあった。

ところで中世後期の天皇権威をめぐっては、歴史上、十五世紀に最も低下したとみられている。室町幕府はさまざまな世俗的権限を朝廷から吸収し、義満期には「公家化」によって観念的権威をも奪取して、ついには皇位を簒奪する寸前にまで迫ったという（佐藤進一 一九九〇、一九九四、今谷明 一九九〇）。一方、戦国期における「治罰の綸旨」の発給、戦国大名による律令官位の希求、それに関わる国郡制的枠組の存続や、宗教・文化における天皇の役割や存在から、天皇権威の浮上を説く向きもある（今谷明 二〇〇一、脇田晴子 二〇〇三）。本章において拙速に結論を出すつもりはないが、中世天皇権威の問題を考える際に重要なのは、天皇と武家権力との直接的関係からのみ論じるのではなく、武家権力が主に武家社会内で直面した政治課題や支配上の問題との関係性の反映としてとらえる視点である（池享 二〇〇三、市沢哲 二〇一一b、松永和浩 二〇一三）。なぜなら従来の研究は、公武関係を権限や王権をめぐる対立関係で捉える傾向が強く（富田正弘 一九八九、佐藤進一 一九九〇、今谷明 一九九〇、伊藤喜良 一九九三）、公武関係が宮廷を舞台とした公武の二者間関係で自律的に展開していくかのような錯覚に陥らせたからである。ここでは公武関係の他律的側面を重視し、公武関係の実態を把握した上で、

図35　鎌倉後期〜室町・戦国期の天皇家略系図

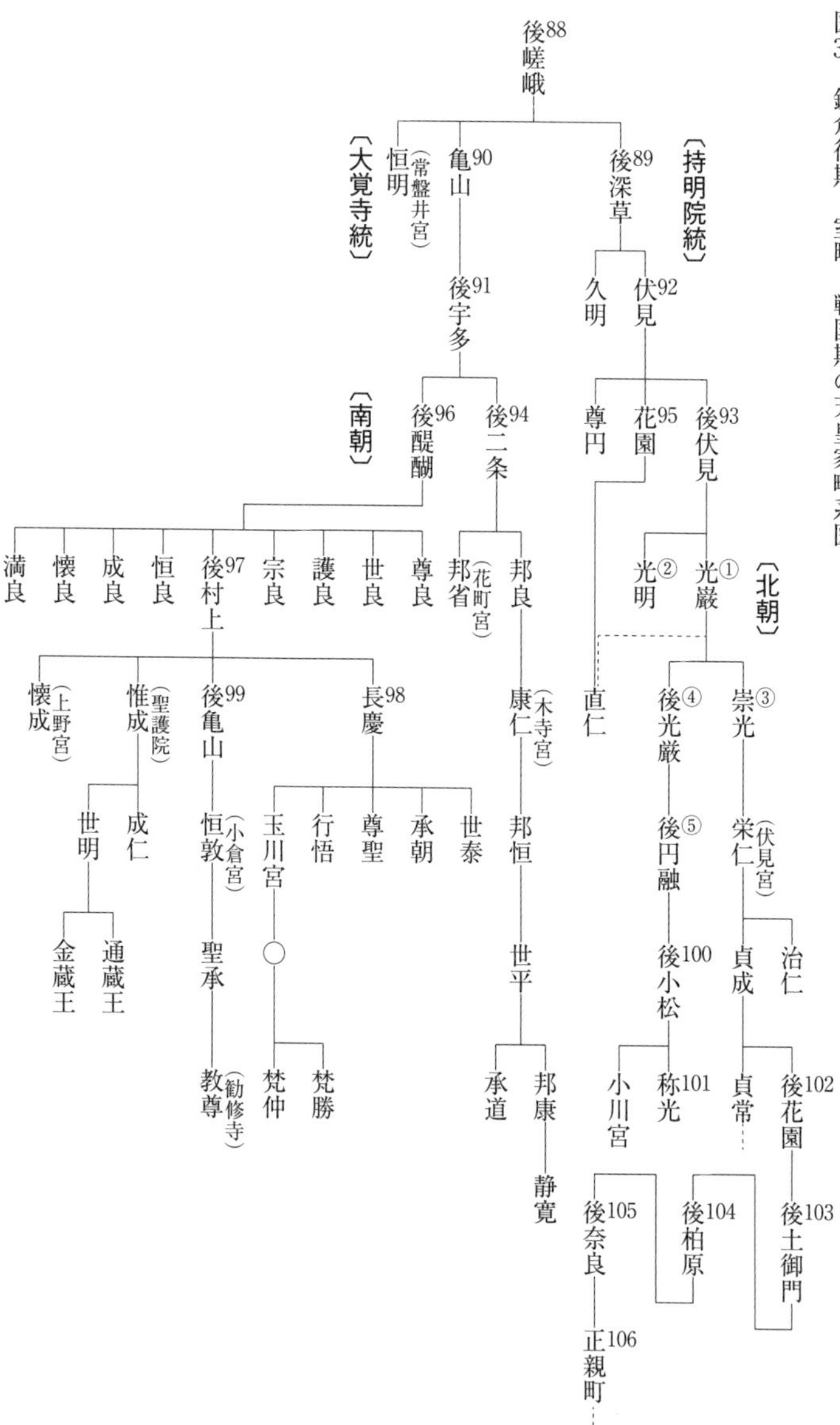

久水俊和・石原比伊呂編『室町・戦国天皇列伝』（戎光祥出版、二〇二〇年）および森茂暁『皇子たちの南北朝』（中央公論新社、二〇〇七年）、同『闇の歴史、後南朝』（角川書店、二〇一三年）より作成。数字は天皇の代数（丸数字は北朝）。

天皇の政治的な存在意義や役割について何らかの見通しや示唆を提示することを目指したい。

本章では、十五世紀の皇位・皇統の決定や皇位継承儀礼のあり方について、まずはその実態を明らかにした上で、それを規定する歴史的経緯や政治的要因を探りたい。その際、武家権力が抱える政治課題を重視する立場から、正平一統（しょうへいいっとう）の破綻（一三五二年）・康暦（こうりゃく）の政変（せいへん）（一三七九年）・嘉吉（かきつ）の変（一四四一年）・明応（めいおう）の政変（一四九三年）を画期ととらえ、南北朝期から説き起こすこととする。なお中世における天皇の即位儀礼は、剣璽を継承して皇位に就く践祚（せんそ）、高御座（たかみくら）に登壇して文武百官に皇位継承を宣示する即位、即位後最初に挙行される大規模な新嘗祭（にいなめさい）である大嘗会（だいじょうえ）の三段階で構成される。

2　足利尊氏・義詮期における皇位・皇統

室町幕府の成立と北朝の推戴

室町幕府と北朝との関係は、足利尊氏が建武政権から離反して後醍醐天皇方の追討を受けるなか、「天皇対天皇」の対立構図を演出しようと接近したことに始まる。建武三年（一三三六）二月、前天皇の光厳院院宣（こうごんいんいんぜん）を入手した尊氏は、四月に九州から東上して湊川（みなとがわ）の合戦に勝利し、八月には光明天皇（光厳弟）を擁立した。しかし十二月には後醍醐が密かに吉野へ出奔し、光明側に引き渡した三種の神器は「偽器」と称して譲位の事実を否定した。ここに約六十年間に及ぶ南北朝の対立が始まる。

当初の建武・暦応年間（一三三四―四二）で南朝が諸将を失う一方、幕府は将軍・尊氏と弟の直義（ただよし）に

図36　剣璽等承継の儀（令和元年5月1日）　宮内庁提供
践祚を原型とする儀式である．

よる二頭政治で安定的な体制を確立したが、観応年間（一三五〇—五二）には幕府の内訌から尊氏・直義の対立に発展した。この観応の擾乱において双方が南朝と結ぶなか、観応二年（一三五一）に尊氏が南朝に帰順して北朝の崇光天皇が廃位された。当時の南朝年号にちなんで正平一統と呼ばれるこの和睦はわずか三ヵ月後に破綻し、北朝の光厳・光明・崇光三院と皇太子の直仁親王が南朝に拉致された。

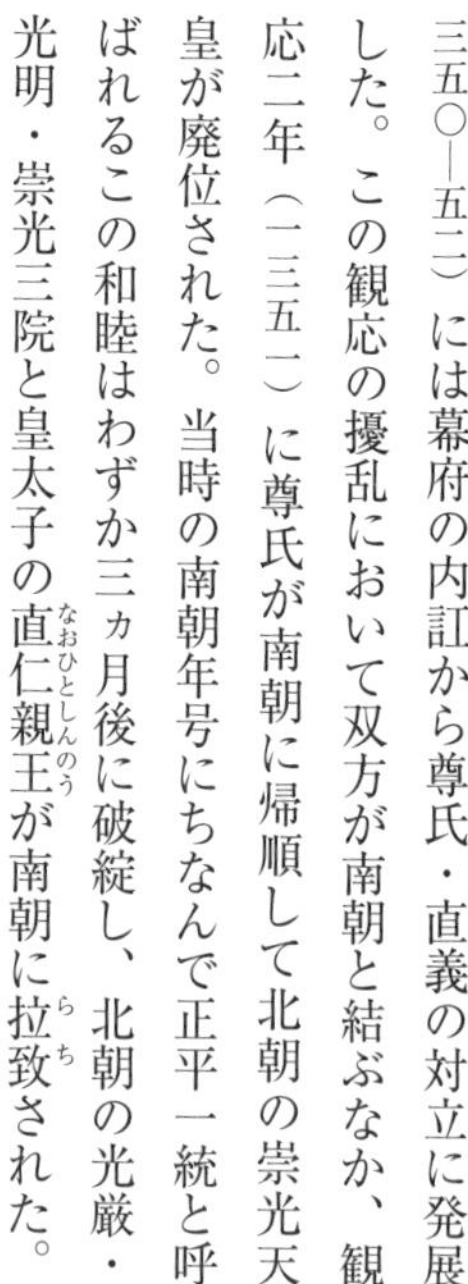

正平一統破綻と後光厳の践祚

推戴する天皇を失った幕府は、寺社関係の人事など政権運営で苦慮し、北朝の復活を選択した。すなわち観応三年（一三五二）、崇光の弟を後光厳天皇として擁立したが、三種の神器と先帝の詔宣を欠く異例な践祚であった。しかも践祚から十年間で、文和二年（一三五三）・同四年・康安元年（一三六一）と三度も南朝から京都を逐われた後光厳は、天皇としての正当性に疑念が持たれていた（『太平記』）。践祚を正当化する先例は古くは五世紀の継体天皇の「群臣義立」（臣下たちによる擁立）に求められた（『園太暦』）。しかし両朝間の京都争奪戦は公家に去就を迷わせ、後光厳の求心力は践祚正当化の根拠を満たすには不十分過ぎるほどの脆弱さであった。

そのため幕府は、後光厳の正当性を取り繕い、公家社会における求心力を強化するために、さまざまな面で朝廷に介入した。たとえば皇位継承儀礼の財源について、これまでは費用の調進に消極的であった幕府が積極姿勢に転じ、中世後期の全国一律の臨時的課税である段銭を幕府―守護の機構を通じて徴収する制度が確立することにつながった。後光厳朝の人材については、即位儀礼・年中行事への出仕、出京への供奉といった後光厳に対する忠節を基準に武家執奏（幕府から朝廷への申し入れ）を介して、廷臣に所領給付や没収、官位昇進や罷免といった賞罰を下すことで求心力強化を図った。先行研究ではこれらの事象を、段銭の「催徴権」や公家の「所領安堵権」を幕府が朝廷から吸収したと評価してきた（百瀬今朝雄 一九六七、水野智之 二〇〇五）が、その内実は後光厳朝に対するてこ入れであった（松永和浩 二〇一三）。

図37　後光厳天皇像　東京大学史料編纂所所蔵模写

後光厳流による皇位継承

幕府は後光厳の践祚によりかろうじて「天皇対天皇」の対立構図を再構築することには成功したものの、正当性に不安を残す天皇を推戴し続けるリスクは重々承知しており、北朝には秘密裏に南朝との和平を模索している。しかし結局は折り合いがつかず、貞治五年

図38　後円融天皇像　雲竜院所蔵

(一三六六)を最後に交渉は決裂した。貞治年間は大内・山名という南朝の二大勢力が幕府に帰順して戦局の帰趨が決した時期にあたり、後光厳が幕府の支援を得ながら皇位を保持してすでに十年以上が経過していた。

応安四年(一三七一)、後光厳は我が子緒仁に皇位を継承させるべく退位した。それに先立ち、鎌倉後期以来、事実上の皇位継承の決定を下してきた幕府から言質を取るべく、譲位の意思を伝えた。一方で兄崇光院も我が子栄仁の践祚を目指して同じく運動を開始した。崇光は延文二年(一三五七)に南朝から帰京を許される条件として、帝位を断念する告文(誓約書)を作成しており、後光厳側もこの事実を把握していた。しかし崇光は持明院統の嫡流であり、正平一統という幕府の一方的な都合で退位したと考えていた。また当時の幕府は幼少の将軍義満を管領細川頼之が補佐する体制にあって、反頼之・親崇光の勢力も存在した(山田徹 二〇一二)。結局、頼之の「ただ聖断に在るべし」(「後光厳院御記」)という、後光厳に一任したとも、明言を避けたとも取れる責任回避的発言により、緒仁が後円融天皇として皇位を継承した。こうして後光厳流による皇位の継承がなされた。

尊氏・義詮期の幕府は「北朝の軍隊」として、対南朝勢力との軍事的勝利が第一の目的とされた（川合康 二〇〇四）。正当性に不安を抱える後光厳流を推戴し続けることは、この対立構図の存立を脅かすものであった。そのため幕府は、朝廷にてこ入れして後光厳の正当性を取り繕い求心力強化を図る一方、リスクそのものの解消を視野に南朝との和平が模索された。しかし貞治年間には交渉が決裂し、戦局も優位が固まったことから、後光厳を推戴することのリスクは顕在化することなく、低減された。これまでの既成事実の積み上げを背景に、後光厳流による皇位継承が実現することとなった。そしてそれは後光厳と尊氏との間で結ばれた天皇と将軍の地位を相互に保障し合う「公武御契約」（『満済准后日記』）として、後世に理解されるに至った（松永和浩 二〇一四）。

3 足利義満期における皇位・皇統

康暦の政変と将軍の公家化

足利義満は公家社会に進出し、急速な官位昇進を遂げ従一位・太政大臣にまで上りつめたばかりか、朝儀に参加するなど名実ともに公家として振る舞った。将軍の「公家化」と呼ばれる現象は、天皇の観念的権威の奪取や「皇位簒奪計画」の一環と評価されてきた（佐藤進一 一九九〇、今谷明 一九九〇）。しかしながら「公家化」とは、公家社会で展開した現象ながら、その目的は武家社会に向けられたものと考えられる。

まず「公家化」が開始される時機の問題である。康暦元年（一三七九）七月二十五日に挙行された任右大将拝賀が、義満の公家社会のデビューであった（家永遵嗣 一九九五、桃崎有一郎 二〇〇七）。これまでに義満は従三位・権大納言と公卿の地位にあったが、父祖尊氏・義詮と同様、公家としての活動は見られない。

注目すべきは、この三ヵ月前に康暦の政変が起こっている事実である。この政変で管領細川頼之が斯波義将をはじめとする反対勢力によって排除され、義満が頼之の補佐を脱して自立するきっかけとなった。義満が自立の契機を得たことは間違いないが、一方で被ったダメージについてはこれまであまり顧みられてこなかった。政変において義満は、諸大名からの頼之罷免の要求に屈服した格好となった。義満はこの一件で、有力守護との関係性を重要課題として認識したと考えられる。これまで幕府にとっての主要課題は対南朝問題であり、そのために各地の軍事指揮を担う守護には半済などの兵粮料所の差配がある程度認められ、勢力を伸張した守護の政治的発言力は大きくなっていった。当時はいまだ南北朝の対立は継続しているものの、幕府にとっての主要な政治課題は対南朝問題から対守護問題へと重心が移った段階にあった。事実、至徳二年―明徳元年（一三八五―九〇）の諸国遊覧（中国、北陸など）による牽制や、康応元年（一三八九）の土岐康行の乱、明徳二年の明徳の乱、応永六年（一三九九）の応永の乱といった軍事行動によって、守護勢力を抑制・削減し統制を強めている。康暦の政変後の義満にとって主要な政治課題の一つが、対守護問題であった。そして、その間に進展したのが「公家化」の動きである。

そこでひるがえって、任右大将拝賀の儀礼空間に着目したい。拝賀とは叙位任官したことへの謝意を告げる儀式であるが、まず内裏に向かう行列は、義満の上首（高位高官）五名を含む扈従公卿二十一名、のちの奉公衆につながる衛府・帯刀と、守護からなる馬打という構成であった。守護はあくまで義満の従者として参加し、馬打のメンバーは頼之派（一色詮範・畠山基国・今川泰範・赤松義則・富樫昌家・吉見詮頼）と反頼之派（斯波義将・京極高秀・土岐詮直）が絶妙なバランスで配された。内裏での拝賀中は扈従公卿のうち義満の家礼（私的に従属する公家）として振る舞う者があり、守護は四足門外で警固を担当した。康暦の政変で崩れた守護勢力間の均衡を図りつつ、守護に対して武家社会とは隔絶した義満の姿が視覚的・意識的に演出された。「公家化」は武家社会における足利将軍家の差別化を目的に進められたと推測される。

正月三節会と石清水放生会

その推測を補強するのが、正月三節会と石清水放生会での所役勤仕である。義満は数ある朝廷の年中行事のなかで、この二つを選択的に勤仕しているからだ。

正月三節会とは、正月の宴会にあたる元日節会、七日の白馬節会、十六日の踏歌節会の総称で、義満は永徳二年（一三八二）元日節会以来、十九度もの内弁勤仕の実績を積んだことが賞賛されている（「福照院関白記」）。内弁とは式進行を統括する筆頭公卿の所役であり、原則は一上（左大臣）が勤めるものである。そのため一人で十九度というのは、きわめて異例の多さであった。節会が内裏という閉鎖された空間で挙行される点を考慮すると、かつて武家平氏公卿が抱えていた官位と能力（公家社会の故実・作法）とのアンバランスという問題（松薗斉 一九九七b）を解決するため、内弁勤仕の実績を公家社会に向けてアピールしたものといえよう。

一方、石清水放生会は、「北祭(きたまつり)」と呼ばれた四月の賀茂祭(かものまつり)に対して「南祭(みなみまつり)」として、ともに都人の耳目を集めた年中行事である。義満は明徳四年（一三九三）に放生会の上卿(しょうけい)を勤仕している。放生会上卿は勅使として神幸を引率するもので、本来は源氏納言の役であった（二木謙一　一九八五）。室町期の放生会では石清水神人が嗷訴(ごうそ)を行うのが恒例となっており（鍛代敏雄　一九八八）、その対応や警固に管領や侍所(さむらいどころ)が動員されていた。節会に対して開放的な空間で実施される放生会では、上卿としての義満の姿が管領・侍所以下の武家社会に対して視覚的・意識的に認識される機会であった。

なお義満は放生会上卿を勤仕した翌月に左大臣を辞任している。また次代の室町殿である義持(よしもち)・義教(よしのり)・義政(よしまさ)は節会内弁その他の所役は勤仕しないものの、放生会上卿の勤仕は継承し、しかもいずれも同様に勤仕直後に現任公卿を辞任している。朝儀に参加する役割を担う現任公卿の地位から勤仕直後に退いている事実は、義満のみならず歴代室町殿にとっての「公家化」の意義が放生会上卿勤仕に集約されていたと考えることができる。

義満は閉鎖的な節会では公家社会に対して公卿としての室町殿の確立を、開放的な放生会では武家社会に対して異質で隔絶した足利将軍家の存在を認識させることができた。そして義満にとっての最終目標は、武家社会における足利将軍家の差別化にあったと見るべきだろう。

義満と後円融院

さて再び皇位継承問題に目を転じると、後円融から後小松(ごこまつ)への皇位継承儀礼をめぐり、義満と後円融との軋轢(あつれき)が生じている。両者の関係性は同い年であることも手伝って、公家社会の主導権争い、すなわち王権を喪失する後円融の鬱屈(うっくつ)と、それを奪取する義満の権勢という対照的な捉え方がなされてきた（今谷明 一九九〇、桜井英治 二〇〇九）。しかし両者の確執は、後円融個人の一方的な焦燥に起因するもので、後光厳流の皇統はむしろ義満によって安定・強化されたといってよい。

後小松の皇位継承儀礼において、義満は北朝の重鎮で義満の「公家化」を支援した摂政二条良基とともに多大な役割を果たしている（小川剛生 二〇〇五、二〇一二）。永徳二年（一三八二）四月の践祚では、義満は自邸より幹仁（のちの後小松）とともに内裏へ渡り、譲位節会では内弁を勤仕した。同年十二月の即位では、良基とともに後小松を扶持して高御座に登壇した。

図39　後小松天皇像　雲竜院所蔵

高御座に登壇して文武百官に即位した旨を告げることが即位式の根幹であり、登壇の扶持は摂政の役割であった（久水俊和 二〇一一）。翌年十一月の大嘗会では、辰日・巳日の両節会で義満が内弁を勤めた。義満と良基の間で即位儀礼が主導されるなか、後円融は不満を募らせていき、ついにはボイコットしてしまった。

その不満が爆発したのが永徳三年、後円融が義満との密通を疑って峰打ちで打擲した上﨟厳子打擲事件である。これにより天皇権威は致命的な打撃を受け、義満は権威上昇に成功したとされる（今谷明 一九九〇）。しかしこの状況を義満が企図したものかどうかは、慎重に検証する必要がある。譲位に際して崇光流の存在を警戒する後円融に対し、「また武家（義満）云わく、猶もただ伏見殿（崇光院）様の御事、御恐怖に候やらん、たとい誰人引級申すとも、かくのごとく我身候わんほどは、心安く思し食さるべしと云々」（『後円融院宸記』）と、義満は力強く支持を表明している。同じく永徳元年の室町殿行幸では、義満が後円融に供奉して迎え入れているが、そこに後円融の権威を貶める意図があったか甚だ疑問である。当日は異例の白昼開催となったため、人々の関心を呼び、「おほよそのぎ（儀）は、御かたたがひ（方違）のごとし、ただしはくちう（白昼）たるうへ、右大将（義満）いぎ（威儀）をととの（整）へてくぶ（供奉）せらる」「けんぶつ（見物）のともがら（輩）垣のごとし、あやしのやまがつ（山賤）、おさめ（長女）、みかはよう（御厠人）のもの（者）までも、くにぐに（国々）よりわざとのぼ（上）りてみたてまつる（見奉）」（二条良基『さかゆく花』）という状況であった。ここでの義満の意図は「公家化」と同じく、室町殿の隔絶した姿を武家や民衆に示すことであり、朝儀の場はそれを演出する舞台装置であった。天皇・院に求めるのはその主宰者としての立ち振る舞いだった。義満と後円融との確執は存在したものの、それが公家社会の主導権や王権をめぐる軋轢とはいえず、枠組みとしての後光厳流と足利将軍家の関係性は維持・強化されていった（新田一郎 一九九三、川合康 二〇〇四、市沢哲 二〇一一a）。

義満と南朝・崇光院流

明徳三年（一三九二）閏十月五日、「譲国の儀式」として三種の神器が南朝の後亀山天皇から北朝の後小松天皇へ継承された。いわゆる南北朝の合一であるが、その条件の一つに後小松以降の皇位は旧南北両朝が交互に継承する両統迭立が盛り込まれたものの、事実上反故にされた。翌々年には後亀山に太上天皇の尊号が宣下されたが、義満の独断に後亀山は「不登極帝」（非天皇経験者）と扱われた（『荒暦』）。「譲国の儀式」では後亀山が皇位にあった事実を認める形式をとったが、尊号宣下ではそれすら否定してしまった。これにより義満は後亀山から神器を剝奪（はくだつ）して体よく処遇し、北朝・後光厳流の皇位の正統性・正当性補強に成功したといえよう。

南朝天皇が消滅したことで、戦争遂行の体裁も様変わりした。明徳二年、かつて勢力を保持したまま南朝から北朝に帰参した山名氏の削滅に、義満は成功する。この明徳の乱において、南朝に「錦（にしき）ノ御旗」を申請した山名氏清（うじきよ）に対し、義満は「御家僕ノ悪逆（あくぎゃく）ヲ御誡ノ御沙汰（ごさた）ノ御対治」として「御小（こ）袖（そで）」を着用しなかった（『明徳記』）。南北朝内乱において「北朝の軍隊」を自己演出する幕府は、天皇から錦御旗（にしきのみはた）を下賜され、将軍は源家累代の鎧（よろい）である御小袖を身にまとって南朝軍と対峙したが（川合康 二〇〇四、菅原正子 二〇〇七）、明徳の乱ではその演出を放棄したのである。応永六年（一三九九）の応永の乱では、幕府に叛逆する周防（すおう）・長門（ながと）の守護大内義弘（おおうちよしひろ）が結んだのは鎌倉公方の足利満兼（みつかね）であって、旧南朝勢力と連携する動きはなかった（森茂暁 二〇一三）。南朝消滅後にあって、室町幕府は武家社会に向けて「天皇の軍隊」として「朝敵退治」を行う室町将軍の姿を自己演習する必要性は減じてしまった。

図40　後亀山天皇像　大覚寺所蔵

また南朝の消滅は、北朝の存続を補強する後光厳流のスペアであると同時に脅威となっていた崇光流の存在感を大きく減退させた。応永五年に崇光院が没すると、義満は長講堂領以下の伏見宮家領を後小松の領有とした（『椿葉記』）。ところで中世公家社会の「イエ」の継承は所領等の不動産のほか、累代の日記・文書・楽器等の動産の継承もともない、王家もその例外ではなく、北朝は皇統を継承する「天皇の家」としての後光厳流と、モノを継承する「日記の家」としての崇光流に分離していた（松薗斉 一九九七a）。義満はこれを後光厳流に一本化すべく策動したといえ、後世には「故鹿苑院（義満）御世に伏見殿御文書悉く申し請われ、旧院（後小松）に進せられおわんぬ、この御計いも偏えに後光厳御一流を仰ぎ申されんがための御計略なり」（『満済准后日記』）と評価されている。さらに崇光流にとって不幸だったのは、応永八年の伏見殿の火災で「累代の御記・文書・楽器とも、大略中半過は焼ぬ」（『椿葉記』）という災厄に遭ったことである。義満の処遇に災厄が重なったことで、皇統としての崇光流は風前の灯火というべき状況に陥った。

4 足利義持期における皇位・皇統

足利義持と称光天皇即位儀礼

南朝・崇光流に対しても強権を振るった義満は、権勢の絶頂にあった応永十五年（一四〇八）に死去した。後継者は管領・斯波義将をはじめとする武家社会の意向により、愛息の義嗣ではなく将軍職を継いだ義持とされた。義持は冷遇を受けた父の事績をことごとく覆したかのように理解されてきたが、近年の研究は継承面も明らかにしつつ、当時の諸課題に対応した取捨選択の結果との見方を示している（桜井英治 二〇〇九、吉田賢司 二〇一七）。本章に関わる範囲に限っても、「公家化」と後光厳流の支持は踏襲されている。

まず義持の官歴を確認すると、応永元年に将軍宣下を受け、同三年に参議任官、翌年に従三位昇進して公卿となり、同十三年兼右大将、同十六年任内大臣と義満と同じく右大将・大臣に就任した。そして義満が後小松の即位儀礼に参仕したように、称光天皇のそれに義持は参仕した。応永十九年の践祚こそ三ヵ月前に右大将を辞任して所役勤仕を回避したが、内裏渡御に同車して新天皇と行動を共にしている（「常永入道記」）。翌々年の即位では、方違行幸で称光の裾を取り、神祇官行幸で称光の裾に伺候した（『建内記』『荒暦』『満済准后日記』）。翌年の大嘗会でも数々の行動をとったことが知られる。

たとえば官司行幸では「永徳にも、二条殿（良基）摂政老体によりてまいり（参）給わず、鹿苑院殿（義満）一かう（向）申御沙汰ありしかば、しせん（自然）御佳例にかない（適）たるにや」、御禊行幸では「乗御のほど、内大臣殿（義持）御裾を取てたたみ入給ふ、この事まずは関白（経嗣）のやく（役）にてあれども、かように御しこう（祗候）ありて、ふちし（扶持）申さるるたよりもあればとて、関白のやくをゆつり（譲）申さるるなり、時によりたる故実は、せんれい（先例）もかようの事のみあるにや、しきりに御したひ（慕）ありしかども、しゐて（強）申さるるによりて、御つとめ（勤）あり、（中略）供奉の人々、われもわれもと行粧をかいつくろわる、ことさら内大臣殿御供奉の儀きらきらしく、めでたくぞ見え給う」とあるように、義満の先例を踏襲して摂関の役割を代行したと描かれている（「大嘗会仮名記」）。ここから義持が自らを「准現任摂関」「北朝天皇家の補弼役」と位置づけたとの評価があるが（石原比伊呂 二〇一五）、「大嘗会仮名記」が関白一条経嗣の手になることを考慮すると、即位儀礼を通じて摂関家を室町殿と同格に位置づけようとする経嗣の意図が透けて見える。そもそも「大嘗会仮名記」のような室町期に作成された仮名日記は、儀式当日の模様を宮廷外部に発信するためのテキストであり、必ずしも事実に忠実ではなく作者の願望を反映するものである（小川剛生 二〇一一）。

義持の称光即位儀礼への関わりが行幸供奉を中心とすることを考慮すれば、義持にとっては複雑な所作を要せずに公家として振るまい、その姿が儀式の構成員、警固役の武家、そして一般民衆の目に映ずることに政治的意義があった。義持が義満から継承した「公家化」の意義はこの点にあり、天皇の即位儀礼は衆人環視の状況下で武家社会における室町殿の存在を差別化する役割を担うようになった（松永和浩 二〇一三）。

後南朝と旧南朝勢力

そもそも称光の即位は南北朝合一後の最初の皇位継承であり、合一の条件の一つであった両統迭立を反故にするものである。皇位継承は通常、あらかじめ皇太子が立てられ次期天皇は事前に決められるが、後光厳流は立太子の手続きを踏んでいない。これを後南朝への配慮と見る向きもあるが、おそらくは別の理由からであると考える。まず前述のように、正当性に不安を抱える後光厳の次に皇位が誰に渡るか予断を許さなかったこと、しかし結果的には後光厳流が皇位を保持したため後光厳の先例は「佳例」とされ、皇太子になる間もなく践祚した事実も「佳例」として踏襲されたことにあるだろう。そのため崇光流や旧南朝に淡い期待を抱く余地を与え、後光厳流は焦燥感に駆られた。

後小松から称光への皇位継承は、躬仁が応永十八年（一四一一）十一月に立親王と元服を遂げ、翌年に践祚することで実現した。その布石として応永十六年、それまで越前国にいた成仁（後村上天皇孫）が地蔵院に入室している（「東寺執行日記」）。後亀山天皇の下での皇太子と目され、後南朝の有力な皇位継承候補者である成仁が仏門に入れられたことは、皇位継承の望みを絶たれたことを意味する（森茂暁 一九九七）。不穏な動きを察知してか、後亀山は翌年三月に義持を訪問しており、皇位継承問題について幕府の真意を詮索したと考えられるが如何ともしがたく、十一月に突如として嵯峨を出奔し吉野へ赴いた。合一条件の履行を求めての抗議と見られるが、幕府にとって厄介なのは皇位継承問題よりむしろ旧南朝勢力や鎌倉公方足利持氏等の反幕府勢力が反乱の旗印として、後亀山が推戴されることにあった。とくに鎌倉公方は幕府から自立的に関東を支配する鎌倉府のトップであり、足利尊氏の三男基氏の子孫が世襲する将軍家のスペアというべき存在で、しばしば幕府に対抗した。足利将軍家にとって、武家社会で自身の対抗馬となり得る鎌倉公方は大きな脅威であった。

そして事実、称光即位前後には旧南朝勢力や関東での武力蜂起が相次いだ。応永十八年には飛驒国司姉小路尹綱が同国守護佐々木高光等により征伐されており（「相良年代記」、「岡田文書」）、尹綱の挙兵理由について「南朝編年記略」（十八世紀成立）は後亀山の院宣の存在を記している。同時代史料で両者の関係は確認できないが、応永二十二年四月には伊勢国司北畠満雅が軍事行動を開始し、幕府は一色・畠山等を差し向けている（『満済准后日記』）。満雅はその後もたびたび蜂起し、旧南朝勢力の中心的存在として幕府を悩ますこととなる。応永二十二年七月には満雅与党の楠木某が大和国宇智郡に乱入した。幕府は畠山勢を派遣して楠木を河内国で討ち取り、一族の和田以下の首四つが京都の桂川に懸けられた（『満済准后日記』）。戦局を優位に進めていた幕府は十月、突如として満雅と和睦する。理由は持氏統治下の関東の不穏な情勢と、義持の異母弟義嗣の動向にあり、これらが満雅の反乱と結びつくことを恐れたのであろう（森茂暁 二〇一三）。応永二十三年には前関東管領上杉禅秀が足利満隆（持氏叔父）を奉じて持氏を攻撃した。この上杉禅秀の乱に義嗣の関与が疑われ、京都でも関係者の糺明が行われようとしたが、幕閣中枢に多数の与同者が発覚することが危惧されたほどであった。室町殿の支配に不満を抱く勢力が中央から地方まで一定数存在するという現実は、南朝皇胤の存在感を高める方向に作用した。

5 足利義教期における皇位・皇統

公武の代替わりと後南朝・鎌倉府

応永三十二年（一四二五）六月、健康にすぐれない称光は退位の意向を示した。義持はこれを慰留する一方で、実子のない称光が皇位後継候補として警戒する伏見宮貞成親王（崇光孫）を出家させることで称光の不安を除去することに努めた。だが正長元年（一四二八）七月、称光は重病に陥り、二十日後に死去した。これにより後光厳流は断絶することとなり、後継には貞成の子彦仁が後花園天皇として践祚した。後花園は後小松院の猶子となり、表向きは後光厳流が皇統を維持する処置がとられた。これを主導したのが、同年正月に後継指名しないまま世を去った義持の後継者として籤により定まり青蓮院門跡から還俗した義宣、のちの義教である。後小松は自らの意向を踏まえたこの処置に安堵したという（『満済准后日記』）。

ところで関東では鎌倉公方足利持氏が幕府に敵対する動きを見せ、これに後南朝が提携することとなる。正長元年五月に持氏が挙兵を企て、七月には持氏に呼応する伊勢国司北畠満雅のもとへ、小倉宮聖承（後亀山孫）が出奔した。しかし関東からの援軍はなく満雅は十二月に幕府軍に敗れ戦死した。これにより小倉宮は京都へ帰還し、伊勢国司家は宥免されて所領安堵がなされ、以降は反幕行動を見せなくなる。持氏が再び挙兵した永享十年（一四三八）年の永享の乱では、後南朝を擁立する動きも見られない。

図 41　後花園天皇像　大応寺所蔵

というのも、持氏の反幕的行動や大和永享の乱、北部九州の争乱に後南朝問題が結びつくことを警戒した義教は、後南朝根絶に向け着々と手を打っていたからである（森茂暁 二〇一三）。永享二年に小倉宮の子教尊を勧修寺新門主として入室させ、同五年には「上意不快」により教尊は逐電した。相応院新宮（後村上孫聖淳）も同じ時期に反逆の企てが露顕し、処刑された。同六年には護聖院宮流の二皇子には所領を分割相続させ喝食として禅院に入寺させることで、皇統としての南朝を断絶させた。この処置について貞成は「およそ南方御一流、今においては断絶せらるべしと云々」と述べ、後南朝の根絶とみた（『看聞日記』）。

ところが意外な人物が反逆を企て、後南朝と提携する事件が起きた。永享九年七月、義教の弟大覚寺義昭は、玉川（長慶皇子）および惟成親王王子とみられる護正院の祗候人とともに逐電した。義昭は大和の越智方に潜伏し、山名刑部少輔（持熙）・北畠教具・楠木兄弟等が味方したが、山名・楠木兄弟は間もなく討ち取られた（『看聞日記』）。義昭はその後、各地を転々とし、嘉吉元年（一四四一）三月に日向（宮崎）において国人島津忠国により殺害された（『建内記』）（森茂暁 二〇一三）。

足利義教と後花園天皇即位儀礼

後南朝問題は皇位継承候補としての南朝皇胤断絶という成果を挙げたが、次に崇光流問題について見ておきたい。崇光流の後花園は後小松院の猶子として皇位を継承し、その儀礼に義教はさまざまに支援した。まず正長元年（一四二八）七月の践祚では、義教（義宣）は将軍宣下以前で官職は左馬頭であり公卿として参加できなかったが、内裏と仙洞の警固を固め、その様子を見物した。

翌永享元年（一四二九）の即位では、権大納言兼右大将となっていた義教は官司に祗候して、摂政二条持基とともに「中沙汰」を行った。これは治天後円融のボイコットにより摂政二条良基とともに後小松の即位式を主導した義満の例に拠るという（『満済准后日記』）。

さらに翌年の大嘗会では、義持と同じく官司行幸・御禊行幸に供奉した。大嘗会における義教の行動に、義満の先例に準拠するものが二例（行列の立ち位置、拍子合挙行）、義持のそれが十例あり、前者は公卿として特殊な素養を要しないものであった（久水俊和 二〇一一、石原比伊呂 二〇一五）。

義教は後花園の即位儀礼に右のように関与し、幕府―守護体制において守護との差別化を図る義満・義持の「公家化」を踏襲した（松永和浩 二〇一三）。

後花園は崇光流か後光厳流か

では崇光流の血を引きながら、後光厳流である後小松の猶子として天皇となった後花園が、その後はどちらの皇統として位置づけられたのだろうか。換言すれば、南北朝期の観応の擾乱に端を発する崇光流と後光厳流の対立という皇統問題は、どういう形で決着がつけられたのか、確認しておきたい。その試金石となるのが、後花園の位置づけが問題となった改元・追善仏事の実施、楽器・日記の継承、そして後小松院逝去にともなう諒闇問題である。

まず改元での問題では、代始改元となる正長から永享への改元（一四二九年）時期をめぐり、八月か九月かで紛糾した。結果は摂政の二条持基の九月案が義教の支持もあり採用されたが、その根拠は「嵯峨天皇弘仁、後光厳文和、すでにもって近代の佳例なり」（『建内記』）ということであった。嵯峨の弘仁改元（八一〇年）は平安初期の事例で、実質は後光厳の文和改元（一三五二年）に依拠することを補強するために援用されたとみられる。というのも代始改元は踰年改元といって践祚の翌年に実施されるのが慣例であるが、文和改元はそれを破り幕府が践祚同年の九月に強行したものである（『園太暦』）。永享改元の九月実施は、異例な文和改元を佳例と読み替えて後光厳流の皇統に正当性を付与し、後花園を後光厳流の正嫡に位置づける意図があったと考えられる（久水俊和 二〇〇九）。

次に天皇家の追善仏事であるが、康正二年（一四五六）に死去した実父貞成に対しては御経供養、義父後小松に対しては御懺法講・曼荼羅供・法華八講が行われている。前者は伏見宮家の先例に依拠し、後者は後光厳流天皇のそれであることから、後花園は後光厳流の先例に従い後小松の追善供養を実施したといえる（三島暁子 二〇一二、久水俊和 二〇二〇）。

さらに天皇が嗜む楽器として、崇光流は持明院統嫡流の琵琶を継承し、後光厳流は新たな皇統として尊氏も嗜んだ笙を相伝した。後花園は実父貞成の願い（『椿葉記』）に反して永享七年（一四三五）に笙始の儀式を行い、次代の後土御門もそれを踏襲した。後花園は楽器に関しても、後光厳流を継承している（豊永聡美 二〇〇六、石原比伊呂 二〇一二）。

日記については、中世公家社会において歴代の日記を継承することがその家の継承者を意味していた。崇光流と後光厳流の分立は、「日記の家」と家職である「天皇の家」の分裂を招いたが、崇光流所有の歴代天皇の日記が貞成から後花園へ進上されることで、持明院統の「家」が統一された（松薗斉 一九九三）。

そして諒闇問題であるが、そもそも諒闇とは天皇やその近親の院・女院が逝去した際、現天皇が一年間喪に服すことである。永享五年に後小松が死去した時点で、実父の貞成が健在だったため、諒闇とすべきか否かが問題となった。血縁的もしくは擬制的親子関係のどちらを優先するかが問われたのだが、先例では双方が存在したため、この判断は後花園の皇統を崇光流か後光厳流のどちらと見なすかという政治問題に直結していた。後小松の遺志はもとより、義教が将軍職に就任したのと同様に籤を引いた「神慮」でも諒闇とすべきところであったが、なおも義教は貞成への配慮から諒闇の不実施に固執した（『公名公記』、『看聞日記』）。義教に対し側近の三宝院満済は歴史的経緯を懇々と説き、ようやく納得を得られた。興味深いのはその内容で、満済は次のように説明している。

観応年中、光厳院・光明院并びに時国主（崇光院）以上御三人、南方へ取り奉り、長く御子孫王位の御望みを断つべきの由、御告文に及ぶと云々、その後武家（尊氏）の御計らいとして、後光厳院安居院芝に御座すを聞き出し、御位に付け奉りおわんぬ、それ以来、公武御契約他に異なるなり、仍って故鹿苑院（義満）の御代に伏見殿御文書悉く申し請われ、旧院（後小松）に進らされおわんぬ、この御計らいも偏えに後光厳院御一流を仰ぎ申されんがための御計略なり（『満済准后日記』）

崇光流は観応の擾乱後に南朝に拉致され皇位の望みを断つことを誓約した一方で、後光厳流は尊氏に後光厳が擁立されて以来、皇位を継承するとの「公武御契約」が存在し、義満も履行してきたというのである。義教の主張はおそらく、このような事実に疎いがゆえに、素直に実の親子関係を重視したのであろうが、そのことが南北朝期以来、積み上げられてきた幕府と朝廷との関係性、ひいては幕府の存立基盤を危うくする重大問題との認識を欠いていたといわざるを得ない。ともあれ、この諒闇問題を通じて、後花園が後光厳流の継承者であることが公武間で確認されたことは間違いないだろう（村田正志 一九八三、久水俊和 二〇〇九、二〇二〇、松永和浩 二〇一四）。

崇光流の後花園が後光厳流の皇統を継承したことは、後光厳流が抱える正当性の不安を解消するものであった。それゆえ義教は、後南朝問題に対して強硬に対処できるようになったのである。後南朝の根絶と見なされた護聖院流への処断が実行されたのが、諒闇問題の翌年だったことは偶然ではなかろう。義教期に至って鎌倉後期以来の皇統分裂に終止符が打たれ、これにより室町幕府に対する反乱の「型」は事実上消失したといえよう。

6　足利義政期以降の皇位・皇統

戦乱と事変

では実際にこれ以降、幕府に対する反乱の「型」として後南朝が利用されたのかどうか、確認しておきたい。

まず義教が播磨国守護赤松満祐に弑逆され「将軍犬死」と評された嘉吉の変（一四四一年）では、管領の細川持之が後花園の「治罰の綸旨」を獲得し、満祐に対し朝敵退治の「型」を整えた。一方で満祐が後南朝の小倉宮の末子を擁立する噂が立ったが、実際は播磨在住の足利直冬（尊氏実子、尊氏弟直義養子）の孫とされる義尊を、「将軍」と称して担ぎ出した（『建内記』）。満祐は真偽はともかく将軍家の庶流とされる人物を、皇胤に代えて反乱の「型」らしきもので抵抗を試みた。

次に嘉吉三年（一四四三）二月の加賀守護の富樫教家と弟泰高との内紛において、泰高は小倉宮聖承と内通していたが、聖承は病気のため反逆の企てを実行するに至らず、守護代の山川八郎の切腹を条件に泰高は助命された（『看聞日記』）。なお小倉宮聖承は同年五月に死去し、その遺跡は息子の教尊（勧修寺門跡）が継承した。

そして同年九月の禁闕の変は、源尊秀（後鳥羽後胤）を大将とする後南朝の通蔵主・金蔵主（一説に後亀山息）の軍勢が禁裏を襲撃し、三種の神器の宝剣と神璽を奪い、殿舎を灰燼に帰せしめた一大事件である。すぐに宝剣は取り返され、首謀者の一人である日野有光・資親はじめ五十余人が斬首され、小倉宮教尊は流罪に処された（『康富記』、『師郷記』、『看聞日記』）。その後、嘉吉の変による没落から再興を目指す赤松一党が、長禄元年（一四五七）に南朝皇胤一宮・二宮を殺害し、翌年には神璽を奪還した。

禁闕の変は旧南朝勢力そのものが反乱の主体となった事件であるためやや性格を異にするが、嘉吉の変と富樫家の内紛では後南朝の引き入れを模索するも不首尾に終わっている。義教の後南朝根絶策により、担ぎ出し得る南朝皇胤の数が物理的に削減された。もちろん真偽を問わず後南朝と称する存在が登場する可能性を否定することができないが、安定を手に入れた北朝・後光厳流の皇統に対する有力な対抗馬とは、もはやなり得なかった。

そのことは応仁・文明の乱についても当てはまる。後花園院・後土御門天皇の身柄は東軍によって応仁元年八月～文明八年（一四六七～七六）まで室町殿に囲い込まれた。西軍の山名宗全は文明三年に小倉宮流の「南帝」を「新主」として大和より迎え入れたが（『大乗院寺社雑事記』）、特段の動きは見られず、翌々年の宗全死後の「南帝」の動向は不明である（鈴木良一 一九七三、森茂暁 二〇一三）。一度は反乱の「型」の利用を思い立った宗全だが、その有効性について冷静に見直したということだろう。なぜなら事実上唯一の皇統となった後土御門を奉戴する幕府が、将軍家の後継者などをめぐって分裂することの乱の性格上、後南朝を奉ずることは対等関係から反乱軍へと身を落とすことを意味していたからである。皇統分裂の解消は、幕府に対する反乱の「型」の有効性を失わせたとみてよいだろう。

即位儀礼の費用対効果

次に武家社会において足利将軍家を差別化する舞台装置となっていた天皇の即位儀礼について見ていきたい。足利義政は従前の室町殿と同様、後土御門の即位儀礼に関与している。寛正五年（一四六四）の践祚では、成仁親王が内裏渡御の前に室町殿に立ち寄り、義政と内裏まで同車している。これは称光践祚での義持の先例を踏襲するものである。文正元年（一四六六）の大嘗会では、太政官行幸で弟の義視を伴い後土御門の裾に祗候し、廻立行幸では前行大臣の役を勤仕している。当時、左大臣の任にあった義政は、左大臣としての所役を勤めることは十分果たせていないものの、確かに関与した。そしてこれは将軍が天皇の即位儀礼に参仕する最後の例となった（久水俊和 二〇一一、石原比伊呂 二〇一五）。

また義政はこれまた義満・義持・義教と同じく、石清水放生会の上卿を勤仕している（二木謙一 一九八五）。義政は義満以来の「公家化」の意義をよく理解し、それを息子の義尚にも踏襲させようとした。しかし義尚は朝儀への関与や官位昇進に対して消極的な姿勢を見せている（『親長卿記』）。石清水放生会上卿についても、室町殿が勤仕した事例は義政が最後となった。すなわち将軍の「公家化」は義尚以降には引き継がれなかったのである。

その背景としては、応仁・文明の乱後に守護在京制が解体し、隔絶した室町将軍家の姿を見せつけるべき「観客」が不在となったことにある（石原比伊呂 二〇一七）。そもそも即位儀礼の費用の大部分は、幕府が諸国から段銭を徴収して賄っていた。諸国で段銭徴収業務を担当したのは守護であったが、このころには守護は領国経営に重心を移して幕府への段銭納入を渋るようになっており、即位儀礼を実施するには幕府は別財源を模索して新たに負担する必要が生じていた。その費用の調達コストや負担の重さに加え、公家としての作法を習得する労力に見合うだけの政治的効果は、もはや期待できなくなっていたのであろう。

後土御門以降、戦国期の天皇の即位儀礼は、深刻な財源不足に陥り、遅滞を余儀なくされた。明応九年（一五〇〇）に践祚した後柏原の即位は二十年余が経過した永正十八年（一五二一）に、大永六年（一五二六）に践祚した後奈良の即位は十年後の天文五年（一五三六）に実施されている。しかし即位の遅滞は財源問題もさることながら、時の権力者が即位儀礼の費用対効果に疑念を感じ、政治課題としての優先順位が繰り下げられた結果に他ならない。明応二年（一四九三）、細川政元は将軍義材（義視息。のちの義尹・義稙）を廃立して義遐（堀越公方政知息。のちの義高・義澄）を擁立し、管領として幕府の実権を掌握した（明応の政変）。同九年の後柏原の践祚では、義高が政元を従え見物した。しかし即位については用途徴収の不調によりなかなか実施できずにいた（『二水記』）が、文亀二年（一五〇二）に示された政元の次の認識も大きく影響していた。

> 内裏にも即位大礼の御儀は無益なり、さようの儀これを行うといえども、正体なき者は王とも存ぜざることなり、この分にて御座候といえども、愚身は国王と存じ申す者なり、しからば一切の大儀ども末代不相応のことなり、御沙汰無益の旨を申す（『大乗院寺社雑事記』）

盛大な儀式は末代には不相応で無益なものであり、自身が天皇として認識しているので即位の大礼は不要であるというのである。大胆な発言ではあるが、周囲も納得したというから、当時の支配者層の意識を代弁していたのかも知れない。

しかし一方で、即位儀礼の莫大な経済的負担に対し、積極的に応じる勢力が地方から生まれてくる。後奈良の即位に対しては大内義隆が約二十二万疋を、次の正親町の即位に対しては毛利元就が約二十万疋を献金し、費用の大部分を負担した。これら戦国大名は、従来は幕府が担ってきた朝廷の経済的庇護者の役割を継承することに、政治的意義を見出したといえる。その延長線上に、上洛して天下に号令する天下人の地位が浮上してくるのである。

将軍の分裂と流浪

明応の政変で廃立された義材は越中（富山）に逃れ、明応七年（一四九八）に越前（福井）、同九年に周防（山口）に赴き、永正五年（一五〇八）には周防の大内義興（義隆父）とともに入京し、細川高国に擁立され将軍に返り咲いた。京都を追われた義澄は同八年、近江にて死去した。義稙も同十八年に高国の専横に怒り淡路へ出奔し、大永三年（一五二三）に世を去った。義澄に代わり将軍に迎えられた義晴（義澄息）は同七年に近江坂本に追われ、細川晴元・三好元長は義維（義晴兄）を擁立した。義晴は同年に入京を果たすも、天文十五年（一五四六）に晴元を見限り坂本へ下向し、将軍職を義藤（義晴息。のちの義輝）に譲り、同十九年に近江穴太で没した。義藤も同二十年に三好長慶に攻められ、近江国の奉公衆朽木稙綱のもとに身を寄せた。翌年に義藤は長慶と和睦するも決裂し、永禄八年（一五六五）に三好義継・松永久秀に殺害された。

戦国期の分裂・流浪する将軍は、中央で権力闘争を繰り広げる勢力にとって自身の権力の後ろ盾として機能した。一方で一本化された皇統は、その度毎に京都を制圧した勢力を政権担当者として追認することで、闘争からは超越的な立場に立った（水野智之 二〇〇五）。戦国期の反乱の「型」は、分裂した将軍家を旗印とするものに変化していた。

ところで、戦国期には戦国大名が「治罰の綸旨」や律令官位を求めるようになり、天皇権威は浮上したとされる（今谷明 二〇〇一、脇田晴子 二〇〇三）。「治罰の綸旨」は嘉吉の変において、新将軍義勝が幼少なことから幕閣が朝廷に発給を打診したことを機に頻発されるようになり、各地の戦国大名は地域紛争を優位に運ぶための保険として要求した。官位についても、地域で競合する勢力のなかから抜きん出るための外的な身分指標として求められた。いずれも手続きは中央の武家政権を介して朝廷に申請する必要があり、政権は自身の地位を認証させる効果が期待でき、事務を担う奉行人は手数料収入を得ることができた。しかし次第に朝廷との直接交渉を意味する「直奏」を行う地域権力も登場した。

室町幕府の下では朝廷との接触は幕府・将軍の独占的役割であり、その点こそが天皇の地位との関わりにおける足利将軍家の政治的特殊性であった。即位儀礼への関与を含めた「公家化」という現象も、この点が前提条件となっていた。それゆえ「直奏」する勢力の登場は、朝廷と直結する武家という足利将軍家の唯一絶対性を突き崩し、特殊な地位を相対化するものであった。そして、この延長線上にも天下人の登場が用意されていた。このように、戦国期の「治罰の綸旨」や律令官位の希求という現象は、直接的には武家社会内部の勢力バランスの変化、将軍の地位・役割の相対化に起因するものであった。まずそのことを押さえた上でなければ、天皇権威の問題を議論することの生産性は著しく失われるだろう。

戦争・政変の画期性

本章ではこれまで、室町期の武家権力にとっての皇位・皇統あるいは天皇・朝廷の政治的な存在意義や役割について見てきた。その際、武家権力が主に武家社会内で直面した政治課題や支配上の問題との関係性の反映として捉え、公武関係の他律的側面を重視してきた。本章の立場を改めて確認した上で、戦争・政変の画期性と、各段階ごとの特質を整理しておきたい。

南北朝内乱において、幕府は後醍醐方との対抗上、北朝を奉じ、「天皇対天皇」の対立構図の下で「北朝の軍隊」として自己を演出することで内乱を勝ち抜くことを目指した。当初から戦局は北朝優位に展開したが、幕府は観応の擾乱という内紛のなかで、観応二年（一三五一）に崇光天皇を廃して南朝と和睦した（正平一統）。しかし間もなく正平一統は破綻し、幕府は後光厳天皇を擁立して再び「北朝の軍隊」と自己演出する戦略を選択した。その結果、正当性に不安を持つ後光厳流を抱え込むことになり、幕府は後光厳の求心力を強化すべく朝廷への容喙（ようかい）の度を深めていく。結果的に幕府は後光厳流を皇統と定め、後には皇位と将軍職を相互に保障し合う「公武御契約」が後光厳と尊氏との間で交わされたと理解されるに至った。

康暦元年（一三七九）、将軍・義満を幼少期から支えてきた管領の細川頼之が、斯波義将を中心とする勢力の圧力により政権の座を追われた（康暦の政変）。これを機に自立した義満は、北朝優位が固まった戦況にあって、内乱の過程で成長した守護の勢力を抑制し、武家社会における足利将軍家の絶対的地位の確立を課題とした。その舞台装置として朝廷の儀礼の場を見出した義満は、「公家化」することで他の武家勢力との差別化を図り、室町殿の「公家化」は後代に引き継がれた。また対守護問題に加え、鎌倉公方をはじめとする反幕府勢力が後南朝を推戴する事態がたびたび起き、当該期の幕府の課題となった。この反乱の「型」に対し、義教は後南朝根絶策を推進し、皇統としての後南朝を断絶させることでその危険性を除去した。一方で「公武御契約」を履行すべく後光厳流を支援し、崇光流の後花園天皇を後光厳流の皇統として処遇し、鎌倉期以来の皇統分裂は後光厳流の後花園のもとに一本化された。

応仁元年（一四六七）、将軍家および畠山・斯波といった有力守護家の家督相続（かとくそうぞく）をめぐり、京都を舞台に十余年にわたる戦乱が勃発した（応仁・文明の乱）。この戦乱において西軍の山名宗全は後南朝擁立を画策したが、後光厳流に一本化された皇統を前に反乱の「型」としての有効性はすでに損なわれていた。乱後には守護在京制が解体し、守護をアピールの対象とした室町殿の「公家化」は観客を失い、武家社会において足利将軍家を差別化する即位儀礼は、その機能も費用対効果も期待できなくなり、中央の政権担当者はそれを実施する責任をなかば放棄した。戦国期には即位儀礼の実施が遅滞し、地方の戦国大名が費用負担に応じた。また戦国期に盛んとなる「治罰の綸旨」や律令官位を各地の戦国大名が希求する現象は、室町将軍の分裂という事態も手伝って、朝廷と直結する「直奏」の道を拓いた。室町幕府は朝廷の経済的庇護者、武家社会における直接交渉の窓口という特殊な役割を、戦国大名に明け渡し、相対的に地位を低下させた。そのことが天下人の登場を用意したのである。

八　室町社会と酒——『看聞日記』を中心に

1　室町幕府のイメージ

“酒浸りの政権”

歴代の武家政権、鎌倉・室町・江戸の各幕府はどのような政権か。こう問うた場合、鎌倉・江戸の両幕府については即座に答えが返ってきそうだが、室町幕府についても同様の反応は期待できそうにない。そもそも室町幕府に関する共通イメージが存在するのか、はなはだ心許ないからである。そこで本章では、前後の幕府に比して何となくとらえどころのない室町幕府のイメージを、酒を通じてつかんでもらおうと目論んでいるのである。

そもそも室町幕府と鎌倉・江戸両幕府とでは、酒との向き合い方が全く異なる。鎌倉幕府の権力者個人や、武家社会全体の嗜好性は決して飲酒に否定的ではない。三代将軍源実朝は二日酔いとなり、臨済禅と喫茶を中国からもたらした栄西からお茶を勧められ、九代執権の座を退いた北条貞時は連日の酒宴を控えるよう諫言されている（『政連諫草』）。何より御家人が将軍を饗応する垸飯という儀式は、「大盤振る舞い」の語源となっている。しかし政権担当者としての鎌倉幕府は、何度か沽酒禁制（酒の販売禁止令）を出し、建長四年（一二五二）には鎌倉中の酒壺約三万七千口を破却している。地球規模での寒冷な気候のため飢饉がたびたび起こった鎌倉期において、食糧確保や米価高騰抑止をねらった政策だった。

江戸幕府も食糧需給の観点から酒造家に対し、豊作の年には酒造株高（原料米の数量上限）を超える酒造を認める勝手造り令を出して統制を緩め、飢饉が起きれば株高以下に制限を加えた。しかし将軍の御膳酒には、関東の地酒（元来は他所に出せず地元でしか消費されない酒を意味する蔑称）ではなく、酒造先進地域の上方の「下り酒」から高級品の伊丹酒を厳選するこだわりようであった（柚木学 二〇一八）。鎌倉・江戸両政権は統治者として、食糧需給を優先に酒造統制を行う責任感と倫理観を備えていた。

一方の室町幕府では、このような目的での酒造統制策の形跡はみられない。むしろ酒造業や金融業を営む土倉・酒屋に、さまざまな面で依存していた。室町幕府財政において日明貿易の収益は莫大であったが、恒常的財源として最も主要なものは明徳四年（一三九三）に成立した土倉酒屋役であった（早島大祐 二〇〇六）。そもそも日本史上、酒が税源として注目されたのは十四世紀であるが、税制としての本格的な定着をみたのが十五世紀の土倉酒屋役とされる（今谷明 一九九一〜九六）。しかもその徴収を土倉方一衆が請け負ったばかりか、有力土倉を公方御倉に指定して財政運営を委託していた（河内将芳 二〇〇〇、下坂守 二〇〇一、桑山浩然 二〇〇六）。さらには室町将軍は代々、相当な酒飲みであった（コラム4参照）。室町殿を中心とする京都の社会では酒宴が頻繁に開催され、二日酔いのため公務に支障をきたすこともしばしばであった。財政面や将軍個人の嗜好も含めて酒屋に依存し、酒に関

図 42 『看聞日記』巻二（巻頭） 宮内庁書陵部所蔵

して無節操で享楽的・退廃的な室町幕府は、〝酒浸りの政権〟と呼べるのではないだろうか。室町殿を中心とした酒宴の世界から広がる十五世紀の時代の空気は、「酔狂の世紀」（桜井英治 二〇〇九）と評されることもうなずける。

酒史学の貴重な記録『看聞日記』

室町期研究において、伏見宮貞成親王（一三七二―一四五六）の記録『看聞日記』は最重要史料の一つであるが、酒史学にとっても貴重である。十五世紀に日本史上初めて登場するブランド（銘柄）の「柳酒」や「天野酒」といった銘酒の最初期の所見史料であるだけでなく、酒にまつわる記述が頻出することで知られる（久留島典子 一九九四、二〇〇八）。試みに酒に関わる記事を数え上げてみたところ、酒宴や儀式・遊興での飲酒、酒の贈答など計二千八百六十四件に上った。『看聞日記』は応永十五年（一四〇八）三月、同二十三年正月から文安五年（一四四八）までとその後の別記の二百七十四ヵ月の記録が残っており、単純計算で一月に十件強、三日に一度のハイペースで酒のことが書かれてあり、いきおいそのエピソードも具体性に富む。

そこでまずは『看聞日記』に描かれた酒の逸話を取り上げ、室町人と酒との関わりのイメージを共有したい。これが室町人の心性への共感になるのか、嫌悪になるのかは読み手次第だが、少なくとも室町人との距離感が測られ、理解を深めることになるのは間違いないだろう。その上で、室町期京都の酒宴のあり方と、それを下支えするさまざまな社会的要素を追究しつつ、日本酒史上における室町期の位置を探っていきたい。すなわち本章は、酒を通して室町期京都を特徴づけ、室町期京都に特有の社会構造を逆照射することを試みるものである。

2 伏見宮家と酒

不遇の伏見宮家

『看聞日記』の記主である貞成は、崇光天皇（在位一三四八―五一）の孫にして後花園天皇（在位一四二八―六四）の実父にあたる。しかしこの崇光流は後花園が践祚する正長元年（一四二八）までは、決して恵まれた境遇にはなかった。観応二年（一三五一）、幕府は観応の擾乱と呼ばれる内訌を乗り切るために崇光を廃位して南朝と結び（正平の一統）、その後再建した北朝の天皇には弟の後光厳を据え、以降はまがりなりにも後光厳流を支えた。崇光流は持明院統の嫡流でありながら皇位に就けないばかりか、崇光の皇子栄仁（伏見宮家始祖）の代に同統累代の所領や日記・楽器などを後光厳流に奪われ、また火災で御所を焼失するなど（松薗斉 一九九七）、不遇をかこっていた（本書第七章本文および図35参照）。

当の貞成は栄仁の嫡子治仁王の弟で仏門に入ることが予定され、皇統はおろか宮家継承の可能性すら薄い存在であった。しかし出家予定の応永二十三年（一四一六）に栄仁、翌年に治仁が相次いで没したことで伏見宮家の家督が転がり込み、さらに後花園の践祚によって状況は一変したのである。

貞成は京都郊外の伏見荘（京都市伏見区）に寓居する不遇な宮家を継承する前後の応永二十三年から日記を残し、天皇の実父そして永享七年（一四三五）からは洛中住人として、居所や政治的立場を遷しながら、死去する八年前まで記録を続けた。多様な環境の下で書かれた『看聞日記』では、酒に関する記録も多様性を帯びるため、事例分析の恰好の素材といえる。そこでまずは貞成の生涯について、酒にまつわる記事をからめつつ振り返っておきたい。

伏見宮貞成王と酒

応永二十三年（一四一六）十一月二十四日、父栄仁の遺体は荼毘に付された。葬儀が無事に済んで、貞成は一献傾けている。翌年二月に治仁が男子のないまま急逝し、貞成は翌月に室町殿足利義持から遺跡相続の内諾を得た。その日の酒宴で家臣たちは乱舞し、貞成は安堵感からか「当座会」つまり嘔吐するほど飲んだ。当座会に及ぶと「当座会の濯ぎ」として後日に酒宴を主催する慣習があり、伏見宮家当主となった貞成はそれを代始めの賀酒として執り行った。六月には伏見の土倉で宮家のパトロンである宝泉と初対面して船上で酒宴を開き、栄仁の代に毎年恒例となっていた光台寺における風呂での沐浴と点心・三献の饗応を受けた。中世社会の贈答慣行である八月一日の八朔（憑）では、初めての義持からの返礼に一献を催し、酒盛に及んだ。十一月には代始めの初雪賞翫で貞成は沈酔し、翌年正月には恒例行事である家臣からの賀酒献上を受けて終日の酒宴となり、翌月の和歌会では貞成主催で宴会を執り行った。

この年七月には厄介な事件に巻き込まれている。称光天皇に仕える新内侍（五辻朝仲女）が懐妊するが、二月に新内侍は伏見の山田に籠居しており、貞成はたびたび彼女を召して猿楽・酒宴に興じたとして密通を疑われたのである。これは全くの言いがかりで、籠居中は警備が厳重で、貞成は新内侍と対面すらしていなかったのである。そこで貞成はその旨を記した起請文（記述内容に虚偽があれば天罰を蒙ることを神仏に誓う文書）を差し出す屈辱に耐え、何とか丸く収めることができた。

一転して翌年六月には妻の庭田幸子が彦仁（のちの後花園）を出産する慶事に恵まれ、家臣から賀酒を贈られている。さらに応永二十九年八月、家臣の田向経良が京都で義持近臣の広橋兼宣・裏松義資と面会し、酒を酌み交わしているが、そこで義持が称光の父である後小松院を訪れた際に彦仁の年齢など種々問い合わせたという話を聞かされた。病気がちで子のない称光の後継候補として、彦仁がにわかに浮上したとあって、経良はその話を貞成に伝えながら酔気のあまり一声を発したという。翌々年十一月には御所を新造し、各所から賀酒を得た。さらに翌年四月、貞成は親王宣下を受け、連日の祝宴となった。後小松院への御礼として一献を進めるため河魚の漁に出て、船中で酒盛りを催していたところ、中世では高級魚でしかも大物の鯉が飛び込んでくる吉事に遭遇している。

応永三十二年七月、貞成は称光の警戒感から出家を余儀なくされ指月庵に移住するが、その際に断酒を誓った。しかし周囲から茶化され、「今日より断酒の由存ずるのところ、面々申し留め、明日より堅く断酒なり」と飲み、二日後にも「蜜(密)儀」と称して飲酒する意志の弱さを露呈している。だが翌日に得度(とくど)を遂げると、齢五十四を迎え自愛の時節が到来したと、向こう七日間の断酒を改めて決意し、二日後に法体を見にやってきた彦仁などに盃(さかずき)を勧めつつ、何とか自重できたようだ。とはいえ断酒の誓いからきっちり七日後には、川辺での納涼で乗船し、酒盛に及んでいる。出家による断酒とは一時的なもので、貞成の酒好きはこの一事からもうかがえる。

この翌月、貞成は再びトラブルに巻き込まれる。称光天皇の病気は貞成の呪詛(じゅそ)のためだと訴える者があり、称光もさもありなんと激高し、義持に対応を迫った。関係者を尋問したところ、首謀者は後南朝の大覚寺殿(だいかくじどの)(後亀山天皇孫小倉宮聖承(ごかめやまてんのうそんおぐらのみやせいしょう))と白状し、貞成の嫌疑は晴れ、その日の夕方から野遊びに出かけて栗拾いし、一献を傾けた。

天皇の実父貞成親王と酒

そして正長元年(一四二八)七月、称光は逝去して彦仁が後花園天皇として皇位を継承することになった。これが一大転機となり、貞成を取り巻く環境も激変した。

永享二年(一四三〇)十月、大嘗会(だいじょうえ)が挙行され、貞成は御禊行幸(ごけいぎょうこう)を見物した後、七献に及んだ。後花園の践祚と同年に将軍となった足利義教(よしのり)とも貞成は対面して内裏(だいり)・院に同行し、酒盛となって酩酊・沈酔している。大嘗会終了後には初対面の伝奏広橋親光(てんそうひろはしちかみつ)をはじめ、義教の意向により貞成のもとに多数が参賀に訪れた。親光には伏見御所の調査が下命されており、この伏見御所には同年末に義教が下向し、酒宴が催されることとなった。酒宴の惣奉行(そうぶぎょう)勧修寺経成(かじゅうじつねなり)は沈酔して会場を飾る屏風の橋の絵に嘔吐してしまった。そこですかさず「広橋に懸け濯ぐべし」と述べ、一興を誘った。広橋親光から借用した屏風にかけて、「当座会の濯ぎ」の開催を咄嗟に約言したユーモアが受けたのである。

永享七年十二月には、二年前に死去した後小松院の仙洞御所があった一条東洞院の新御所へ転居した。まずは方違えで室町殿に参り、七献に及んだ。室町殿までの路次には見物人が群集し、貞成は晴れがましく感じたようだが、一方で義教と同席するストレスからか酔いの回りは早かった。翌日に新御所に渡御したが、移徙の儀では奉行の任命などの支援を義教から受けた。そのお礼に次の日、室町殿へ参上しようとしたが義教は外出中で、帰宅時には「もってのほか御沈酔」という状態で出直しとなった。ちなみに貞成が室町殿と酒席をともにすることは、後花園践祚以降つまり義教期になってから見られるようになる。貞成はそのたびに「窮屈」と記しており、「恐怖政治」と許される気分屋の最高権力者と接する機会の増大は、手放しで喜べる状況にはなかったようだ。

ところで貞成には後花園のほかにも子どもがおり、順調に育っていった。永享二年十一月に誕生した五女ちよちよが翌月に産所から入御したので盃酌をあげているが、誕生時は「姫宮飽満、厭却なり」と心底を隠さない。次男の貞常も同年に着袴を遂げ、祝着として一献が催された。同五年には後花園が元服し、各所から祝いの使者や贈答があった。義教からは鵠（白鳥）と樽が贈られ、終日祝杯をあおった。

貞成にとって心配ごとは後花園の行く末はもちろん、貞常への宮家の継承も重大事であった。永享五年、貞常九歳の時分に読書始と琵琶始が行われ、その後も貞成は熱心に教育を施している。嘉吉三年（一四四三）には、貞常に万秋楽の秘説を伝授し、無事を祝って三献があった。伏見宮家は代々、琵琶を嗜み、持明院統累代の名器を継承しており、貞常への秘曲伝授は家督継承の一階梯を意味していた。なお皇位を継承する後光厳流は笙を学び、新たな皇統としての帝王学を築きつつ、伏見宮家の重宝を奪っていった（豊永聡美 二〇〇六、二〇一七）。「巌琵琶」もその一つで、後小松院のときに宮家を離れたが、永享八年四月に貞成は再会を果たした。所有者となった後花園は、貞成にこの名器を預け、貞成はこれに喜び永基に酒を勧めている。再会といえば翌々月、高齢のため籠居していた老臣の正永が五、六年ぶりにふと訪ねてきた。どうやら新御所の様子を拝見したかったようで、きっちり榼も持参し、旧交を温めた。

嘉吉三年九月には政権中枢を揺るがす大事件が起こる。後南朝与党の通蔵主・金蔵主が三種の神器の剣璽を禁裏から奪取した（禁闕の変）。これにより内裏の殿舎や楽器なども灰燼に帰した。後花園は近衛房嗣邸に脱出して無事で、間もなく凶徒が討ち取られると、伏見宮家の御所に避難した。貞成にとって不幸中の幸いは、二人の息子たちと酒を酌み交わす日々が訪れたことであった。なお神璽は嘉吉の変で没落した赤松一党が長禄二年（一四五八）に奪還し（宝剣はすぐに奪還）、三種の神器は後花園のもとに戻った（本書第七章）。

貞常は嘉吉四年二月に親王宣下を受け、翌文安二年（一四四五）に元服し、翌年には伏見宮家の家領を相伝した。さらに翌年には貞成が太上天皇の尊号を贈られ（翌年辞退）、翌文安五年六月に宮家相伝の記録・文書・楽器を貞常に譲与した。康正二年（一四五六）八月、貞成は八十五年の生涯を閉じ、祖父にちなんで後崇光院と追号された。

酒好きの面々、酒宴に欠かせぬ面々

伏見宮家の酒宴では、慈光寺持経と五辻重仲の二人が盛り上げ、あるいは酔態をさらし、貞成を楽しませた。持経はとにかく飲み続ける男であり、お開きかという場面でも酒宴をなお「張行」する猛者であった。貞成に乗船をおねだりして船上で一献、帰着後も一献を催して深夜に「酔狂」に至ることもあった。あるときには貞成が囲碁に負けて大きな器で飲み酔い臥したところ、持経が夜中にやってきて貞成をたたき起こして酒盛を開き、貞成は迷惑そうな素振りを見せつつも「酒盛に及びその興あり」とまんざらでもなかった。貞成にとって、率先して酒を飲む場を用意してくれる持経はありがたい存在だったようで、永享九年（一四三七）に持経が夢想をきっかけにふと断酒を思い立つや一転、貞成は暇を持て余した。「夏精進」として三ヵ月ほどで断酒を終えた持経は、茶会を催してぐいぐい飲み、女中にも勧めつつ天明まで飲み明かした。貞成はさぞ胸をなで下ろしたことだろう。

持経は無粋な大酒飲みではなく、風流な遊び心を持ち合わせていた。持経が宮家の酒宴で頭角（馬脚?）を現し始めた永享四年の花賞翫では、仙洞での鬮を使った遊興を持ち込むと皆が喜び飲み進め、「梅花盃」も始まって一同「酔狂乱舞」「沈酔無極」となった。翌日は早朝から残りの酒が飲み尽くされ、持経も痛飲し、昼の節供（三月三日）でも酒盛は続いた。「梅花盃」については二年後にも持経が土器を六枚持参したとあることから、土器を中央に一枚、周囲に五枚を配して梅の花弁に見立て、何輪飲

めるかを競ったもので（桜井英治 二〇一七）、風雅な響きとは裏腹に相当量を飲まされる危険な遊びであった。宮家の正月の「佳例」として、持経から貞成の妻庭田幸子へ、品々を舟盛り風に盛り付け飾り立てたであろう「船一艘（種々の物、これを積む）」の贈り物があった。同じく正月、永享七年の風呂始では、「沈酔乱舞」する持経が貞成の着用する小袖の下賜を昨年の「佳例」と称してちゃっかり要求すると、貞成は「今においては毎年の例たるべきか」と応じるしかなかった。永享六年には主催した双六のさなかに酔いつぶれて勝負がつかなかったり、同十年には貞成の御前で「酔臥散々の事に及ぶ、前後を知らず、面々扶持し退出す」と、持経は失態も演じているが、とくにお咎めや批難はない。持経の奔放な言動に、「しょうがない奴」と微笑ましく受け流す貞成、という光景が思い浮かぶ。

もう一人のお気に入りは五辻重仲で、彼が加われば酒宴はますます盛り上がった。永享五年の花賞翫では各人が「一種一瓶」の花を持ち寄っての酒宴で十余献にも及んだところ、この年初出仕となった持経がやって来て籤を始め、重仲もいつの間にか座に加わり、貞成を喜ばせた。次の日も早朝から持経が参上し、「榼余慶」と称した酒盛りを開いた。そこには重仲もおり、「朝すさまし（凄）き一献、なかなか昨日よりもその興あり、当座歌おのおの一首詠ず」と、連日の遊興に貞成は感じ入った。同七年の年始節養では、御前に祗候していた持経と重仲も召し加えられた。数献あったところ、持経が初めて見る庭田重賢の二歳の息子（雅行）に太刀を与え、重仲も続いて打刀を出し、今度は持経が島田定直の腰刀を奪って渡して一同笑いに包まれた。女房たちが帰ろうとすると引き留め、定直が舞って庭田幸子から小袖を賜り、さらに重仲が「酔狂」を申してもう一枚下賜された。持経・重仲ともに祗候したので「一段と酒盛、その興を添う」とは、貞成の感想である。さらに翌朝早く、持経は前日の酔狂を謝すために榼を持参し、また前日に中座した小川浄喜（禅啓息）に「罪科」として酒を献上させ、半日の酒宴となった。同年の「一種一瓶」の花賞翫では、持経が札を用意して籤を催し、「梅花飲」も加わって「大飲酒盛乱舞」となった。酔った重仲は堀に落水し、そのまま寝入ったという。しかし翌早朝から二人は毎年恒例の「榼余慶」を始め、酒宴は半日に及んだ。その翌日も二人が同座した酒宴が開かれ、貞成は「持経・重仲候じ乱舞に及ぶ、連日大飲かつがつ珍重なり」と三日間にわたる遊興を振り返った。貞成は持経・重仲との酒席をことのほか楽しんだようだ。

宮家には他にも宴席に興を添える人々がいた。近習の筆頭格である綾小路信俊はたびたび酒宴を開催し、応永三十一年（一四二四）には「痛み入る者なり」と貞成から謝意を表されている。田向家の青侍広時は「毎事能者・用人なり、料理包丁、酒宴の座歌舞、天性その骨を得る者なり」とその死を惜しまれたように、包丁や歌舞で才能を発揮した。貞成の宮家相続安堵の一報を受けての祝宴では持参した鯉を、船上での酒宴では漁民が引網で獲った川魚を、包丁でさばいてみせた。頭役を勤めた応永二十三年の茶会では、蓑で巻いた榼を「大黒の蓑」と呼び、「打出の小槌」と名付けた大槌の中に酒を入れ、砂金等を納めた懸け物の船には女房を乗せて扇を立て『平家物語』の那須与一を彷彿とさせた。その六日後の茶会では、頭役の田向経良・寿蔵主・地下政所の小川禅啓が負けじと風流を尽くし、精進物で大黒天を作り、男共が桂女に扮して肴の鮎を運び、早乙女に扮して田歌を詠じた。ここで広時は猿飼姿となり、「敷皮」で猿を作って舞を披露し、天賦の才を見せつけた。年始野遊びでは例年、広時が極を持参することが「佳例」となっていた。

女性陣も人材豊富で、対御方（栄仁室・三条実継女）局女の「別当尼公」は「乱舞老狂」、廊御方（栄仁室・日野西資国女）局女の「老尼」は「酔狂乱舞」「殊に乱舞」、南御方（貞成室・庭田幸子）に新参の「尼公」も「狂物」で「音楽乱舞に及ぶ」と、いずれも踊り狂っている。

また宮家に仕える者ではないが、元南朝廷臣で栄仁と親しかった玉櫛禅門（二条冬実）は、訃報で「酒盛殊にその興ある人なり」と伝えられている。

以上、伏見宮家の酒に対する接し方を具体的に見てきた。現代人に通じる楽しみ方がある一方、理解しがたいあるいは想像がつかない部分や、嫌悪感を抱く場面すらあったかと思われる。しかしこれにより室町人との距離感が測られ、彼らのイメージは幾分なりとも膨らんだことだろう。これを踏まえ、続いては室町期京都に視野を広げたい。

3　室町期京都の人々と酒

中世人の飲み方

そもそも中世の酒宴は、神事における酒宴に由来する。神事の構造は、a儀式＝神祭り、b宴座＝威儀を正して行われる正式の宴会＝直会（神事後、供物を下ろして行われる宴会）、c穏座＝主客混合して行う心やすい芸能の座＝解斎（物忌みを解いて常に復すること）となっている（倉林正次　一九八七）。中世の酒宴は、b＝儀礼の場（身分の差を露わに示してそれを確認しあう

図43　『酒飯論絵巻』　国（文化庁保管）

場）、c＝融和の場（身分差を超えて融和し解放される場）との構造をとる（久留島典子 二〇〇八）。bのハレの儀式は式三献から、cの日常的なケの酒宴は一献から始められた。一献とは盃に入った酒を一口飲む一度を三度繰り返すこと、式三献とは一献を三度繰り返す（三々九度）、最も儀礼的な作法である。

一献、二献、三献と盃が重ねられ、徐々に宴は盛り上がっていくが、さて一体何献まで達するのであろうか。『看聞日記』には多くて十数献から十八献、応永二十九年（一四二二）に越後国守護の上杉朝方が室町殿に初めて参上した際は二十七献、そして永享七年（一四三五）正月の室町殿参賀で記録した「卅献ばかり」というのが最高である。永享二年の後小松院による室町殿御幸では、七十献が用意されたというから驚きである。

ところで十六世紀に日本列島にやって来たヨーロッパ人宣教師たちは、客観的な視点から日本の宴会を記録した。たとえばルイス・フロイスは「われわれの間では酒を飲んで前後不覚に陥ることは大きな恥辱であり、不名誉である。日本で

はそれを誇りとして語り、「殿Tonoはいかがなされた。」と尋ねると、「酔払ったのだ」と答える」(『ヨーロッパ文化と日本文化史』第六章「日本人の食事と飲酒の仕方」)と書き留めている。ジョアン・ロドリーゲスは接待の礼法について、大量飲酒を勇ましい飲みっぷりと讃え、皆が競って飲み合い、嘔吐・酩酊に寛容であったと紹介する(『日本教会史』)。概してその特徴は、無理強いの横行と、嘔吐・酩酊の容認に見出される(桜井英治 二〇一七)。

室町期でも嘔吐に至ることは名誉であり、「面々沈酔、予もってのほか酩酊、当座会に及ぶ、比興なり」と、貞成は反省どころか自賛している。『看聞日記』で「当座会」といえば、摂関家の二条持基の名人芸であった。「関白当座会数ヶ度、例のごとし」と一晩に何度も吐き、「飲む時また酒を吐く」と飲みながら吐くこともあった。二日酔いを意味する「余酔」という言葉も頻出する。貞成が近隣の木幡郷との訴訟で書類の提出を求められ、翌日早朝に使者を室町殿に遣わしたが、取次の広橋兼宣は前夜の沈酔で不在だった。訴訟業務の担当者が二日酔いとは何たる怠慢かとも思われるが、兼宣は木幡郷側を贔屓しており、面会を避ける言い訳だった可能性もある。しかしこの言い訳が通用するところが、室町期特有のものといえようか。

致酔の一因には、遊興的な飲み方もあった。十名が五杯か十杯ずつの早飲みを競う（『言国卿記』、『親長卿記』）、あるいは廻し飲みで盃が回ってきた際に発言や肴を食べたら罰として飲酒する（「宗五大草紙」）「十度飲み」、一座が左右に分かれ三種三杯ずつとそのうちの一種一杯の計十杯を飲み銘柄・産地を当てる「十種酒」（『親長卿記』）、前述した「梅花盃」を二組用意して早飲みを競う「鶯飲み」（『実隆公記』）などがあった（加藤百一 一九九九、吉田元 二〇一六、桜井英治 二〇一七）。室町人が酔いや嘔吐をも厭わず、楽しみながら飲み、飲みながら楽しんださまが思い浮かぶ。

なお当時の酒宴の様子を視覚的に伝える資料として、十六世紀中葉の成立とされる『酒飯論絵巻』が参考となる。この絵巻は、酒好きな公家の造酒正糟屋朝臣長持、飯を好む僧の飯室律師好飯、酒も飯もほどほどがよいとする武士の中左衛門大夫中原仲成の三人がそれぞれの持論を展開する詞書きが記される。第二段では長持家を舞台に壮大な酒宴が描かれ、嘔吐する人物まで登場する（阿部泰郎・伊藤信博 二〇一四、伊藤信博ほか 二〇一五）。

美酒と美物、旬の酒肴

十五世紀の日本列島は銘酒誕生のラッシュといってよく、『看聞日記』にもたびたび登場する。銘柄の初見とされる「柳酒」は、製造元の洛中五条坊門西洞院の酒屋門前にあった柳の木に由来する。幕府に毎月六十貫（約六百万円）納税される

「美酒」（『蔭涼軒日録』）で、偽物が出回るほどの人気を博した。価格は通常の酒では百文で古酒五勺（約九〇ミリリットル）・新酒六勺のところ、柳酒は古酒三勺・新酒四勺と、六割ほど割高な高級酒であった（『諸芸才代物附』）。生産量も、醸造の壺単位で賦課される土倉酒屋役の一割前後を占めており、量・質ともに突出した、室町期京都を代表する銘柄であった。なお柳酒が史料上初めて登場するのはこれまで永享九年（一四三七）の『東寺廿一口方評定引付』および『看聞日記』の記事とされてきたが（小野晃嗣 一九八一、河内将芳 二〇〇〇等）、管見の限り応永二十三年（一四一六）ごろまでさかのぼる（「八幡宮愛染王法雑記」、『桂川地蔵記』）。

図44　菩提山正暦寺

ほかに中世寺院で醸造される僧坊酒として、興福寺末の菩提山正暦寺（奈良市）の「奈良樽」、天野山金剛寺（河内長野市）の「天野酒」、四天王寺（大阪市）の「天王寺樽」がみられる。菩提山酒は将軍義尚が「興福寺より進上の酒もっとも可なり」（『蔭涼軒日録』）と賞賛している。天野酒は河内国（大阪府南東部）守護の畠山氏より毎年、佳例の進物として将軍家へ献上された（「長禄二年以来申次記」）。後には豊臣秀吉が愛したことでも知られる。

古代以来、朝廷の神事に酒を調進した造酒司の「一夜酒」

も、貞成のもとへ何度か贈られている。「一夜酒」とは醴酒のことで、すでにできあがった酒に蒸米・麴を加え短時間でできる甘い酒である（吉田元　二〇一六）。変わり種は「沸出酒」で、河内国の住人が困窮のあまり毘沙門天に祈請したところ竹からわき出た不思議な代物として、永享八年に義教から貞成に贈られた。なお同様の酒は塩小路西洞院の稲荷社の竹からも得られたとされており、社寺の宣伝手段の一つであった（今谷明　一九九三）。

舶来物では「唐酒」つまり中国酒が、三十献を記録した永享七年正月の貞成による室町殿参賀において、最初の三献を飾った。そのさまは「気味砂糖のごとく、その色殊に黒し」とあることから、紹興酒のような長期保存に耐える老酒と思われる。時の室町殿は義教で、義持が断絶した明との国交を復活させ、永享六年六月には唐人を酒でもてなした。唐人が室町殿で大酒を飲み、翌月には逆に義教が唐人宿となっていた時衆寺を訪れて一献に及んだ。翌年には「近来在京の唐人」二人が伏見にやって来て、貞成は酒を振る舞っている。

酒に欠かせないのは肴であることは当時も変わりなく、季節物や定番のご馳走が酒席を彩った。植物では春の土筆・紫蕨、夏の近江（滋賀県）の瓜、秋の松茸、鳥類では鶴・鵠（白鳥）・菱食・雁・鵜、魚介類では淡水魚の鯉・鮒・鮎・鯰と海水魚の鯛・鱸・鱶が見える。永享二年以降は室町殿から宮家へ酒と美物が贈られるようになり、あるときは三十もの棰に目を驚かすこともあった。

4 遊蕩を支えるもの

これまで『看聞日記』から室町期の享楽的酒宴の様子を見てきたが、ここからは同記を離れ、遊蕩を支える当該期固有の社会構造や酒造技術といった歴史的条件を俯瞰したい。

遊蕩を支える社会

室町幕府は拠点を京都に定め、政権運営に関わる「大名」と呼ばれる有力守護層が基本的に在京した（守護在京制）（山田徹 二〇〇七）。そのため室町期の京都は領主階級の大半が集住する、かつてない規模の人口を抱える列島最大の消費都市となった。そして領主の家人・被官、商工業者、宗教者、芸能民等とその家族を含めた都市生活は、京都を中核とする求心的な物流構造により支えられた（早島大祐 二〇〇六）。地方から京都へ送られる中心的物資は荘園からの年貢米であり、京都は巨大な米市場でもあった。年貢として米その他の生産物を地方から吸い上げる中世社会の基礎的システムが荘園制であるが、室町期は荘園制の崩壊期とこれまで評価されてきた（永原慶二 二〇〇七）。ところが近年では、荘園制は南北朝内乱の過程で恩賞や兵粮料所化あるいは押領によって形成された武家領を含み込んで再編され、室町期は安定期にあったと理解されている（伊藤俊一 二〇一〇、二〇二一）。この室町期荘園制の下で米の流通に携わり、請負代官としてその根幹を担った存在こそが、土倉であった。

土倉とは質物をストックする巨大な蔵を備えたことからその名が付けられ、大量の物資を販売・運用して資本を蓄積する金融業者である。室町期荘園制における土倉は、押領等で年貢の確保が困難になった領主と契約を交わし、定額の年貢納入を委託される請負代官の顔を持つ。領主が荘園からの収入を獲得する方法は、代官である土倉から現物を受け取るのではなく、割符を用いて現金を引き出すものであった。そのため土倉はストックする年貢米を、都鄙間の「和市」（相場）の差益を見極めて売却したり、酒に加工して商品価値を高めるなどして換金した（清水克行 二〇〇四b、二〇一五）。したがって酒屋の経営母体は基本的には土倉が担っており、土倉と酒屋は併称されたのである。

酒屋が酒宴を支えたことは勿論、そこに添えられる酒肴には全国各地の特産品が並んだことが注目される。実は十五世紀は特産品の成立期でもある。その象徴が、十五世紀後半に成立したとされる「精進魚類物語」（『御伽草子』）である。この物語は『平家物語』に擬し、魚鳥元年の魚類方（生臭物）と精進方（精進物）との合戦を描いており、前者として越後国住人「鮭の大介鰭長」（新潟）、その子「鮞（鮭の卵）の太郎粒実」、近江国住人「鯰判官代」（滋賀）、「太刀魚の備後守」（岡山）、「螺出羽守」（東北西半）、「小鮒近江守」、「白鷺壱岐守」（長崎）、後者として美濃国住人「大豆の御料」（岐阜）と子息「納豆太郎糸重」、大和国住人「熟柿冠者実光」（奈良）、近江の「青蔓三郎常吉」「蓮根近江守」（滋賀）、「栗伊賀守」（三重）が登場するのである。登場人物たち（?）の名称と居住地・受領国名は、特産品と産出地との関係を示している（春田直紀 二〇一八）。特産品の成立は首都・京都に特有の饗応文化を前提にしており、飽くなき物欲が地方から美味・珍味や旬の食材を吸い上げ、それらが特産品として認知度を高め定着した過程が想定される。室町殿にもたらされる美物は各国の守護から供給さ

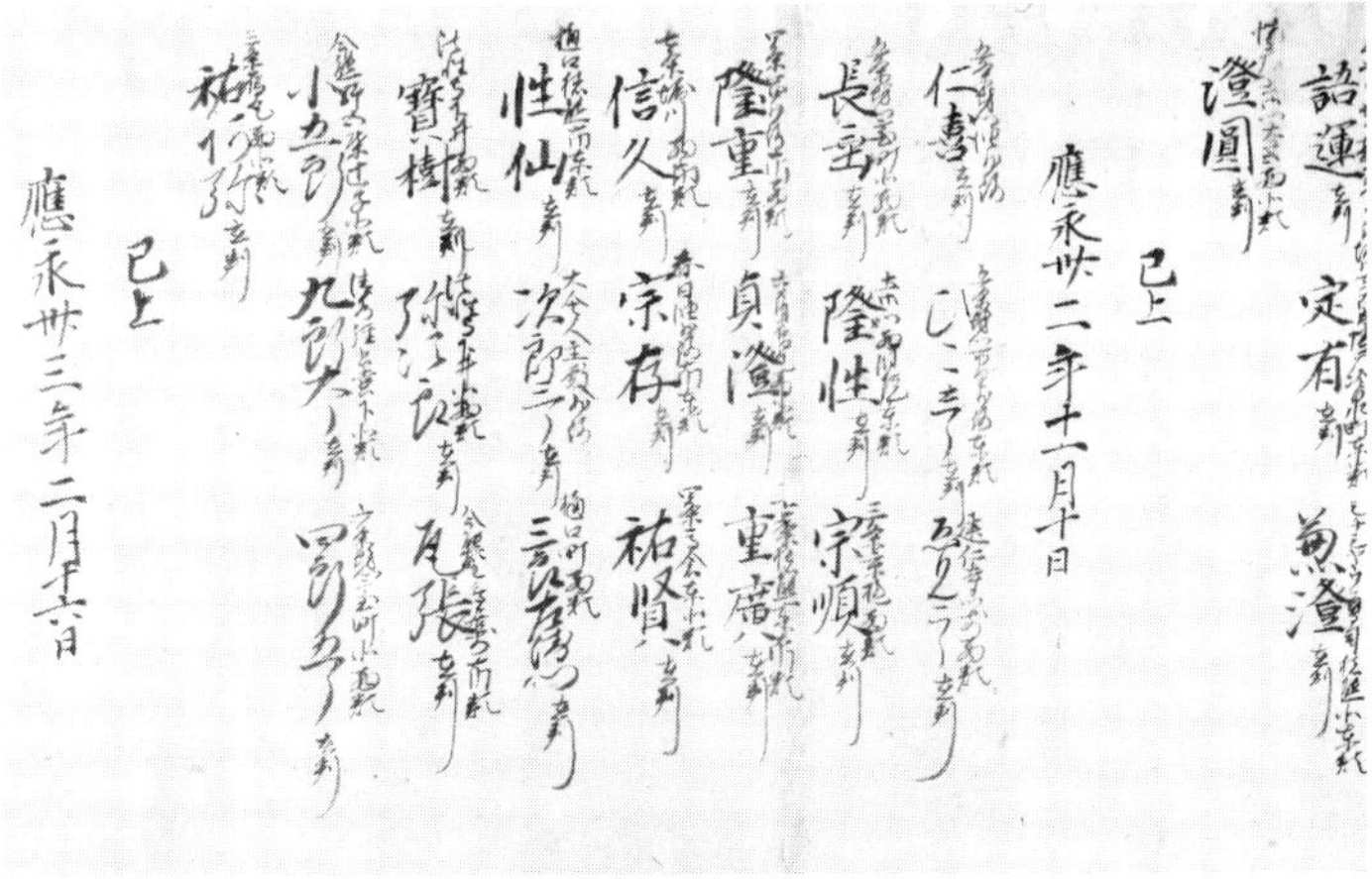

図45 「酒屋交名」(末尾) 北野天満宮所蔵

れたと考えるのが自然であり（盛本昌広 二〇〇八）、特産品は室町期の権力構造・流通構造の産物であった。

遊蕩を支える酒屋

応永三十二・三十三年（一四二五・二六）の京都には、洛中洛外合わせて三百四十二軒の酒屋が存在したことが知られる（北野天満宮文書「酒屋交名」。図45）。「酒屋交名」に

図46 平安京左京五条三坊九町跡の酒屋遺構から出土した甕 京都市考古資料館提供

は酒造業者と所在地が三段で書き連ねられており、地図上に落としてその分布を可視化できる（図47）。古くは室町期酒造史の泰斗小野晃嗣が大路小路と通りを直線で描き、酒屋の位置を点で示した。また発掘の際、酒屋跡であることを文献的に裏付ける有力な根拠ともなる。平安京左京六条三坊五町跡（下京区楊梅新町。市立尚徳中）は、「酒屋交名」記載の「やまももまちきたにしのつら（楊梅町）（北西頬）」にあたり、室町期の酒屋遺構が検出された。東西一四メートル、南北一六メートルに残されたまるでたこ焼きの鉄板のようなくぼみは、仕込み用の甕を据え付けた穴で、約二百基が確認された。井戸も十九基が発見された（図48）。平安京左京五条三坊九町跡（下京区童侍者町）からは東西約五メートル、南北約一〇メートルに甕穴六十六個と、麴室とも考えられる地下倉庫の遺構が見つかっている（吉田元 二〇一六）。甕の容量は二、三石であることから、当時の酒屋の規模の大きさがうかがえる。ただ三百四十二軒という数字を多いとみるか少ないとみるか、にわかに判断しかねる。そこでこの点について、需要と供給のバランスから考えてみたい。

京都に酒屋が増え始めるのは鎌倉末期のことで、南北朝期以降は武家の流入・居住により需要は着実に増していった。それでも兵粮米の確保が要請される内乱期の供給は抑制的にならざるを得ず、戦乱が徐々に沈静化されるにつれて拡大していったと推測される。応安四年（一三七一）には後円融天皇即位式の財源として、「土蔵一宇別三千疋、壺別二十疋」を土倉・酒屋から借用しており（「花営三代記」）、政権側から資金的な体力を見込まれるほど酒造業界全体が好況だったといえよう。

成長する酒造業は、政権からすれば課税対象として視野に入ってくる。鎌倉末期には洛中酒鑪役が、

図 47　室町期京都の土倉・酒屋分布図　『週刊朝日百科　新発見　日本の歴史』23（朝日新聞出版，2013 年）をもとに作成

図48　平安京左京六条三坊五町跡の酒屋遺構　京都市考古資料館提供

南北朝期半ばには酒麹役が設定され、造酒正の得分となった。そして明徳四年（一三九三）、「洛中辺土」の土倉は山徒土倉の責任として幕府に対し「年中行事要脚」六千貫文を負担することを、足利義満から強いられた。これにより延暦寺の影響下にあった「山門気風」の土倉は、幕府の統制下に組み込まれることになった（室町幕府は追加法一四六〜一五〇）。土倉酒屋役の成立である。

十五世紀になると武家の集住が広範な人的交流を生み出し、酒宴の機会をさらに拡大させた。たとえば流行した連歌会には、公家・武家・僧など多様な面々が寄り集まり（榎原雅治 二〇〇四、川口成人 二〇一八）、しばしば酒宴をともなった。上層部でも室町殿が参内・参院あるいは天皇・院が室町殿に行幸・御幸して、儀式や私的に対面する際にも、盛大な宴席が設けられた。まして乱痴気騒ぎに及ぶ遊蕩とあっては、相当量の需要があったはずだが、酒の供給量に不足が生じた徴証は見出せない。室町期京都の酒屋は、旺盛な需要に応えるだけの生産力を備えていたと考えられる。

しかし、応仁・文明の乱（一四六七—七七年）が京中を灰燼に帰し、酒屋に大打撃を与えることとなる。「応仁一乱ニ土倉・酒屋三百余个所断絶」（『別本賦引付』）とあるように、被害を受けた酒屋は誇張を割り引いても相当数に上ったであろう。乱後の京都酒造業界の状況変化は、土倉酒屋役のあり方に反映した。嘉吉元年（一四四一）の徳政後に同役の徴収は納銭方（山徒土倉）から政所寄人、宝徳三年（一四五一）ごろから（納銭方の）正実坊が担当し、乱中の文明六年（一四七四）には定泉坊が納銭方に復帰した。しかし延徳二年（一四九〇）、有力山徒が多数を占めてきた納銭方に俗人の洛中土倉（沢村・中村）が新規に加わった。永正五年（一五〇八）には免除特権が撤廃され、請酒屋（小売）以下にまで課税対象が拡大された（追加法三四九・三五〇）。従来の山徒土倉の衰退と、角倉吉田・中村・沢村・野洲井といった俗人の洛中土倉の台頭、税収全体の落ち込みという事態が背景にあった（河内将芳 二〇〇〇、早島大祐 二〇〇六）。

その間、京都の酒屋からの供給減を補ったのが、周辺地域で産出される「田舎酒」であった。文明年間以降、京都の公家・僧侶側の史料に、京都周辺から流入する「田舎酒」の存在が確認されるようになる。文明十年には近江湖東三山の一つ百済寺の僧坊酒「百済寺酒」の初見（『補庵京華後集』）と「摂津国酒」（『晴富記』）が見え、同十三年から「大津樽」がしばしば登場し、明応二年（一四九三）からは「堺酒」「平野酒」も見られるようになる。延徳二年には幕府が「大津・松本酒屋役」を設定し、大津産（松本は大津の一部）の酒に課税されるようになった（今谷明 一九九三）。永正六年に京都の酒屋中が坂本・奈良・河内・摂津の酒の市場流入の停止を訴えていること（「蜷川家文書」）から、十六世紀初頭には周辺産地にすでに少なからぬシェアを奪われてしまったことがわかる（脇田晴子 一九七九）。京都の酒造は応仁・文明の乱で大打撃をこうむって衰退し、次第に周辺地域の後塵を拝するようになったのである。十六世紀初頭からは徐々に復興が進み人口も回復していくが、天文五年（一五三六）の天文法華の乱で再び打撃を受け、他国商人の流入や中小商人の台頭に悩まされることとなる。

遊蕩を支える技術

ところで醸造学研究において、現代に続く日本酒の製法の基本となる酘方式と火入れが確立されたのが、中世後期とされている（坂口謹一郎 二〇〇七、秋山裕一 一九九四）。酘方式とは従来の醞方式に替わる、酒母（酛）に蒸米・麴米・水を加えて醪をつくる操

図49　日本酒の製造工程（概念図）

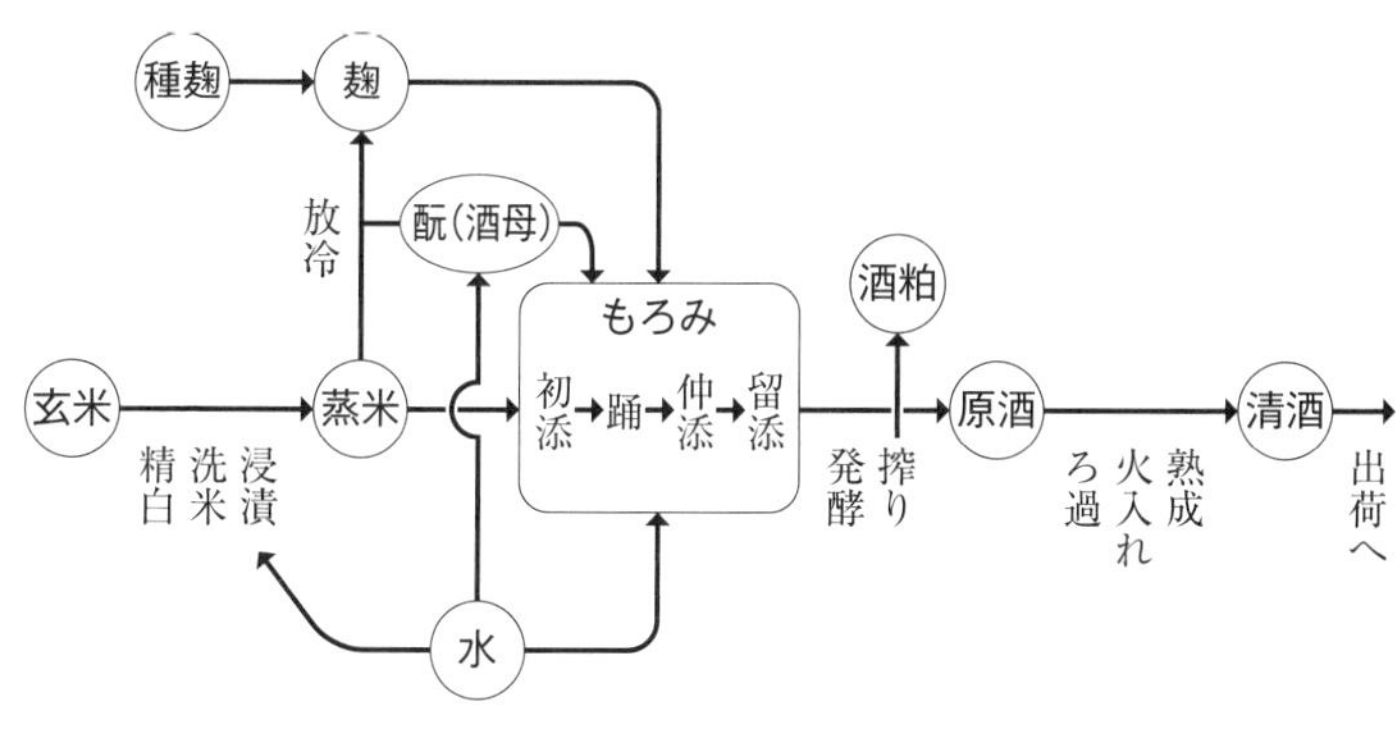

『ミルシル』8-6, 2015年より

作のことで、菩提山正暦寺の菩提酛に採用された。段掛け法とも呼ばれ、米のデンプンの糖化とアルコール発酵を同時並行で進め（並行複発酵）、現在では主流の三段掛け法によって醸造酒としては世界最高のアルコール度数を生み出す技術である。火入れとは、耐熱胞子をつくらない雑菌を五十～六十度で殺菌する低温殺菌法のことで、ヨーロッパでは十九世紀にパスツールによって開発された（パスツリゼーション）。現在、市場に出される日本酒では、生酒を除いて基本的に採用されている。この二つの技術に関する史料初見として年代が明確なものは、いずれも奈良の興福寺僧の日記『多聞院日記』永禄十年（一五六七）代の記事である。

一方で、中世の酒造技術を詳細に伝える史料として、「御酒之日記」（静嘉堂文庫）が重視されてきた。ここには「御酒」「あまの（天野）」「ねりぬき（練貫）」「菩提泉」「菊酒」といった中世を代表する銘酒の製法がそれぞれ紹介され、段掛け法と火入れの技術が記載されている。問題は本史料の成立年代で、判断材料に事欠き、上限は収載された文書の年紀から南北朝期、下限は書写年代の永禄九年と二百年もの幅があり（小野晃嗣 一九八一、秋山裕一 一九九四、坂口謹一郎 二〇〇七）、絞り込むには醸造学では限界があった。しかし「御酒」は「柳酒」の誤記として、各酒の初見から永享～寛正期（一四二九―六六）とする説が登場した（鎌谷善親 一九九五）。すなわち、現在につながる酒造技術確立時期が十五世紀となる可能性を示唆している。というのも、「御酒」「あまの」には酘方式が見られ、このような技術革新を遂げた時期は「柳酒」「天野酒」が銘酒の名声を獲得した十五世紀と考えるのが自然だからである。火入れについても博多の「ねりぬき」に見られ、練貫の初見は文正元年（一四六六）であることから（『蔭凉軒日録』）、同様に考えられる。

さらに十五世紀確立説を補強するため、柳酒の継承の問題を取り上げたい。同酒の経営者として知られる中興家は、実は本来の生産者ではなく継承者である。文明十年（一四七八）、中興家俊は柳酒の商標である「六星紋」の独占使用を幕府から認可された（『親元日記』）。中興家は文明年間以降、洛中に点在する酒屋を広範に経営し、明応年間（一四九二―一五〇一）には柳酒の本貫地である五条坊門西洞院を取得している（河内将芳 二〇〇〇）。中興家は応仁・文明乱後に台頭した新興酒屋の一つで、自ら技術開発で伸張したというよりは、すでに確立された「柳酒」のブランドを利用し商圏を拡大したとみるべきである。したがってブランドの確立は前経営者によって成されたのであり、その要因は技術革新に求められよう。

中世における技術革新の契機について、精製品あるいは生産の合理化・量産化を求める社会的需要が想定される（桜井英治 二〇一五）。室町期は陶器や石塔・板碑に量産化の技術革新が生じており、「十五世紀生産革命」論（中島圭一 二〇一〇）が提起されている。酘方式は、原料米の量に対する水の使用量が非常に多くなるため（小泉武夫 一九九二）、量産化に結実する技術といえる。室町期京都の酒宴は大量消費の欲求があり、技術革新が生み出される蓋然性は高い。

また一つの技術革新が他の技術革新を次々に誘発していくことも起こりうる。その意味で注目されるのは、十五世紀初頭に生じた酒の運搬容器の変化である。十五世紀の早い段階から運搬容器としての地位が壺・甕から、耐水・密閉性に優れ軽量で壊れにくい結物（ゆいもの）へ移ったとされる（藤原里香 二〇〇〇）。また液体の酒・酢・油は鎌倉時代以来、竹筒に詰めて運ぶのが常識だったが、応永十三年（一四〇六）以降になると酒は棰（結樽）で運ばれるようになる（川上行蔵 二〇〇六）。室町期の大量飲酒の前提条件として、酒を大量かつ安全・簡単に運搬できる容器が開発されていた。室町期の酒宴の遊蕩は、十五世紀に起こった現在につながる技術革新によっても支えられていたのである。

遊蕩を支える民衆

室町期の酒宴では皆が競って飲み合い、嘔吐・酩酊に至ることに寛容であった。もちろんこのような飲み方は、「ハレ」の場でよく目にする光景であったことは間違いない。『看聞日記』では「ハレ」の場とされる機会が多く持たれたか否かはともかく、やはり致酔（ちすい）は日常茶飯事に近い。歴代室町殿もよく飲み、戦乱の最中に酒に耽った義政（よしまさ）・義尚は現実から逃避するかのようだ。室町期の支配者層にはどうも、庶民感覚やそれに対する想像力というものが欠落している。貞成でもたとえば応永二十六年（一四一九）や嘉吉三年（一四四三）の水害で民衆が苦しんでいることを知りながら、平然と酒盃を傾けている。

ひるがえって十五世紀の日本列島といえば、飢饉と戦争の世紀であった（峰岸純夫 二〇一一、藤木久志 二〇一八）。飢饉では応永の大飢饉（一四二〇—二一年）、長禄・寛正の飢饉（一四六〇—六一年）、戦争では応永の乱（一三九九年）後の大内義弘後継者争い、正長の徳政一揆（一四二八—二九年）、永享年間（一四二九—四一）の関東・大和・九州での戦乱、嘉吉の変と徳政一揆（一四四一年）、そして応仁・文明の乱（一四六七—七七年）と頻発した。先に確認した守護在京制・室町期荘園制を前提とする京都を中核とする求心的流通構造において、飢饉の際には京都への米の流通は滞って米価は高騰する一方、地方の飢民が食を求めて京都に流入し食糧不足に拍車をかけた（清水克行 二〇〇八）。戦乱では戦地における民衆への直接的被害に加え、軍勢による兵粮米確保すなわち強制徴発・略奪がこれまた食糧不足・米価高騰につながった。飢饉・戦乱が米の需給関係に絶大な影響を及ぼす状況にあって、幕府は土倉酒屋役の徴収に手を緩めるどころか、さらなる負担を課しながら（脇田晴子 一九七九）、かといって遊蕩に歯止めをかけるでもない。

必定、そのしわ寄せは社会的・経済的に弱い立場にある都市民や地方の農民に及ぶ。東福寺の禅僧雲泉太極は、長禄・寛正の飢饉のさなかに花見帰りで路上に嘔吐する武士たちを目にし、「ああ、かかる人、飽食暖衣爛酔狂歌して凍餒（寒さに苦しむことと食料の乏しいこと）の我より出るを知らず、ただ逸楽をもって意となすは何ぞや、（中略）今日看花の嬉、後世喪家の飢か、もって悲しむべきなり」（『碧山日録』）と憤懣やるかたないが、彼らにその道理が通用するとも思えない。飢饉・戦争・疫病のために生存率が低かった中世において（井原今朝男 二〇〇九）、支配者層は刹那的に現実社会の苦しみを忘れ、富裕を謳歌できる遊蕩に耽溺した。彼らが目を背けた現実は、飢饉や戦乱に苦しむ多くの民衆の存在であり、彼らが浸った遊蕩は、民衆の日々の営みによって支えられていた。

室町期京都における酒

室町期の社会は戦乱・飢饉・一揆といった不安定要素をはらみつつ、幕府の首班・室町殿を中核に公家・武家・寺社が首都・京都に結集し、支配者層として君臨した。その経済・社会システムである荘園制は、十四世紀の南北朝内乱を経て再編され、京都を中核とする物流構造を生み出し、酒となる米と肴となる美物や旬の食材を集めた。酒は荘園制において請負代官として年貢の徴収・管理業務を担う土倉が、年貢米の運用法のうちで換金率の高い商品として生産した。土倉・酒屋は幕府の恒常的財源として最も主要な土倉酒屋役を負担したばかりか、その徴収を担い、財政運営をも請け負った。美物や旬の食材は、京都に集住する守護が領国から供給し、やがて特産品として認知されるようになる。

酒宴の場では公武・聖俗の別を問わず、文化的要素も含めた交流の輪が広がり、人間関係構築の一助となった。とりわけ、ときに生殺与奪にまで及ぶ苛烈な賞罰を断行する室町殿との関係性は、人々の政治的浮沈に直結するものであった。室町期の権力構造は、室町殿（足利将軍家家長）と治天の君（王家家長である院・天皇）とが共同統治する公武統一政権と呼ばれ（富田正弘 一九八九）、公武両社会に君臨する室町殿は公家・武家双方の所領・所職（役職とそれに付随する権益）を与奪する賞罰を行使することで求心力を保持していた（松永和浩 二〇一三）。「恐怖政治」は義教の専売特許ではなく、程度の差はあれ歴代室町殿に共通していた。したがって室町殿との関係性構築は死活問題であり、酒好きの室町殿とあって酒宴は恰好の機会であった。一方で、酒宴は室町殿との関係が破綻する契機ともなり、機嫌を損ねて政治的失脚や財産没収の憂き目に遭った人々は枚挙に暇がない。逆に酒宴に誘い出され、「犬死」を遂げる室町殿もいた。また家督相続や政治問題に関して立場や意見の微妙な相違をも、酒宴が覆い隠すことは少なくなかっただろう。京都という濃密な空間のなかで、支配者層の人間関係を大きく左右する場として、酒宴は機能したといえよう。

しかし長禄・寛正の飢饉、応仁・文明の乱で京都が荒廃し、民衆が疲弊するなか、それを一顧だにせず遊蕩を繰り返す支配者層からは人心が次第に離れて行った（『応仁記』）。求心力が失われた室町殿の酒宴に、かつての政治的意義を見出すことは困難となった。一方で、同乱後に領国を拠点にした守護や、各地で成長した戦国大名・国人の下に、所領経営が困難となった公家やさまざまな思惑を抱く勢力が結集し、室町殿を中心とする酒宴の場は相対化されていった。

日本酒史における室町期京都

日本の酒の歴史において、室町期京都は次の二点で画期的な役割を果たした。一つは室町幕府が都市依存型の財政構造を確立し、酒税たる土倉酒屋役をその中核に据えたことである。鎌倉末期に公家政権が商業課税を模索するなかで税源として見出された酒は、室町期には旺盛な消費と表裏一体で幕府財源としての重要度を増していった。酒造業に対し、江戸幕府は課税よりも食糧需給を優先したが、近代国家は酒税を地租と並ぶ主要財源と位置づけ「富国強兵」実現の手段とした。税源が多様化した現代にあっては、酒税は税収のわずか一％に過ぎないが、嗜好品ゆえ「取りやすい」税源として増税の対象にたびたび浮上する。国家にとって有用な税源として、日本列島においてその存在意義を確立したのが十五世紀といえよう。

そしてもう一つは、やはり現代の清酒製造の基本的技術が確立された点にある。その内容は繰り返さないが、より重要なのは開発された技術が日本列島全域に行き渡る素地を用意したことにあると考える。応仁・文明の乱は外部への酒屋の流出をもたらしたと推測される。それは技術そのものの流出であり、空きが出た京都市場を狙った周辺地域の成長を促すこととなる。これにより南都諸白や摂津酒が伸張した。また戦国期には地域に根ざした権力のもとで新たな地域経済圏が形成され、加賀酒・江川酒（伊豆）といった地方の銘酒も誕生した。近世になると南都諸白の系譜を引く伊丹・池田をはじめとする上方の銘醸地が江戸市場を席巻し、換金手段として酒造業を手がける各地の地主は上方の技術を欲し切磋琢磨した。とりわけ税源として酒造業に着目する近代国家では、大蔵省醸造試験所や各地の税務監督局が酒蔵を技術指導し、品評会の開催により品質向上を競わせた。大正・昭和期に品評会で入賞を果たした秋田・広島・熊本などの酒蔵から吟醸酒づくりが広がり、昭和四十年（一九六五）代からの地酒ブームの素地となった。近年では各地で個性的な酒造りを行う酒蔵が競い合い、和食ブームも相まって日本酒が「ライスワイン」として海外での消費を伸ばしている。その基点こそが室町期だといっても、過言ではなかろう。そして、その画期をもたらしたのが、「酒浸り」の室町幕府であったことは言うまでもない。

コラム2　伏見宮家の一年と酒

「一月は正月で酒が飲めるぞ……二月は豆まきで酒が飲めるぞ……」とは、「日本全国酒飲み音頭」（一九七九年）の一節。何かにかこつけて飲もうとする酒飲み心理を代弁した、浸透圧の高い歌である。伏見宮貞成親王とその周囲の酒飲みたちも、年中行事や季節の移ろいのなかで酒を存分に楽しんでいた（以下、出典は『看聞日記』で、日付の表記は当時の太陰暦のままとしている。厳密ではないが、太陰暦からおよそ一月～一月半進めると、現行の太陽暦に換算できる）。

正月は元旦に始まり、五日には室町殿からの贈り物が足利義教より恒例化し、永享六年（一四三四）には「毎年佳例」と称されるようになった。十一日には崇光院以来の慣例として、家臣から樽が献上された。毎年のように終日の酒宴となり、皆が乱舞する盛り上がりようで、家中の結束に一役買ったと思われる。兄治仁は前当主だった父栄仁の喪中に当たる応永二十四年（一四一七）には酒盛を自重していたが、伏見荘政所の小川禅啓が初めて酒を献上するとあって二、三献に及ぶなど、宮家にとっては重要な行事であった。年始に女房が主催する節養も、相当な盛り上がりをみせた。応永二十八年には「盃酌数献の間、音曲乱舞例のごとし、局女・老尼殊に乱舞、逸興なり」と、老尼も含めた女性たちが乱舞するほどであった。また光台寺での風呂始があり、同寺の坊主が一献を用意し、浴室で飲酒することもあった。

正月から二月にかけては年始野遊びと法安寺御幸が催された。年始野遊びでは「御所旧跡」（父祖の崇光・栄仁時代の伏見御所跡）や指月・月見岡などの伏見周辺や石清水八幡宮を遊覧して、訪問先や帰宅後に酒宴を開いた。永享六年には指月からの帰路に行蔵庵に招かれ、「面々酔狂」となった。法安寺御幸は崇光院の旧儀を応永二十六年から復活させたもので、同寺から饗応を受けた。しかし寺側は過重な負担からか応永三十一年に今後の停止を申し出たが、貞成としては不本意で、永享三年には「例年の佳例」とあるとおり継続したようだ。

二月には御所の庭梅や室内の立花、伏見近隣の寺院で、梅の花を賞翫しながら酒を楽しんだ。梅を愛でる風習は中国由来で、近世の国学者本居宣長が「ただ花といひて桜のことにするは、古今集のころまでは聞こえぬことなり」（『玉勝間』）と述べるよう、平安期には「花といえば桜」という等式が成立してくるものの、室町期にも梅で花見を行う趣向は健在であった。梅見で際立つのは女性の存在で、「かれこれ大飲、乱舞に及ぶと云々、女中もってのほか沈酔」と、酔い方は男性に負けていない。

三月から四月にかけては大光明寺の花、庭田邸の遅桜、山躑躅および庭前躑躅、四月から五月には薔薇が賞翫され、ここでも酒は欠かせなかった。躑躅や薔薇の下に榼を置いて賞翫することもしばしばで、花と酒とは分かちがたく結びついていた。

六月から七月には納涼のための船遊で船中に酒席が用意され、魚をその場でさばいて賞味する

図50　御香宮神社

こともあった。夏の京都の風物詩祇園祭は中世では祇園会と呼ばれ、祭礼の初日六月七日と最終日の十四日に、宮家では祇園会内祭と称した酒宴が行われた。七月七日の七夕には節供、七日と翌日には法楽連歌が挙行された。節供に酒はつきものであり、連歌でも一献が供された。七月上旬には花賞翫という儀式も行われた。これは家臣が「一人一瓶」の花を持参し、数日間供覧するもので、期間中は連日の酒盛となった。

八月朔日に贈答を交わす八朔では、伏見宮家は当初より天皇・院・室町殿との応酬があり、贈答品の酒と肴は各自で消費された。八月十五日の十五夜と九月十三日の十三夜では、月見をしながら連歌や和歌に興じ、一献を傾けるのが恒例であった。九月九日は重陽の節供であり、伏見荘鎮守の御香宮の祭礼の日でもあった。祭礼の見物先となった家臣の田向邸や庭田邸において、節供も兼ねてであろうか、酒宴が行われている。

九月から十一月は紅葉の季節となり、伏見の退蔵庵・蔵光庵・即成院で紅葉狩りと酒宴が催された。永享七年に京都へ移住した後は適当なスポットが見付けられなかったのか、紅葉狩りの記事はみられない。

十一月から十二月には例年、初雪が降り、それを名目に飲んだ。雪景色はやはり興趣を誘ったようで、早朝から始まることも珍しくなかった。現代人にとって酒宴の締めくくりは忘年会となるが、永享五年の一度だけ「歳忘れ」という記述が登場する。月次連歌の後に酒盛で乱舞したことを「歳忘れなり」と記していて、年末のどんちゃん騒ぎを正当化する、忘年会にも通ずる心性が看取される。そう、冒頭で紹介した歌はこうだ。「十二月はドサクサで酒が飲めるぞ」。

コラム3　麴づくりと「酒屋交名」

古代より米を原料としてきた日本の酒づくりでは、米に含まれるデンプンを糖に分解し（糖化）、さらに糖をアルコールに分解する（発酵）、二段階の化学変化が起こっている。糖化は原初的には唾液によって行われ、巫女が米を嚙んで水と混ぜて発酵させる「口かみ酒」（『大隅国風土記』）が「醸（かも）す」や「杜氏（とうじ）」の語源となった。この役割は消化酵素を持つ麴菌（こうじきん）を含んだ種麴が担うようになるが、中国大陸・朝鮮半島では固形の「餅麴（もち）」を使用するのに対し、日本列島では蒸した米を粒のままでカビを生やす粉末状の「散麴（ばら）」を用いる点に、日本の酒造技術の独自性を見出す見解もある（秋山裕一 一九九四、坂口謹一郎 二〇〇七）。

室町期における麴製造について、北野麴座の存在が古くから知られていた（小野晃嗣 一九八一）。北野社に西京神人として所属する北野麴座は、幕府から専売を認められた特権集団であった。応永二十六年（一四一九）、幕府は西京神人以外が麴室を構えることを禁止し、五十二軒の酒屋から麴製造停止の請文（承諾書）提出があった。ある酒屋では麴室を幕府の使者が破壊する強行に及び、再建すれば周辺住民が報告する約束が取り付けられた（北野天満宮文書）。左京五条三坊九町跡からは常滑焼甕の底部が割れた状態で見つかっており、幕府使者による破壊の痕跡ともいわれている。つまりは製麴において、北野社西京神人が幕府から専売を認められ、しかもそれは実効性をともなうものであったのである。

同三十三年には麴専売化によって近江の米価が暴落したことに窮した坂本（大津市）の馬借が、北野社松梅院禅能の坊舎を破壊する計画を企てる事件が起こった（『兼宣公記』）。馬借が蜂起した背景として、麴専売化にともなう酒造コストの上昇が考えられる。麴専売化によって、酒屋はコストを自ら吸収するか、販売価格に転嫁するか、あるいはコスト削減に努力して供給を維持するか、さもなくば減産・廃業するかしかなかったであろう。結果的には減産（脇田晴子 一九七七）や、原料米を買い叩くことにより製造コストを抑制する方向が主流だったようで、しわ寄せは輸送業者の馬借に及んだと考えられる。

実はこの前年に作成されたのが、室町期京都の酒屋をリストアップした「酒屋交名」で、同年に追記され計三百四十二軒を数えている。「酒屋交名」が前述の請文とともに北野社に伝来したことを考慮すると、ここに記載された酒屋は、麴を自家製造せずに西京神人から調達することに同意したものと、北野社から把握されたことを意味している。それが洛中洛外三百四十二軒に及ぶことは、それだけ酒造りへの圧迫が強まり、馬借の蜂起計画へとつながったといえよう（清水克行 二〇〇四a）。

そもそも麴の専売化は、将軍家御師（将軍家護持を祈禱する僧）を務める北野社松梅院禅能の要求を、足利義持が縁故から認めたものである。そのため馬借は義持が没した正長元年（一四二八）、「徳政（もののもどり）」すなわち専売化の廃止を要求して蜂起し、それが最初の徳政一揆（正長の徳政一揆）へと展開したのであった（清水克行 二〇〇四a）。

文安元年（一四四四）には麴の専売をめぐり、文安の麴騒動と呼ばれる事件が発生した。麴製造の権利を獲得しようとする酒屋が比叡山西塔に援助を依頼し、西塔の衆徒が釈迦堂に閉籠する嗷訴に及び、西京神人も北野社中に「千日籠」と称し閉籠した。管領の畠山持国が北野社の閉籠神人を召し捕らえたところ、神人が自焼して西京が焼亡する結果となった。これによりようやく酒屋に麴づくりが認められ、酒づくりの自由が取り戻された。しかしそれも束の間、四半世紀後には応仁・文明の乱（一四六七―七七年）に見舞われ、京都酒造業界は没落の道へ転落してしまうのである。

コラム4　室町将軍の血と酒

前近代日本は血統が重んじられる社会であり、天皇は言わずもがな、将軍にも貴種性が求められた。足利尊氏が武家政権を再建できたのも、源頼朝と同じ清和源氏の血統と、それに基づく鎌倉幕府内での位置づけを前提に、武家社会側からの要請があってのことである。足利将軍家は血筋のせいか、個性的な人物が輩出した。尊氏（初代）は「躁鬱病」（双極性障害）ともいわれ、孫の義満（三代）とその子義持（四代）の気質は陽と陰の好対照をなし、弟の義教（六代）の「恐怖政治」は神経質さをうかがわせる。精神面の遺伝的影響を明らかにする術を筆者は持ち合わせていないが、足利将軍家の遺伝子の特質についてきわめて高い確率で推定できることがある。それはアルコールの消化酵素を有す、すなわち酒に強いということである。

室町期の公家日記を通覧すると、公家社会の酒宴における酒量は将軍家の参加の有無によって大きく左右されることが明らかとなる。将軍不在であれば一、二献、多くて五、六献で収まるところ、参加するとなると十献前後に及ぶことは珍しくなかった。当時、少なくとも公家社会においては、将軍家は酒飲みであり、酒宴の際には十分な酒量が確保されるべきことが了解事項であったようだ。

当然ながら、将軍個々人の酒にまつわる逸話も「酒豪伝説」と呼ぶに相応しい。尊氏の息子義詮（二代）は晩年「夜昼ヲイハズ淫乱ヲノミ事トシテ美酒ヲ甘ジ遊宴ヲ専トシ天下ノ政道ヲバ露バカリモ聞玉ハズ」（「細川頼之記」）という有様で、その子義満は公家社会に進出して天皇・院や公武の近臣とたびたび酒席をともにした。義満の孫義量（五代）は影が薄い存在だが、それもそのはず満十七歳の若さで逝去しており、死因の「内損」（内臓機能障害）は飲み過ぎによるものと解釈されてきた。その前提に、死去する四年前、父の義持が近臣に対し、義量に酒を勧めること、許可なく酒を持ち込むことを禁止したことがあった（「花営三代記」）。早世と酒との因果関係は措くとしても、義量がそれなりの酒飲みであったことは否定できない。

　義教は将軍「犬死」と貞成が表現した惨めな最期を遂げたが（『看聞日記』）、その嘉吉の変の舞台は酒宴の場であった。播磨国守護の赤松満祐から自邸に招かれた義教は、二、三献飲みながら猿楽を見物中、ざわめきを耳にした近臣の正親町三条実雅が「雷鳴か」とつぶやいた矢先、なだれ込んできた討手に弑逆された。「犬死」は苛烈な処分を頻発した「恐怖政治」の当然の報いと受け取られたが、「恐怖政治」発現の舞台もまた、酒宴であることが少なくなかった。永享三年（一四三一）に室町殿の上御所の上棟が挙行された祝宴で、義教はお酌に機嫌を損ね、女中四、五人を追放した。同七年の舞御覧では、義教の御前での一献に祗候することを命じられた公家の三条公冬が飲み過ぎのため出仕できなくなると、義教は激怒して朝廷も含めて出仕停止とし、加えて息子の実量に絶縁を強要し、大規模所領一ヵ所を没収した。一方で同十年の禁裏舞御覧では

「数十献、室町殿快然極まりなし」と上機嫌で盃を重ねており、酔うとますます感情の起伏が激しくなる性格だったのだろう。

子息の義政（八代）は応仁・文明の乱の当事者の一人でありながら、「常ノ御気色ニテ御酒宴ニテ御座有ケル」（『応仁記』）と乱中も酒宴に耽ったというが、軍記物が伝えるエピソードだけに真偽は定かではない。だが文明十三年（一四八一）には、乱により烏有に帰し再建された新内裏に妻の日野富子とともに参内して十三献を飲み干し、「公武ともに快然」（『蟬冕魚同』）と、後花園天皇と喜びをともにしている。義政の権力者としての責任感を論じることは避けるが、やはり酒好きだったことは間違いなさそうである。義政の後継者となった実子の義尚も「平生一向に御食事なく、ただ水と酒、御淫乱ばかりなり」（『宣胤卿記』）という、退廃的な生活を送っている。

そんななかで異彩を放つのが、禁酒に注力した四代義持である。応永二十六年（一四一九）には五山禅院の建仁寺・相国寺への酒の持ち込みを、翌年の法幢寺落慶供養では同寺周辺の嵯峨一帯での飲酒を、三ヵ月後には「禅律飲酒」を禁止した（室町幕府追加法一五四、『看聞日記』）。第八章冒頭で紹介した鎌倉幕府の沽酒禁制は食糧需給策だったが、義持の禁酒令は応永の大飢饉より一年先行しており、食糧問題を契機としたものではない。飢饉対策としては別途、乞食・非人へ施行（水野智之 二〇一三）、「八朔」（贈答）禁止がとられており、また禁酒自体も不徹底に終わっている。義持は禅僧に対する憧れが強く、この禁酒令は禅宗的禁欲主義という自らの理想を押しつけたに過ぎない（清水克行 二〇〇四a、芳澤元 二〇一八）。むしろ義持本人は例に漏れず大酒飲みで、応永二十三年に三宝院満済が歳末の御礼に義持を訪ねたところ「御二日酔気」のため寝所での対面となったり（『満済准后日記』）、義持が参加予定だった同三十二年の仙洞での御遊が終日の飲酒により延引となっている（『看聞日記』）。もしかすると酒に負ける自堕落な自分への嫌悪感が、禅的生活への憧憬をいっそう強くさせたのかもしれない。やはり血は争えない。

コラム5　宮廷と宮家の酒宴・酒乱

足利将軍家の酒豪ぶりは先のコラムで述べたが、天皇家、室町期にあっては北朝の血筋も、なかなかの酒好きである。北朝第三代崇光天皇の孫で、本書第八章の主役である伏見宮貞成親王は、酒への飽くなき執着の持ち主であった。せっかくの雪景色にも雪見がなかったり、貴人の不幸により花見を自粛に追い込まれたり、酒宴に呼ばれなかったことに対し、「無念」さを吐露して憚らない。花賞翫の最中に腹痛のため前後不覚に陥った際には、蘇合丸という薬を服用して回復すると再び飲み始めて数献に達したり、沈酔していたところを頻りに酒席に誘われて抱えられながら参加したこともあった。女中が梅見に出て暇を持て余していた際には、帰ってきた女中の酒盛に同座して興を催し、七十歳当時に若者の興遊に誘われると暁まで酒盛・乱舞した。事情により延期となった酒宴が開催されたときは、憂さを晴らすかのように深更まで飲んだ。

女中の遊山の隙に飲酒し、酒宴を企てるも早々に帰宅したため未遂に終わったこともあった。

貞成の酒好きさ加減と同時に、飲酒に対する何かしらの後ろめたさが読み取れる。後ろめたさの背景に、聖俗の境目がきわめて曖昧だった中世社会における、禁酒という仏教の戒律の存在があった。俗人でも戒律を守る生活を実践する持斎において、貞成はしばしば酒の誘惑に屈している。出家後も、断酒中に周囲にそそのかされて飲み、二日酔いのために「看経」（読経）の勤めを怠ったこともあった。貞成の兄治仁も、宮家の当主となったころは先代の栄仁の服喪で自重していたが、正月の参賀に来た世尊寺行豊と盃を重ね「沈酔無極」に陥っている。次男の貞常は七歳にして酒宴を主催し、その片鱗を覗かせている。


皇位を継承した崇光の弟後光厳の子孫も、酒に関して負けてはいない。後光厳の孫後小松天皇は永享四年（一四三二）の乞巧奠（七夕に行われる儒教祭祀）が雨のため中門下での挙行となり、その後の連歌が中止となった際、近臣とただただ飲んで暇をつぶしたという。後小松の二人の息子、称光天皇と小川宮は、酒乱の一言では片付けられないほどの酒癖の悪さであった。貞成の寵臣慈光寺持経はもともと蔵人で称光に仕えており、ある晩に内裏で飲み過ぎ、同輩とつかみ合いの喧嘩の末に冠を落とされ逐電したという。しかし真相は、称光が酔って持経を「切諫」（折檻）したために飛び出したとのことであった。またある晩、正親町三条実雅が内裏へ一献を進めたところ、同座した女房の日野有光女（光子）が酔って退座した。それを心配してか実雅が臥せっていた光子を訪ねたところ、称光は「狼藉」と称して実雅を勅勘し籠居させた。

小川宮は応永二十七年（一四二〇）正月三日、酔狂により何と実の妹である御喝食御所を蹂躙し、周囲から取り押さえられる事件を起こしている。また称光が愛翫する羊を所望して撲殺するなど、奇行が目立つ人物でもあった。そういえば彼らの異母兄弟の一休宗純は奇行・酒乱・好色を憚らない傑僧であったが、その言動は権威主義に対する強烈な反骨精神に由来するものであり、同列に論じるには躊躇される。

こう書くと称光・小川宮兄弟のみが異常な個性の持ち主のようにも思えるが、当時の公家社会の猥雑な空気も少なからず影響したと考えられる。禁裏や仙洞に祗候する公家と女房との密通事件は枚挙に暇がなく、酒との関係でいえば、応永三十一年に院御所女房の大納言典侍（甘露寺兼長女）が懐妊に至った密通事件は興味深い。第一容疑者の伊勢国守護土岐持頼が通じていたのは台所別当という別の女性であったが、大納言典侍が複数の近習の公家と関係を持っていたことが発覚した。犯人捜しに躍起となった足利義持は、院のみならず禁裏の小番衆や楽人等にまで、老若問わず潔白を誓う起請文を提出させた。さらには院御所において毎晩酒宴を開き、疑わしい者を酔わせて尻尾をつかみ、罪科に処す魂胆であった。結局、犯人の橘知興は事が露顕して髻を切り逐電したが、義持の酒の強さに対する自信のほどがうかがえる。

九　北山・室町文化論

1　文化史研究の現状と課題

文化史区分の見直し

室町時代の文化は、長きにわたり、戦前に提起された北山文化・東山文化という枠組みで論じられてきた。しかし、一九七〇年代以降、両者の中間に位置する、足利義持（あしかがよしもち）・義教（よしのり）の時代の文化史的意義が重視され、従来の文化史区分を見直す動きは着実に進められてきている。たとえば、末柄豊は戦前から九〇年代までに進められた室町時代の文化史研究をまとめるなかで、「近年では室町時代の文化を叙述する際、室町文化という呼称を前面に押し出す場合が多く、北山文化と東山文化ということばの用いられていることは少なくなっている」と研究の現状について簡潔に述べている（末柄豊 二〇〇三）。

現状がこのようである一方で十四世紀から十五世紀の文化をすべて室町文化と一括して論じられるかといえば、それもまた疑問である。というのも、強い大陸文化への憧憬と、金閣（きんかく）や一〇〇メートルを超える高層建築であった相国寺（しょうこくじ）大塔（だいとう）・北山大塔の建築に象徴される、巨大で奇抜な足利義満（よしみつ）の時代の文化的傾向は、やはり突出した存在感を示しており（早島大祐 二〇一〇）、それを室町文化一般としてひとくくりにして議論するには違和感を覚えてしまうからである。

そのほかにも、外壁を金銀で装飾した金閣、相国寺八講堂といった建築物の造営や（冨島義幸 二〇〇四）、周囲の人間に時間厳守の徹底や服装の新調を強制した義満の文化的嗜好までもふまえると（早島大祐 二〇一六）、北山文化の文化史的に屹立した点は明らかであり、義満の時代の文化を論じるにあたっては、一旦、自覚的に室町文化の文脈からは切り離して議論したほうがよいのではないだろうか。

一方で、義満以後の文化が大陸文化への憧憬は残しつつも、「第二の国風文化」ともいうべき先例・故実を重視する姿勢へと転換していたこともまた周知の通りである（早島大祐 二〇一〇）。これこそが室町文化としての一般的なイメージに合致するのではないだろうか。

そしてこのようにとらえると、今度はいわゆる東山文化というものが、北山文化の突出した要素が平準化する流れの中に埋没してしまい、文化史研究上の独自性を失うことになる。

北山文化の定義し難い存在感とは対照的に、東山文化という枠組みは、末柄の指摘にあるように、やはり研究史的には役割を終えているとするのが妥当だろう。

だとすれば、この時期の文化を研究するにあたり、課題となるのは以下に挙げる三つの点になるだろう。

第一に大陸趣味が横溢し、大規模で奇抜な北山文化の再評価、第二にそこから、伝統的で保守的な、ポスト北山文化としての室町文化への変容過程を追究する作業、第三に東山文化という枠組みを外した後の足利義政の時期の文化に対する再評価である。

一点目の義満の時代の文化については、すでに論じたことがあるので（早島大祐 二〇一〇など）、残る二つの点を中心に本章では検討を加えることにする。なお、室町文化という場合、中世後期の文化全般を指すことが多いが、本章では、北山文化と室町文化を対置した上で、前者から後者の変容過程を明らかにする目的があるために、室町文化という用語を、北山文化以降の文化という狭義の意味で用いる。

政治史・財政史研究の影響

実は右に示したような文化史の把握の仕方は、一九九〇年代以降に進んだ、室町幕府の政治史研究と財政史研究の影響を強く受けている。

すなわち、政治史研究では義満の北山殿権力と、朝廷との協調を政策基調とした、義満以降の室町殿権力という権力論との関連性を意識し、さらに財政史研究においては、義満期終盤における日明貿易の巨額な利益と、その後の土倉酒屋役と在京守護役を柱とする相対的に縮小した財政という、文化発展の重要な基盤である幕府の財政規模の変質を念頭において議論を進めたいのである。

つまり政治権力論と幕府財政論という政治・経済史研究と密接に関連づけて、十四～十五世紀の文化史を論じることが可能になるわけである。この作業を通じて、ときに自己完結的であった文化史研究の研究史上の基盤は強固なものになり、室町時代史の全体像もさらに豊かに描くことができるはずである。

そして分析手法としては、従来の文化史研究で定石であった美術工芸品に着目するのではなく、文化の担い手である人に注目して、論を展開していきたい。

パトロンと職人

文化の担い手としての人としては、次の二つの階層を想定している。

一つは文化のパトロンであり、資金の拠出者である。すなわち、資本がどのようなかたちで文化的に投下されるのかという観点から文化の問題に接近したい。文化の担い手でもあり、享受者でもある資本主がどのように文化を消費したのか。そしてその行為は社会のどの部分に影響を与えたのだろうか。これらの点が、本章の考察の大きな論点となる。

もう一つが、美術工芸品を制作した職人である。従来の文化史研究の主流であった美術工芸品などの作品論は現代までに残されたものを、美術史的観点から位置づける作業である。しかし、当然ながら、衣料に代表される文化史的に重要だが残りにくいものや、また参詣、花見・観葉といった遊興など広義の意味での文化的な営為が基本的に視野にいれられないという短所も有している。

本章ではこの点に注目したいわけだが、では、残されなかったものを、どのように研究対象とするのか。その分析方法の一つは、資金の流れを追うことである。破損や消耗などにより失われた作品の場合、発注から制作までを、そして参詣や遊興といった文化的な営為などの場合、企画から実行までの資金を中心とした流れを追うことで、作品論では見えなかった文化史のもう一つの側面が見えてくる。そしてその作業を通じてうきぼりになってくるのは、発注・企画者であるパトロンと、作品の制作者である職人の存在である。

以上の観点をもとにして、足利義満の時代から話をはじめることにしよう。

2　足利義満期の文化——職人の再生

大規模造営と文化

足利義満期の文化的特徴として、まず挙げるべきは、大規模造営事業の推進である。義満自身の居宅であった室町第(むろまちてい)の造営はいうに及ばず、相国寺や相国寺大塔、そして金閣、北山大塔も含んだ北山第の建築が相次いで行われ、さらには南北朝動乱の混乱も背景に、半世紀以上も荒廃していた畿内(きない)の寺社の再建も義満は後押ししていた。武家邸宅の建築や寺社の再建が相次ぎ、院政期以来の第二の大規模造営時代が到来していたのである。

では造営のお金は具体的にはどのように使われたのか。この問題に関連しては、義満の時期に行われた興福寺(こうふくじ)再建事業に関する史料が残されている。

詳細はすでに論じているので概要のみを記すと、興福寺金堂(こんどう)をはじめとする再建事業の内訳として仏像の修復で約三三五四貫文、三億円相当、建物の造営で約八三五〇貫文、八億円相当額が計上されている。ここに資材費が含まれているにせよ、あわせて一一億円規模の資金が投入されていたのである（早島大祐 二〇一六）。

そしてこの事業では、建物などのハード面だけではなく、仏師(ぶっし)、大工(だいく)、左官(さかん)といった職人の事業雇用も喚起・促進していた。

その費用は具体的には「杣人賃　六七八貫文余　諸方召夫賃　六六六貫文余」と計上されており、合計一三四四貫文余りと約一億三〇〇〇万円相当の金額であったことがわかる。これらの人材は基本的に大和国や南山城といった、興福寺から近い現地から調達されたと考えられる。

これに加えて、衣料品などの特定の物品は京都からも仕入れられていた。具体的には僧侶の袈裟費用などとして二九二貫文、舞装束費用として四四〇貫文が計上されているが、これらの衣料品が作成されたのが奈良ではなく京都であった。

なぜこのことがわかるかといえば、雑費として分類された項目のなかに装束あつらえのための京都への夫賃が計上されており、奈良の興福寺から京まで衣装をとりにいったことが判明するからである。奈良であっても、衣装などの品物を調達するには京都まで出なければならなかった。先に第一章で棟別銭賦課規模の観点から、京都と奈良の間には七〇倍もの開きが存在していたことを指摘したが、技術力の面でも、それに見合った格差が存在していたといえるのである。

先行して行われた義満主導の熊野速玉社再建事業でも、神社に奉納された御神宝も京都であつらえられたことが指摘されており、また日吉社参詣でも神宝や神社の雨覆など金具全般の修復を行ったのは、春日室町の左衛門五郎行増と五条坊門万里小路の道智という京の職人だった。また、このときの社参の際には、義満の新装衣料好みという嗜好を忖度して、延暦寺の構成員である三千大衆たちの衣装が新調されており、これも主に京都であつらえられた可能性が高いだろう。

以上の点も参照すると、やはり工芸品・服飾制作の全般において、京都の職人の卓越性は揺るがなかったといえる。義満による寺社再興事業は、地方においては、荘園制の再建と大工などの職人を中心とする雇用を喚起し、都においては、商工業の特需をもたらしたと結論づけられるだろう。そして日明貿易の莫大な利益を得た義満により、さらに規模を拡大して進められた北山第造営事業などと相まって、南北朝の動乱により疲弊した京都の経済と文化を立て直す大きなきっかけになったと考えられるのである。

しかし、ここには一つの謎もまた残されている。南北朝動乱は京都も舞台の一つとして繰り広げられた戦争であり、卓越した技術を有していた京都の職人たちも、そこから自由ではなかったはずだからである。

では、この時期の京の職人たちはどのように活動していたのだろうか。以下では南北朝の動乱下における職人たちの行方を辿っていきたい。

職人たちの行方

現在の京都駅の近く、京都の七条町・八条院町界隈は銅細工・鋳物師（いもじ）・箔屋（はくや）などが住む金属加工業者の町だったことが、発掘調査などを通じて知られている。

ただし、もちろんのことながら、中世の全時代を通じて、彼らが安定した経営を展開していたわけではない。たとえば、文和四年（一三五五）に足利尊氏（あしかがたかうじ）が足利直冬（ただふゆ）を攻めた東寺（とうじ）合戦の際に職人たちの一部がこの地を去ったことが、近年の研究で明らかにされた（村木二郎 二〇一八）。

室町時代の文化を考えるうえで、彼らのような技術職人の消長は大きな問題となるわけだが、では、彼らはどこへいったのだろうか。

もちろん職人たちはそのまま消滅したわけはなく、居をかえて暮らしていただろうが、重要なのは仕事である。戦乱により経営の苦境に陥っていた彼らの生計を支えたであろう、大きな事業が動乱ののちに控えていた。

それが義満が進めた大規模造営事業である。永徳二年（一三八二）に相国寺の造営が開始され、明徳元年（一三九〇）には、南面の壁に金、床に銀を貼った、金閣のプロトタイプというべき意匠を施された相国寺八講堂が完成している。

その後も相国寺大塔や金閣の造営といった、さまざまな建築事業が控えていた。これらを指して、

図51　足利義満像　東京国立博物館所蔵，出典：ColBase（https://colbase.nich.go.jp）

六勝寺などの大規模寺院を建造した院政期に比肩する、第二の大規模造営時代と評したが、義満主導の大規模事業が、大工や金属加工業者などの職人の労働需要を喚起したことは間違いないだろう。義満の政治は、さまざまな事業・施策を五十年余の人生で一気にやりとげたこともあって、評価の振れ幅が大きいものである。

第一章で指摘したとおり、寺社領を安堵して、そこから費用をまかなわせるということを基本方針としたことは、荘園制再建の大きな契機となり、寺社の存続に寄与していた。一方、荘園の住人からすれば、荘園領主からの従来からの負担に、守護からの負担、それに義満の行動から発するさらなる負担が、体系だてられないまま、在地社会全体に求められていた。このような過剰な負担は、十五世紀に相次ぐ徳政一揆を生み出す歴史的前提となるという負の側面も有していたが（早島大祐 二〇一八a）、大工や職人といった室町文化の技術を担った人々を再生させ、活躍の場を与えたこともまた、確かなのである。そして再生した職人技術が義満以後の文化を支えたと考えられるが、ではそれはどのようなものだったのだろうか。以下では、二節にわたりこの点について論じていきたい。

3 足利義持・義教期の文化①――婆娑羅からの卒業

幕閣たちの教養

室町時代の大規模造営は、義満没後に終焉を迎えるが、その後の文化事業はどのように推移したのだろうか。

この問題に接近するにあたり、資金の流れから室町時代の文化を検討する本章の立場から重視したいのは、幕府財政との関連である。義満の後継者である足利義持以降の幕府財政は、土倉酒屋役と在京守護役を軸に再構成されており、このことはまた土倉や守護たちが資金を握り、文化のパトロンとなった可能性を示唆している。

そこでまず、在京守護役の拠出者で、守護としての役割も果たしつつ、在京して幕府政治も担った幕閣たちの文化的活動から確認していこう。

応永二十年（一四一三）正月十一日に義持の御前で武家の評定始が行われた（『満済准后日記』）。参加者は斯波義教、細川満元、畠山満家に近習を含めた十数名で、このうちの斯波と細川は、連歌師心敬から連歌の「大家」と評された文化人である。

これら錚々たる幕閣が集った年明け最初の閣議である評定始であるが、年始行事だけに基本的には儀礼的で形式的な集いであることが多かった。しかし、そのような場所で斯波義教は真言院を再建し、その費用として幕閣の大名が一人一〇〇貫文を供出するという、各人に負担を伴わせる、中身のある発言をしたわけである。

ここで議題にあがった真言院とは、内裏に設けられた建物であり、天皇の身体護持を祈願する重要な法会である後七日御修法が行われた場である。その重要性に鑑みて、この祭祀は、祭祀・儀礼の中止が相次いだ観応の擾乱期以降にも遂行が死守されていた。しかし、本来、それが行われるべき真言院は、実は文和二年（一三五三）に倒壊したままで、それ以降、かわりに紫宸殿で御修法が行われていた。このような半世紀以上に及ぶ正常ではない状況を踏まえて、今回、幕閣のあいだで再建が議論されたのである。

のちの永享四年（一四三二）正月に義教政権において「真言院は近来、仮屋」ということを理由に再び再建が動議されているから（『看聞日記』）、今回の再建もあくまで「仮屋」に止まるものであったようだが、真言院の再建が発議された理由を考えると、それは本来のあるべき姿を取り戻すことを目的にしていたことが想定できる。

そしてその再建が、朝廷や将軍から発議されたのではなく、幕閣から提案された点は重要である。幕府が草創期から助成していた祭祀を、本来のかたちに戻す動きが、将軍の個人的意向ではなく、幕閣も含めた幕府全体の総意、政策基調であったことがうかがえるからである。

このような幕閣たちの動向は、その他の事例からも裏付けられる。応永二十五年の後七日御修法では、土岐持益、京極持高、赤松義則といった幕閣と関東管領であった上杉憲基から各二十貫文、土倉の禅住坊から八十貫文を拠出するかたちで行われ、幕閣も含めた全員でこの祭祀が維持されていた（『大日本史料』七―二九、四一一頁）。

そのほかにも応永二十二年には山名時熙、斯波義教に大嘗会行幸に供奉人への資金供出も求めているから（『大日本史料』七―二三、一九頁）、朝廷の儀礼・祭祀に対して資金を提供するというのが、このときの義持政権の基調であったのである。

即位式への出資

即位式についても、幕閣が積極的に資金を提供している。

応永二十一年（一四一四）十二月十九日に称光天皇の即位式が行われた。そこで必要だった用途に関しては、現在、宮内庁書陵部が蔵する「即位調進物下行等」という記録から、ある程度までは復原することが可能であり、この記録を用いて支出の状況を見ると次の通りになる。

これによると、まず、伊勢神宮に即位した旨を報告する由奉幣と御方違行幸料として、二七一二貫六〇〇文が計上され、次に出席する院以下への助成金として、一〇三二貫八〇〇文、女房らの礼服といった即位調進物として三八五貫五〇〇文、即位装束などの費用として一一三三貫一〇〇文が挙げられている。さらに、砂金・銀・熊皮などの調度品の費用として八〇五貫七〇〇文が計上され、支出は合計で六〇六九貫七〇〇文にのぼっていた。現在の金額に換算すると、一貫文＝一〇万円として、実に六億円近い支出である。

それではこれだけの巨額の用途はどのようにして賄われたのだろうか。一つはやはり武家からの助成金であった。

由奉幣と方違行幸料のうち、一九二九貫六二〇文分は武家からの助成で賄われ、具体的には義持以下、管領細川満元、斯波義教、畠山満家、山名時熙、一色義範、京極持高、赤松義則、大内盛見、細川満久、細川頼重、山名氏之、山名熈高、細川基之、細川持有、上杉房方、土岐持益、畠山満慶、細川満俊、富樫満春、富樫満成といった面々により拠出されていた。

もう一つは朝廷の伝統的な財源からであり、残る一八一二貫文については段銭から支払われていた。

公武双方からの支出額はほとんど同じ配分となっているのである。

さらにそのほかの財源として、即位調進物については、関東の鎌倉府からの御訪として二〇〇貫文と天台座主から一〇〇貫文、さらには天皇家領である長講堂領巨勢荘から二〇貫文、和泉国国衙から五五貫文と合計三四五貫文が拠出されている。

残る即位装束料の一〇三三貫文余と砂金代などの八〇五貫文余については、どこから資金が捻出されたのかは明らかではない。ただし、即位調進物用途で不足していた四〇貫文に関して、装束六具分を省略し、それでも足りない場合は、成功を用いようかとの注記が右の記録に付されているから、このことをふまえると、朝廷からのこれ以上の出資は期待できなかったと見るべきだろう。おそらくは一部を省略しつつ、幕府が補塡した可能性が高いのではないだろうか。

以上が称光天皇即位式に関する資金の出入りであるが、ここから、管領以下の幕閣が用途を出資していたことがうかがえる。従来も幕府から御訪というかたちで助成が出されており、それは実質的には守護＝幕閣が負担していたとみられるが、有力守護以下の幕閣たちが目に見えるかたちで、朝廷儀礼に出資していた様子が確認できることが重要なのである。

幕閣たちの成熟

右の検討からは、天皇家や朝廷の儀礼・祭祀に対して、守護以下の幕閣が主体的に費用を分担していたことが明らかになったが、これは従来のあり方からすれば大きな変化だった。

義満の時代までには守護が資金を拠出するのは、将軍の邸宅造営など、武家の長に対するものであった。たとえば相国寺や北山第の創建にあたり、守護層が担うべき守護役として「一殿一閣」の造作を申し出ており、これは主従制的原理に基づく、いかにも武家らしい資金拠出のあり方だった。

しかし、真言院の再建が在京守護の提案で行われ、資金を提供した事実は、彼らからの資金拠出である守護役の対象が、足利家だけではなく、朝廷の祭祀・儀礼にまで拡大したことを意味している。もちろん、それ以前の幕府から朝廷への資金提供の元資も、実際には守護以下から提出されたものを基礎としていたわけだが、守護らが資金を拠出することを明記するかたちへと変化している点が重要であり、ここからは、守護たちの独自性と存在感がうかがえるのである。

では、なぜこのような変化が生まれたのだろうか。幕閣たちが存在感を示しはじめた要因としては、まず義持擁立が彼らの総意のもとで決定した事実から挙げるべきだろう。義満が晩年に寵愛した義嗣ではなく、義持が将軍に擁立された最大の要因には、幕閣層、とくに斯波義将の後押しがあった。義持が彼らを重用したのも、このときの経緯が大きく影響していたと考えられ、義持政権は発足当初から、在京守護ら幕閣の力によるところが大きかったために、幕閣たちが存在感を高めはじめたと見られるのである。

もう一つの要因が在京守護層の政治・文化力の拡大である。朝廷儀礼・祭祀を本来のあるべき姿に戻そうという守護たちの動きからは、儀礼・祭祀への理解の深まりがうかがえる。実は今回の称光天皇の即位式でも、貞和五年（一三四九）以来、絶えていた伊勢神宮への奉幣行幸が復活しており、その背景に幕府側の資金援助と儀式への理解があったことを読み取るのは容易である（『荒暦』応永二十一年十二月十三日条)。

このような理解の深まりの背景については、守護在京の定着という事実そのものが大きいが、関連して、高岸輝は、足利家の先祖追善目的で作成された『融通念仏縁起絵巻』の制作参加者の分析から、応永二十一年(一四一四)開版本には守護層の文化事業への関与が広範に見られることと、その動向が明徳二年(一三九一)開版本にまで遡る可能性の高いことを指摘している(高岸輝 二〇〇四)。この指摘も参考にすれば、義満期以降に進められた守護在京が定着する過程を通じて、彼らは都の水にもなじみ、守護層の政治・文化に対する理解が徐々に深まっていった様子がうかがえるのである。

以上のように遅くとも応永年間までには政治力も深めた、教養ある在京守護たちが誕生しており、その一端として朝廷の儀礼・祭祀に対する関心が高まっていた。その結果が、義持政権における守護らによる朝廷儀礼への出資につながったと考えられるのである。

中世後期の武士の風俗として、南北朝期に流行した婆娑羅の存在が知られている。しかし、その流行はいち早く終息していたこともまた周知のとおりである。その理由として戦争が終結したから、奇抜なファッションも好まれなくなった、というのも説明の一つであるが、ここまで指摘した事実をふまえれば、この説明だけではものたりないのも確かだろう。それよりも実態は次の通りではなかっただろうか。すなわち、首都京都の教養を身につけはじめた在京守護たちは、そのような奇抜なだけのファッションからは、いち早く卒業していた。婆娑羅が気がつけば見られなくなった事実もまた、彼らの文化的成熟度の反映であると結論づけられるのである。

4 足利義持・義教期の文化②——女房衆が経済をまわす

ここでは、室町幕府財政のもう一つの柱であった土倉酒屋役の恩恵を被った人々の文化的活動について取り上げる。

高橋殿の熊野参詣

土倉酒屋役を拠出したのが、土倉と酒屋などの商人であるから、彼らが文化の担い手であるように見える。もちろん彼らもまた室町文化の担い手であったであろうことは、十分に想定すべきではあるが、その活動の痕跡は驚くほど少ない。その一方で、彼ら以上に華々しく活躍したのが、土倉酒屋役を資金源にして、文化的な生活を享受した幕府の女房衆だった。そこで以下では、彼女たちの動向に注目して、この時期の文化について論じていきたい。

永享二年（一四三〇）には故足利義持室の日野栄子（ひのえいこ）の年中要脚（ようきゃく）が八〇〇〇貫文、さらに女中方全般の費用が一万一〇〇〇貫文にのぼり、その支出を担った「京中諸土倉」が周章した記事が見える。

この記事は、将軍家の奥向だけでも約二〇億円の負担を求められ、それに加えて幕府の公的支出も担っていた土倉たちの経営規模の大きさを物語る史料として知られてきた。しかしそこで見過ごされてきたのは、前将軍の未亡人を筆頭とした女房衆が、年間二〇億も何に使っていたかという消費内訳の問題である。

それでは、彼女たちは一体何にこれほど巨大な金額をつかったのだろうか。彼女たちの消費の実態を、直接、物語る史料はあまり多くはないが、女房衆の活動で目を引くのは、熊野詣（くまのもうで）に代表される参詣の多さである。とりわけ、足利義満愛妾で、続く義持政権で政治的な存在感をしめし、「権女」と呼ばれていた高橋殿の熊野参詣はよく知られている（松岡心平 二〇〇九）。

公称十三回にも及んだという彼女の参詣の具体的な様子は、同時代の古記録に断片的に記されるほか、応永三十四年（一四二七）、高橋殿最後の参詣の記録である『熊野詣日記』が残されている。十三回を「公称」としたのも、この日記にそのように記されるからであり、熊野参詣の集大成として、この日記が作成されたのである。

そこで女房衆たちの消費の一端を知るために、この日記を分析していくが、最後の参詣だけあって、おそらく最も贅を尽くしただろうこの参詣ではどのような費用がかかったのだろうか。

実は、滞在・宿泊費用は、原則的にはかかっていなかった。というのもそれは足利義持・高橋殿一行を迎える側が、接待というかたちで負担していたからである。

しかし、だからといって、足利義持・高橋殿一行が、ただで参詣を遂行していたことにはならない。当然ながら、饗応をうける立場の人間として、接待規模の数倍の返礼を用意していたからである。

このように、宿泊費も贈答行為のうちに含まれていたことを確認した上で、今回の最後の参詣で行われた贈答関係をまとめたものが表4である。

熊野参詣に出立する前後には見舞いに来た聖護院（しょうごいん）などと贈答品を交わし、出立後には、出迎えた現地の守護・守護代、御師（おし）らに提供された接待に対する返礼品を与えている。圧巻は参詣から帰洛した場面である。その場では行程の無事を祝してだろう、随行者全員に贈答品が贈られている。大盤振る舞いである。

このように、熊野参詣は、その信仰的意味とは別に、贈答品が飛び交う場でもあったわけだが、その金銭的な規模はどの程度のものだったのだろうか。

贈答を行った件数としては、義持が十九件で、女房衆が二十六件にのぼる。そのうち今回の参詣の主役だった高橋殿が十九件で義持と並ぶ件数である。

贈答品一覧の表を見てわかるように、贈答品として、交わされたのは、練貫、小袖などの衣料品がほとんどである。

それでは、これらの衣料品を調達するにあたり、どのくらい費用がかかったのだろうか。

ここで、参考にすべきなのが、十五世紀前半の物価を記した『諸芸才売買代物事』である。この史料には贈答品として頻繁に用いられた高級衣料である練貫の価格は次のように記されている。

一　ねりぬきの代

上の代　四貫五百　四百　中ハ三貫五百、下ハ二貫三百、四百、或ハ二百練貫大夫・性雲両人申

ここでは練貫が三つの等級に分類されており、価格帯は二貫二〇〇文から四貫五〇〇文と明記されている。一貫＝一〇万円相当と換算して、二二万から四五万円という価格帯になる。現代人の感覚としても、高級衣料品の価格として、まずは妥当な数字といえるのではないだろうか。この数字をもとに、おおよその価格が判明する衣料品を中心に、今回の参詣で取り交わされた贈答品の金額を見積も

贈　与　者	贈答品	数量	金額	小計
①高橋殿→聖護院 ②高橋殿→筑前・越前2名	盆・香合 織物＋練貫	 2	 3+4.5	 15
南御所，③高橋殿→摂津守護代奈良・一族奈良弥五郎・蓮池3名	小袖	3	3	9
④高橋殿→小高，斉藤2名	御服	2	3	6
⑤高橋殿→託宣巫女	千早			
⑥高橋殿→山伏「おのおの」（人数不詳）	むしかさの上の四つ手（装飾品）			
南御所→那智御師 両御所（南御所，今御所）→那智御師 ⑦高橋殿→那智御師	御経 小袖1 小袖＋染物	 1 1	 3 3	 3 3
両御所（南御所，今御所）→新宮御師 ⑧高橋殿→新宮御師 ⑨高橋殿→御師の子供 ⑩高橋殿→宮崎，御師の家人2名 ⑪高橋殿→長床の四人衆 ⑫高橋殿→船頭3名	小袖1 小袖，染物 小袖 小袖 銭 染物	1 1 1 1 3	3 3 3 3 3	3 3 3 3 9
両御所（南御所，今御所）→御師	小袖	1	3	3

表4　熊野参詣における贈答品

月　日	贈　与　者	贈答品	数量	金額	小計
9月16日	①足利義持・今御所・南御所→実意	小袖三重＋銭	3	3	9
	②足利義持→公尊	小袖三重	3	3	9
9月17日	③足利義持→聖護院	練貫三重＋十帖＋御香合	3	4.5	14
9月20日					
9月21日	④足利義持→小高，斉藤2名	御服	2	3	6
9月22日					
9月25日	⑤足利義持→託宣巫女	千早			
	⑥足利義持→海士2名	帷子＋染物			
9月26日	⑦足利義持→託宣巫女	千早			
9月28日	⑧足利義持→託宣巫女	千早			
	⑨足利義持以下→託宣巫女	帯・本結			
10月1日	⑩足利義持→託宣巫女	小袖	1	3	3
	⑪足利義持→託宣巫女	装束	1	3	3
	⑫足利義持以下→託宣巫女	帯・本結			
10月2日					
10月3日	⑬足利義持→長床四人衆（4名）	小袖4	4	3	12
10月4日					

贈与者	贈答品	数量	金額	小計
⑬高橋殿→山本	小袖	1	3	3
⑭高橋殿→中村	小袖	1	3	3
⑮高橋殿→藤代	御服	1	3	3
⑯高橋殿→山下	御服	1	3	3
南御所→高橋殿の随身全員（12人）	小袖	12	3	36
⑰高橋殿→細田・大納言僧都・卿房3名	御服	3	3	9
⑱高橋殿→実意	織物の御衣	1	3	3
南御所→全員（28人）	ぬき物	28	3	84
⑲高橋殿→全員（28人）	ぬき物	28	3	84
今御所→全員（28人）	御服	28	3	84
			合計	372

価格が不明のため計上していない.

ってみよう。

　表を見ると、練貫、小袖などの衣料品の総額は概算で五二七貫文にのぼる。五千万円相当である。内訳は、義持が一五五貫文、女房衆が三七二貫文である。個人でいえば、義持が一番だが、高橋殿を筆頭とした女房衆たちの集団としての消費規模の大きさはやはり特筆すべきだろう。このように見た場合、集団で行動していた女房衆たちの消費はやはり、突出していたといえるのである。その積み重ねが永享二年（一四三〇）における、約二〇億円の支出として帰結したのではないだろうか。女房衆の集団としての贈答行為が、突出した金銭の浪費として現れたと考えられるのである。

石清水八幡宮神人練貫大夫

　このように、女房衆の社交では、練貫以下の高級品が飛び交っていたことが確認できたわけだが、これだけだと、単に室町社交界の華々しい一断面

月　日	贈　与　者	贈答品	数量	金額	小計
10月5日	⑭足利義持→山本	小袖	1	3	3
	⑮足利義持→中村	小袖	1	3	3
10月7日	⑯足利義持→藤代	御服	1	3	3
	⑰足利義持→山伏	なで物	1	3	3
10月9日	⑱足利義持→山下	御服	1	3	3
10月11日					
10月13日					
10月15日	⑲足利義持→全員（28人）	御服	28	3	84
				合計	155

＊数量は贈答品の点数，金額は練貫4.5貫文，小袖・御服などは3貫文として計上した．その

を垣間見ただけにすぎない。重要なのは、これら品々が、どのようにしてあつらえられたのかという点である。

この問題に接近するにあたり、注目できるのが『諸芸才売買代物事』に物価情報を提供した人物の一人として記されていた練貫大夫という人物である。

この史料を中世の物価資料として初めて位置づけた桜井英治によると、練貫大夫の活動を伝える史料は、古記録に記された、わずか二点ばかりの断片的な情報だけであるという（桜井英治 二〇一七）。しかし、限定された史料ながら、いずれの記録も彼の独特の存在感を伝えてくれるものであり、以下、確認することにしよう。

最初にとりあげるのは、『宮寺見聞私記』応永十年（一四〇三）七月七日条の次の記載である。

　神事行レ之、御供奉備之時、山城（やましろ）方練貫ノ大

夫御酒ヲコホシ申、仍被レ止二出仕一

ここには石清水八幡宮の御供である御酒を、練貫大夫がこぼしてしまい、神事への出仕を停止されたことが記されている。ここから彼が、石清水八幡宮の神事の運営に携わる神人であったことと、そしてどうやら少々、そそっかしい人物であったことがわかるだろう。

しかし彼はただ、軽率な男だったわけではない。それから十五年後の『康富記』応永二十五年十月十一日条には、次の注目すべき記述がある。

今日又八幡神人濫訴之人数内、練貫大夫被二捕取一、是モ城下者也、富有之者也、料足許四、五万許持レ之歟云々

この記事は、十五世紀初頭に相次いだ石清水八幡宮による強訴の顛末を記した記事の一つだが、ここから練貫大夫が、「城下」、すなわち石清水八幡宮の麓に住む八幡神人であったことがあらためて確認できる。そしてそれとともに、四~五万貫文の私財を有する「富有之者」であった事実もまた判明

図52　小袖白練緯地花鳥模様　東京国立博物館所蔵，出典：ColBase（https://colbase.nich.go.jp）

するのである。

　では、彼はどのようにして、五〇億円規模に相当する巨万の富を築きあげたのだろうか。この点を史料から具体的に追究することはできないが、ここで改めて注目すべきは、彼の個性的な名前と、実際に練貫の価格に精通していた事実である。ここから石清水八幡宮神人であった練貫大夫は、練貫をはじめとする高級衣料品を取り扱う商人であったと見ても良いだろう。

　このように少しそそっかしいところもあった彼の正体を押さえておくと、先に指摘した都における、将軍家奥向の女房衆を中心とする、

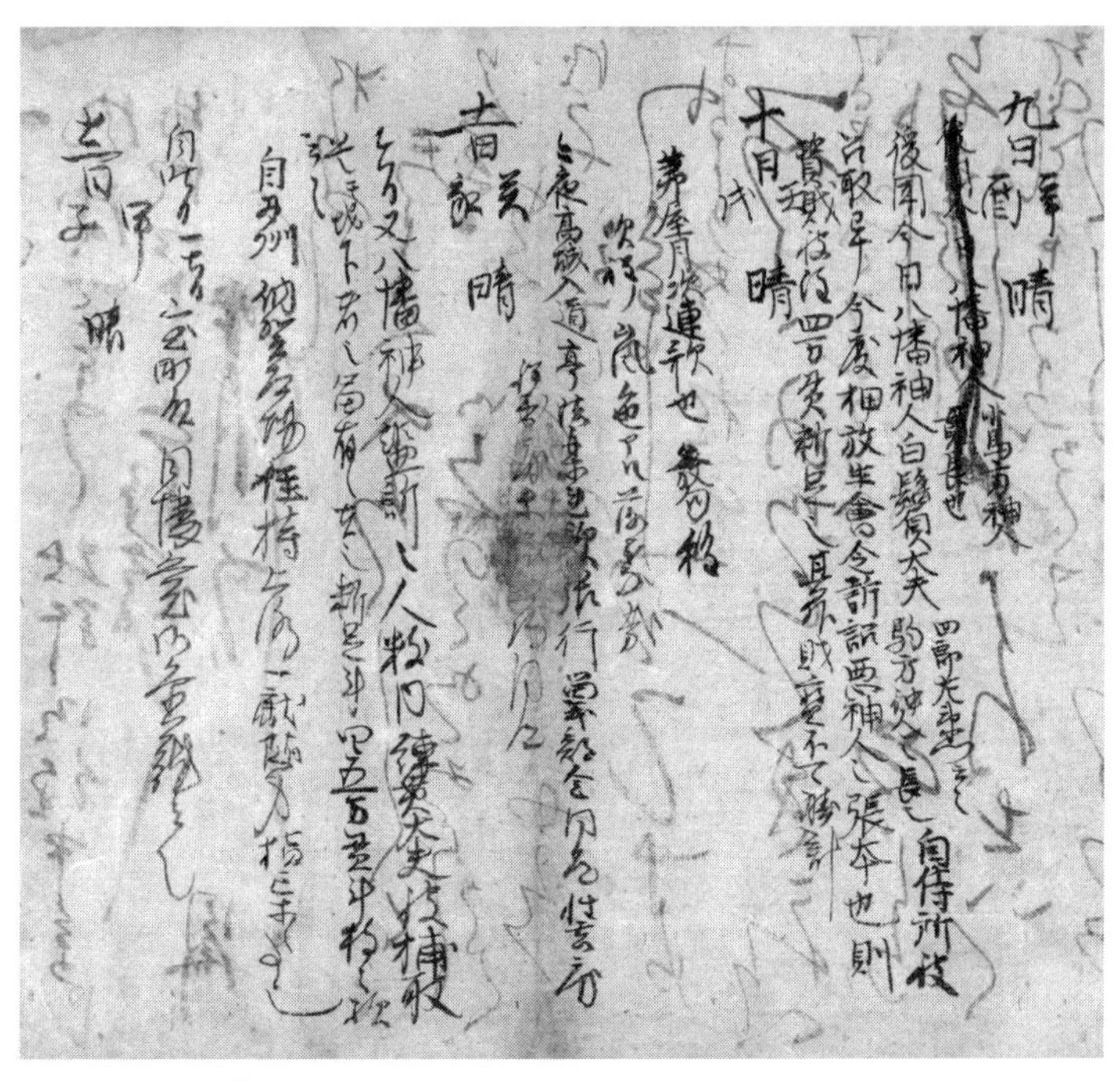

図53　『康富記』応永25年10月11日条　国立国会図書館所蔵

贈答規模の拡大は重要である。十五世紀はじめに見られた彼女たちの華々しい生活ぶりを想起すれば、その動きが練貫をはじめとする、高級品の需要を喚起したことは想像に難くない。そして彼女たちの高級品需要を受け止めていた一人が、かの練貫大夫だったのではないだろうか。つまりは女性たちの消費が経済をまわしており、その恩恵を最も受けた一人が、室町の衣料王とも呼んでよい練貫大夫だったと考えられるのである。

そして、練貫大夫の活躍は、石清水八幡宮神人たちの経済活動の実態を考える上で、一つの示唆を与えてくれる。

十四～十五世紀の首都京都の市場で存在感を示していたのは、石清水八幡宮の対岸に位置していた石清水八幡宮の離宮である大山崎（おおやまざき）八幡宮の山崎神人たちだった。彼らが十二ヵ国にもまたがる地域から排他的な交易権を公認され、京で油・酒・米の販売や金融業を営んでいたことはよく知られているが、本宮である石清水八幡宮の神人たちの経済活動については、今ひとつよくわかってはいなかった。

しかし、ここで確認してきた練貫大夫の経営実態を踏まえれば、次のような仮説が立てられる。すなわち、油などの日用品は山崎神人に任せておき、練貫などの高級品は石清水八幡宮の神人が押さえていたという見通しである。高級品市場をおさえていたからこそ、山崎神人が取り扱っていた油などの日用品の販売には目もくれなかったとみたほうが、本宮石清水八幡宮の神人らしい振る舞いだったと言えるのではないだろうか。

室町の京の華々しい繁栄を支え、かつその利益を最も享受していたのは、高級衣料品市場を独占していた彼ら石清水八幡宮の神人たちだったのである。

女房衆文化の志向性

以上、女房衆の消費行動とそれが室町経済に与えたインパクトについて述べてきたが、それでは彼女たちの活動からうかがえる文化的傾向は、どのようなものだったのだろうか。

現物が残されていない以上、女房衆がとりかわしていた練貫などの高級衣料品の文化的傾向は明らかではないが、ここでは次の史料からこの問題に接近してみたい。

応永三十二年（一四二五）九月、足利義持の三条坊門の邸宅前に、次のような落書（らくしょ）札が立てられた。

　相撲（すもう）よりとめたき物は二あり　大内のくたり、御所（ごしょ）の黄衣

この落書に注目した清水克行によると、ここで挙げられている「相撲」停止とは、義持が称光天皇とともに相撲に熱狂していることを批判され、逆切れして禁止した事実を指す。また「大内のくたり」は二ヵ月前の七月に、大内盛見が菊池・少弐討伐のために下国した事実を指すという（清水克行 二〇〇四）。

「御所の黄衣」は、直接には足利義持が、いつも「黄衣」を着用していたことを指すが、黄色は元（げん）において最上位の者が用いることを許された色であり、後醍醐（ごだいご）天皇も強い関心をもった大陸で流行していた最新のファッションだった。本場中国の禅文化に憧れていた義持も、最新のファッションを身にまとっていたわけである。

しかし、ここではその「最新」のファッションが批判されているわけである。もちろん、後醍醐や

義持が愛好した黄衣は、清水も指摘するように、日本の禅僧のあいだでも若い僧を中心に流行していたが、一方で落書の風刺が示す通り、その風潮に批判的な勢力がいたことも確かである。

今回の落書一件から、まずいえるのは、このような状況は、足利義満の時代には考えられなかった現象であるということである。義満の時代には、多くの人々が彼の意向を忖度し、その服装の趣味や、挙句の果てには大陸の禅宗寺院なみの時間厳守の姿勢にまでしたがっており、風刺の対象となるはずもなかった。その意味で批判の対象となった義持は、もはや父のように文化を主導する立場ではなかったことは間違いないだろう。文化の王座からは陥落していたのである。

では、誰が批判したのだろうか。義持のファッションにたいして批判的な勢力の中にベテランの禅

図54　大内盛見像　常栄寺所蔵

僧がいたことは、おそらく確かであり、落書も彼らのうちの誰かが書いた可能性が高い。これに加えて、教養を深め、婆娑羅ファッションからも卒業した在京守護たちや、女房衆たちも批判的な勢力に含まれていたのではないだろうか。

この点を考えるにあたり、この時期の室町政界の状況も考慮しておくべきだろう。

応永三十四年に起こった赤松義則の後継問題では、義持が推した赤松持貞に女性問題が浮上し、持貞は切腹に処せられ、赤松満祐の後継が確定したが、管領畠山満家・持重親子と高橋殿、さらには義持室の日野栄子も後押しして、義持の決定を覆したことが知られている。

また、義持が応永三十五年正月十八日に死去した際、「たとえ、私が決めても、管領畠山満家以下がそれを採用しなければ意味がないので、後継者は管領以下が談合して決めよ」との旨を言いのこして後継者も決めずに亡くなったことは、室町の政治史のなかでは、比較的よく知られた逸話だろう。

このような、中央政界における、義持のある種の孤立した政治的立場もふまえれば、彼の独特なファッションに対してもまた、幕閣や女房衆たちは批判的な眼を有していたのではないだろうか。政治のみならず、文化においても義持の主導権は相対化されており、この時期の政治と同様、文化においても幕閣や女房衆の文化的な嗜好が存在感を高めつつあった。以上の傍証からではあるが、女房衆の文化的嗜好も、義持のみせた大陸文化好みとは対照的に、大枠として保守的傾向にあったと考えておきたい。

このように義満の時代とは一変して、義持の時代には、彼の黄衣着用に象徴される大陸文化に対す

図55　青磁下蕪双耳花入　東京国立博物館所蔵，出典：ColBase（https://colbase.nich.go.jp）
明時代の龍泉窯の製品．唐物．

る批判的なまなざしが形成されていたわけである。その一つの要因としては、義満の時期の専制的な政治から、義持の時期の合議的な政治への変化という、国内的な事情も挙げられるが、この変化をもたらしたさらに大きな背景として、この時期の東アジア情勢の変化も指摘しておく必要がある。

十五世紀初頭に、明は貿易を制限する海禁政策を強化していた。その影響は当然ながら日本にもおよび、足利義教の時の日明貿易の規模は、足利義満の時代と比較すると、著しく縮小していた。その結果、幕府財政において貿易的要素は相対化され、ここまでたびたび述べてきたように、在京守護役と土倉酒屋役という内向きの財源を柱とするに至ったのだが、この変化はまた、文化的な嗜好性にも影響を与えたのではないだろうか。すなわち、北山文化において顕著だった大陸嗜好から、ポスト北山文化の伝統的で保守的な文化的嗜好性へと転換した背景に、東アジア世界の変化というものも想定すべきなのである。

対外関係の変化と国内の文化の問題を考えるにあたっては、隣国の琉球王国の展開も参照しておくと、物事はさらに見やすくなるだろう。海禁政策強化のあおりを受けて明への貿易依存を相対化し、東南アジアの国々との交易に活路を見出した琉球王国が、国際色豊かな文化を育んでいたことはよく知られている。その一方で日本においては、唐物（からもの）趣味というかたちで大陸文化へのあこがれを残しつつも、それを大幅に相対化した、国風の文化を醸成していたという見立てである。

そしてこの流れを主導したのが、十五世紀に活躍した在京守護＝幕閣と女房衆であった。文化を主導したのは、もはや幕府の最高権力者だけではない。有力幕閣層や女房衆たちが文化のパトロンとして成長してきており、室町殿個人の大陸文化に傾倒して、ときに先鋭化しすぎた文化的嗜好を平準化する役割を果たしてきた。文化の担い手の中心が、将軍・室町殿と呼ばれた最高権力者個人から、幕閣から女房衆までを含んだ室町政界の登場人物たちにまでシフトしており、以上の状況の変化が、北山文化から室町文化への転換をもたらした。東アジア情勢の変化と政治体制の変容が文化の国風化を推し進めたのである。

5　伝統的な文化への回帰

以上、職人とパトロンの動向に注目して、それぞれ義満期と義持・義教期における文化的特徴を明らかにしてきた。義満期では彼が主導した大規模造営事業が戦乱で窮地に陥っていた職人たちの活動を復活させた可能性をあげ、室町時代に文化が展開する技術的基盤を再構築したと推論した。

また、義持・義教期の文化的特徴としては、在京守護役の担い手である在京守護と土倉酒屋役の享受者である女房衆が文化のパトロンとして登場したことに注目して、前者の、先例・故実を重視した朝廷文化とも親和した、ある種、保守的な文化的傾向について確認した。後者の女房衆の文化的な志向性についても、先鋭的な大陸嗜好には批判的であるという意味で、伝統的で保守的な文化的傾向が見られることを指摘した。

足利義持期の文化の特徴は、幕府政治のトップである義持以上に、幕閣や女房衆が文化的な存在感を示していた点にあり、彼ら・彼女たちの伝統文化への回帰志向がこの時期の文化の主流となりつつあった。この流れは幕閣や女房衆の衆議が、ときに義持の上意に勝ることがあったという、この時期の政治的なあり方とも相似しており、文化と政治が密接に関係していたことを端的に示している。その文化的な帰結として、大陸的嗜好の強かった北山文化から、伝統的な朝廷文化とも親和した国風文化的な室町文化が生まれたのである。

最後に以上に示した本章の立場に基づき、東山文化とされてきた足利義政の文化をどのように位置づけなおすべきかについて触れておこう。

足利義政の時代には政権の構成する顔ぶれも大きく変化したことが知られている。すなわち、従来、政権運営に参画してきた管領以下の在京守護＝幕閣たちが、その業務の負担の重さなどの理由に、政治の舞台の後景に退き始めており、代わりに伊勢貞親(いせさだちか)に代表される側近たちが政権運営の主役となり始めていた。

将軍家奥向においても同様の傾向が見られ、古参の女房衆が「三魔」として糾弾され、奥向から追放されたことはよく知られている（家永遵嗣 一九九九）。以上の政治過程を経て、足利義持の時代以降に政治を支えていた幕閣や女房衆が存在感を低下させることになった。

このような政権内部における構成の変化は、文化にも反映することになったと考えられる。事実、文化においても将軍と文化方面における側近である同朋衆が主体となって活躍することになるのはよく知られているが、このことは政権が将軍と側近たちにより運営され始めたことの文化的な反映として評価できるだろう。ここに再び義満以来、久しぶりに将軍が文化を主導するかたちが生まれたのである。文化の王座に返り咲いた将軍の活動が東山文化として高く評価されてきたことは冒頭でも述べ

図 56 「寒山図」 足利義持筆，岡山県立美術館所蔵

たとおりである。

しかし、問題はその中身と方向性である。足利義政の時代の文化的傾向はすでにポスト北山文化である足利義持・義教の時代に方向づけられていた。文化史のマクロな観点からすれば、義政の時代の文化は、文化の転換点として位置づけることが困難になっている。

当時主流であった濁酒（どぶろく）よりも清酒をこのんだという足利義政の文化的な感度の高さについては、一定の評価を与えるべきであることは間違いないが、大陸趣味から国風文化への転換という、大きな文化史の流れからすれば、それを規定したのは、才能のある特定の個人ではなく、歴史研究においては群像として扱われることが多い幕閣たちの成熟と女房衆の消費であった。足利義政の文化的活動が以上の動きを精錬化したことは確かであり、ミクロな観点からすれば、いまだ高い評価を与えるべき余地があるだろう。しかし、かつてのように北山文化と対置できるほどの大きな評価は与えられない。代わりに対置されるべきは、義持以降の文化であり、もはや東山文化に対して特権的な評価を与えられないのも、そのためなのである。

室町時代、その後——エピローグ

冒頭で応仁の乱そのものを取り上げていない理由を述べたが、この戦乱が中世の首都である京都を荒廃させ、室町時代が終焉を迎えるきっかけとなったのは確かである。最後にこの戦乱が終わってからの状況にふれることを通じて室町時代のその後について述べておきたい。

そもそも応仁の乱の被害から、京都はどのようにして復活したのだろうか。

応仁の乱後の京都の復興を論じる際、これまで注目されてきたのは祇園祭である。とりわけ明応九年（一五〇〇）に再興された祇園祭の山鉾巡行は京都復興の象徴として注目されてきた。さらに天文二年（一五三三）の「下京ノ六十六町ノクワチキヤチ共、フレロ、雑色ナト皆々来候テ、神事無レ之共、山ホコ渡シ度事ギャケニ候」という印象的な記述に見られた山鉾に対する人々の動向は、町衆による自治の高揚を象徴するものと理解され、十六世紀以降の町衆自治の展開が論じられてきた。

しかし、復興の問題が、祇園祭の復活という論点だけで論じられた結果、その前後の状況が具体的に分析されることなく、戦乱からの復興という問題が著しく単純化して考えられることになったのも確かである。応仁の乱以後の歴史を知れば十分であると言われながら、応仁の乱直後の動向についてもまだまだ検討の余地が残されているのである。

以上の点を踏まえたうえで、改めて京都はいつ復興したのかという問題について考えてみよう。その指標とすべきはやはり祇園祭の山鉾が復活した明応九年だが、その二年前の明応七年以降に中世の住民税ともいえる地子銭支払い命令が増加することにも注目したい。というのも、居住実態があるから税の支払いを求められるわけであり、ここから応仁の乱で京都から疎開した住民たちが、応仁の乱勃発後、三十一年後にしてようやく京都の地へと戻り始めたことがわかるからである。そして永正五年（一五〇八）以降に酒市場に動きがあったことも見逃せない。言うまでもなく酒消費の高まりは都市住人の日常生活の活性化を反映するだろうから、この時期までに安定した生活が回復したと見られる。

疎開していた住人たちの帰京・酒販売などの商品市場の活況・途絶えていた祭礼の復興――。これらの現象は戦争からの復興を何よりもよく示してくれるものである。

このように戦争の始まりから三十年以上かけて、ようやく京都は復興を果たしたわけだが、復興後の社会は必ずしも応仁の乱以前とは同じではなかった。

この点を具体的に確認しておこう。先に復興の指標として十六世紀初頭に酒市場に動きがあった事実に触れたが、そのことがわかる室町幕府追加法三五〇条には次のように記されている。

> 幕府が酒屋に対して酒屋役を課税したところ、小売業者であることを理由に税金を支払わない。彼らは勝手に酒を販売しているので酒を製造している造り酒屋が迷惑している。今後は税金を払わず、酒を販売することを禁止する。

この法令から抽出できる事実はおおよそ次の三点である。

①室町幕府が酒屋への課税を再開した。

②それに対して、酒の小売業者が納税を拒否する動きを示した。

③そもそも小売業者が酒の販売することに京都の酒屋は迷惑している。

酒屋役の課税が問題となることそのものから、酒販売の再開・好転した様子がうかがえるわけだが、奇妙なのは③の文章である。小売業者が酒を販売することにより、幕府に税金を払うかどうかは関係なく、小売業者に酒を卸している造り酒屋は儲かっているはずである。しかしここに記されているのは、小売業者が酒を販売しても造り酒屋が儲かっていないという奇妙な構図である。

なぜこのような状況が生まれたのだろうか。その背景にはやはり応仁の乱による戦争被害があった。京都の造り酒屋は応仁の乱以前は金融業者と並んで富裕の象徴であった。しかし彼らの多くは、戦争中は酒造りどころではなかったことは想像に難くない。そして乱が終結した後でも、すぐに営業が再開できるわけではなく、酒造りに必要な設備も多くが失われたことは間違いないだろう。

このような状況にあって、明応六年ごろから京都に人が戻りはじめて、酒市場が回復する条件が整い始めた。しかし、どうやら動き始めた酒の需要に対して京都の酒屋の対応は遅れていたらしい。その代わりに戻り始めた京都の酒需要にこたえたのは、摂津国など、戦争被害が少なかった隣国の酒屋であったのである。

つまり、この幕府法に記された事実を整合的に理解するために必要なのは、①京都の酒屋が京都の小売に酒を卸すといった応仁の乱以前の物流構造が崩れていたこと、そして②戦争被害から経営を再建できなかった京都の酒屋の代わりに、摂津国などの隣国の商人たちが京都の小売業者に酒を卸すかたちに変化していた事実を押さえておかなければならないのである。

確かに、これでは京都で酒が売れたとしても、儲かるのは他国の酒屋であり、京都の酒屋にはお金が入ってこない。そのために、京都で小売業者が酒を販売しているのにもかかわらず、造り酒屋が迷惑しているという、一見すると奇妙な状況が生まれていたのである。

このように応仁の乱は従来の物流構造を大きく改変していたのであるが、変わったのは、酒の販売経路とそれに伴う金の流れだけではなかった。

実は応仁の乱以前に京都の酒屋が京都の小売業者に酒を卸すという物流の構造を保障していたのは「神の力」だった。これはもちろんあやしい話をしようとしているわけではなく、実は京都の酒屋のほとんどは、延暦寺（えんりやくじ）と神仏集合していた日吉社（ひよししゃ）や室町幕府将軍家である足利家の八幡信仰（はちまんしんこう）を背景に権威を高めていた大山崎離宮八幡宮（おおやまざきりきゆうはちまんぐう）などに仕える神人（じにん）と呼ばれる身分であった。つまり酒屋をはじめとする京都の商人たちのほとんどは、神様に奉仕する存在だったわけである。

もちろんこれには信仰の問題だけでなく、商売を行う上での現実的な利点もあった。すなわち、神さまへのお供え物という名目でさまざまな物資を独占的に買い付けることができたのである。十二ヵ国もの広範囲の地域において、油の原材料である荏胡麻（えごま）以下の物資を独占的に買付できた大山崎離宮八幡宮の神人たちがその好例であることは本書でも触れたとおりである。中世の商品は神様にお供えしたもののお下がりという体裁をとって流通していたのである。

しかし応仁の乱から復興した京都の市場においては商品の物流構造が大きく様変わりしていた。これは従来型の物流構造を保障するのに大きな役割を担っていた神のご威光が低下したことも意味している。

一方、十六世紀に京都の市場へ進出していた摂津国の酒商人たちの活動を後押ししていたのは、摂津国の守護などの俗権力であった。京都の酒屋たちは自分たちのナワバリを蹂躙（じゅうりん）し始めていた他国の酒商人たちを排除するために、かつて自分たちのナワバリを保証してくれていた神にすがるが、神々の権威を裏づけていた室町幕府の権力も低下しており、「神の力」もまた無力となっていた。

このような商業を保障する権力の変容は如実に表れ、京都の商人たちの「脱神人化」として顕在化する。商品は神供からただのモノへ、そして商人は神人からただの人へと変わっていったのである。ここに至り、神の権威が商品の流通を保障するという中世的なあり方が終焉を迎えることになった。

以上、復活した京都の酒市場の事例をもとに、復興した後の社会のありようを見てきたわけだが、このように中世において一体化していた神と商品などのモノの関係が変容して、ひいては神と人の関係も変化していたというのが十六世紀の戦国時代の社会であった。

しかし重要なのはこのようなあり方のまま、次の時代が生まれたわけではないということである。中世とは異なるかたちとなった神・モノ・人の関係を改めて定義し直したのが近世社会であることを指摘して本書を終えることとしよう。

参考文献

一章

朝尾直弘　二〇〇〇「惣村から町へ」（『朝尾直弘著作集』六、岩波書店、初出一九八八）

網野善彦　二〇〇七「中世都市論」（『網野善彦著作集』一三、岩波書店、初出一九七六）

伊藤俊一　二〇一〇『室町期荘園制の研究』塙書房

稲葉伸道　二〇一八「南北朝時代の興福寺と国家」（『日本中世の王朝・幕府と寺社』吉川弘文館、初出一九九八）

勝俣鎮夫　一九九六「戦国時代の村落」（『戦国時代論』岩波書店、初出一九八八）

黒嶋　敏　二〇一二「棟別銭ノート」（『中世の権力と列島』高志書院）

桜井英治　二〇一七「「御物」の経済」（『交換・権力・文化』みすず書房）

瀬田勝哉　二〇〇九「荘園解体期の京の流通」（『増補　洛中洛外の群像』平凡社）

田中淳子　一九九七「室町幕府御料所の構造とその展開」（大山喬平教授退官記念会編『日本国家の史的特質―古代・中世―』思文閣出版）

早島大祐　二〇〇六「戦国時代の土倉酒屋役と室町幕府」（『首都の経済と室町幕府』吉川弘文館）

早島大祐　二〇一〇『室町幕府論』講談社

早島大祐　二〇一六『足利義満と京都』吉川弘文館

早島大祐　二〇一八a『徳政令』講談社

早島大祐　二〇一八b「骨皮道賢の女装」（『朱』六一）

藤木久志　二〇〇八『戦国の作法』講談社（初版一九八七）

安田次郎　二〇〇一「大和国の支配」（『中世の興福寺と大和』山川出版社）

二章

伊藤俊一　二〇一〇『室町期荘園制の研究』塙書房

家永遵嗣　二〇〇七「室町幕府の成立」（『学習院大学文学部研究年報』五四）

上杉和彦　二〇一五『鎌倉幕府統治構造の研究』校倉書房

京都市編　一九六八『京都の歴史三　近世の胎動』学芸書林

五味文彦　一九七四「在京人とその位置」（『史学雑誌』八三―八）

五味克夫　二〇一六『鎌倉幕府の御家人制と南九州』戎光祥出版

佐伯弘次　二〇〇九「南北朝時代の博多警固番役」（『史淵』一四六）

桜井英治　二〇一七『交換・権力・文化』みすず書房

佐藤進一　二〇〇五『日本の歴史九　南北朝の動乱』中央公論新社、初版一九六五

高橋典幸　二〇〇八『鎌倉幕府軍制と御家人制』吉川弘文館

塚本ともこ　一九七七「鎌倉時代篝屋制度の研究」（『ヒストリア』七六）

早島大祐　二〇〇六『首都の経済と室町幕府』吉川弘文館

早島大祐　二〇一〇『室町幕府論』講談社

本郷恵子　一九九八『中世公家政権の研究』東京大学出版会

松井直人　二〇一七「室町幕府侍所と京都」（『ヒストリア』二六五）

松永和浩　二〇一三『室町期公武関係と南北朝内乱』吉川弘文館

元木泰雄　一九九九「王権守護の武力」（薗田香融編『日本仏教の史的展開』塙書房）

森　茂暁　二〇一二『建武政権』講談社、初版一九八〇

森　幸夫　二〇一七「鎌倉後期～南北朝期の幕府と畿内武士」（『日本史研究』六五八）

山田　徹　二〇〇七「南北朝期の守護在京」（『日本史研究』五三四）
山家浩樹　一九九九「太良荘に賦課された室町幕府地頭御家人役」（東寺文書研究会編『東寺文書にみる中世社会』東京堂出版）
吉田賢司　二〇〇八a「建武政権の御家人制「廃止」」（上横手雅敬編『鎌倉時代の権力と制度』思文閣出版）
吉田賢司　二〇〇八b「室町幕府の内裏門役」（『歴史評論』七〇〇）
吉田賢司　二〇一〇a『室町幕府軍制の構造と展開』吉川弘文館
吉田賢司　二〇一〇b「「主従制的支配権」と室町幕府軍制研究」（『鎌倉遺文研究』二六）
吉田賢司　二〇一三「武家編制の転換と南北朝内乱」（『日本史研究』六〇六）
吉田賢司　二〇一四「室町幕府論」（『岩波講座日本歴史』八、岩波書店）

三章

伊藤俊一　二〇一〇『室町期荘園制の研究』塙書房
今谷　明　一九八五『室町幕府解体過程の研究』岩波書店
上田浩介　二〇一三「守護在京解体の画期と幕府求心力についての一考察」（『新潟史学』六九）
上横手雅敬　一九八七「内裏と幕府」（永積安明・上横手雅敬・桜井好朗編『太平記の世界』日本放送出版協会）
榎原雅治　二〇〇三「一揆の時代」（榎原雅治編『日本の時代史一一　一揆の時代』吉川弘文館）
榎原雅治　二〇〇六「室町殿の徳政について」（『国立歴史民俗博物館研究報告』一三〇）
川口成人　二〇一六「足利義教政権後期における都鄙間交渉の転換」（『古文書研究』八二）
川口成人　二〇一八「大名被官と室町社会」（『ヒストリア』二七一）
木内正広　一九七七「鎌倉幕府と都市京都」（『日本史研究』一七五）
京都市編　一九六八『京都の歴史三　近世の胎動』学芸書林

桜井英治　二〇〇三「早島報告コメント」（『日本史研究』四八七）
桜井英治　二〇〇九『日本の歴史一二　室町人の精神』講談社（初版二〇〇一）
清水克行　二〇一一「足利義持の二つの徳政」（藤木久志編『京郊圏の中世社会』古志書院）
田坂泰之　二〇一六「室町期京都の都市空間と幕府」（桃崎有一郎・山田邦和編『室町政権の首府構想と京都』文理閣、初出一九九八）
外岡慎一郎　二〇一五『武家権力と使節遵行』同成社
鳥居和之　一九八八「室町幕府の訴状の受理方法」（『日本史研究』三一一）
早島大祐　二〇〇六『首都の経済と室町幕府』吉川弘文館
早島大祐　二〇一二『足軽の誕生』朝日新聞出版
松井直人　二〇一五「南北朝・室町期京都における武士の居住形態」（『史林』九八―四）
松井直人　二〇一七「室町幕府侍所と京都」（『ヒストリア』二六五）
百瀬今朝雄　一九六七「段銭考」（寶月圭吾先生還暦記念会編『日本社会経済史研究（中世編）』吉川弘文館）
山田邦明　二〇〇八「一五世紀の人々、その思考と行動」（『日本史研究』五四六）
山田　徹　二〇〇七a「南北朝期の守護在京」（『日本史研究』五三四）
山田　徹　二〇〇七b「室町幕府所務沙汰とその変質」（『法制史研究』五七）
山田　徹　二〇〇八「南北朝期における所領配分と中央政治」（『歴史評論』七〇〇）
山田　徹　二〇一五「室町時代の支配体制と列島諸地域」（『日本史研究』六三一）
山田康弘　二〇〇〇『戦国期室町幕府と将軍』吉川弘文館
山本康司　二〇一八「南北朝期室町幕府の政権構造」（『ヒストリア』二七一）
吉田賢司　二〇〇八「室町幕府の内裏門役」（『歴史評論』七〇〇）
吉田賢司　二〇一〇『室町幕府軍制の構造と展開』吉川弘文館

吉田賢司　二〇一三「武家編制の転換と南北朝内乱」(『日本史研究』六〇六)
吉田賢司　二〇一四「室町幕府論」(『岩波講座日本歴史』八、岩波書店)
吉田賢司　二〇一六「室町幕府による闕所処分手続きの変化」(『龍谷史壇』一四二)
吉田賢司　二〇一七『足利義持』ミネルヴァ書房

四～六章

飯田良一　二〇〇九「室町時代伊勢神宮における公武の祈禱」(『三重県史研究』二四)
池田丈明　二〇一三a「室町将軍と五山の施餓鬼」(『年報中世史研究』三八)
池田丈明　二〇一三b「日本中世の戦乱・飢饉に対応した五山の施餓鬼についてのノート」(『正眼短期大学研究紀要』六)
生駒哲郎　二〇〇八「足利尊氏発願一切経考」(『東京大学史料編纂所研究紀要』一八)
伊藤幸司　二〇〇九「応永の外寇をめぐる怪異現象」(北島万次ほか編『日朝交流と相克の歴史』校倉書房)
井上智勝　二〇二〇「列女・厲鬼・御霊」(原田正俊編『アジアの死と鎮魂・追善』〈『アジア遊学』二四五〉勉誠出版)
今枝愛真　一九七〇『中世禅宗史の研究』東京大学出版会
上椙英之　二〇〇八「中世橋供養と近世橋供養塔」(『人間文化』二三、二〇〇八年)
臼井信義　一九六〇『足利義満』吉川弘文館
梅澤亜希子　二〇〇一「室町時代の北野万部経会」(『日本女子大学大学院文学研究科紀要』八)
梅澤亜希子　二〇〇七「室町時代の北野覚蔵坊」(『佛教藝術』二九四)
上横手雅敬　二〇〇九「鎌倉幕府と宗教」(『権力と仏教の中世史』法藏館)
大石雅章　二〇〇三「葬礼にみる仏教儀礼化の発生と展開」(佛教史学会編『仏教の歴史的・地域的展開』法藏館)

大田壮一郎　二〇一四　『室町幕府の政治と宗教』塙書房
大塚活美　二〇〇五　「室町将軍・異国使節等の祇園祭見物」（『京都府立文化博物館研究紀要　朱雀』一七）
大塚紀弘　二〇〇六　「中世都市京都の律家」（『寺院史研究』一〇）
小河　仁　二〇二一　「中世後期における国家的祈雨・止雨儀礼」（『三重大史学』二一）
上川通夫　二〇一五　『平安京と中世仏教』吉川弘文館
亀井若菜　二〇〇三　「サントリー美術館蔵「日吉山王・祇園祭礼図屛風」について」（『表象としての美術、言説としての美術史』ブリュッケ）
亀田俊和　二〇一六　『足利直義』ミネルヴァ書房
河内将芳　二〇〇六　『中世京都の都市と宗教』思文閣出版
河内将芳　二〇一二　『祇園祭の中世』思文閣出版
河内将芳　二〇二〇　『室町時代の祇園祭』法藏館
河内将芳　二〇二一　『改訂　祇園祭と戦国京都』（法藏館文庫）法藏館（初版二〇〇七）
川本慎自　二〇二一　『中世禅宗の儒学学習と科学知識』思文閣出版
鍛代敏雄　一九八八　「石清水放生会に於ける「神訴」」（『国史学』一三四）
櫛木謙周　二〇一四　「「京中賑給」に関する基礎的考察」（『日本古代の首都と公共性』塙書房）
康　昊　二〇二一　「南北朝期における幕府の鎮魂仏事と五山禅林」（『中世の禅宗と日元交流』吉川弘文館）
斎藤夏来　二〇一八　『五山僧がつなぐ列島史』名古屋大学出版会
桜井英治　二〇〇六　「全体討論　中世のなかの「京都」」（高橋康夫編『中世都市研究一二　中世のなかの「京都」』新人物往来社）
桜井景雄　一九八六　「官寺制五山の成立について」（『禅宗文化史の研究』思文閣出版）
下坂　守　二〇一四　「「山訴」の実相とその歴史的意義」（『中世寺院社会と民衆』思文閣出版）

（ご注意）

・この用紙は、機械で処理しますので、金額を記入する際は、枠内にはっきりと記入してください。また、本票を汚したり、折り曲げたりしないでください。

・この用紙は、ゆうちょ銀行又は郵便局の払込機能付きＡＴＭでもご利用いただけます。

・この払込書を、ゆうちょ銀行又は郵便局の渉外員にお預けになるときは、引換えに預り証を必ずお受け取りください。

・ご依頼人様からご提出いただきました払込書に記載されたおところ、おなまえ等は、加入者様に通知されます。

・この受領証は、払込みの証拠となるものですから大切に保管してください。

収入印紙
課税相当額以上
貼　　付

印

この用紙で「本郷」年間購読のお申し込みができます。

◆この申込票に必要事項をご記入の上、記載金額を添えて郵便局でお払込み下さい。

◆「本郷」のご送金は、４年分までとさせて頂きます。

※お客様のご都合で解約される場合は、ご返金いたしかねます。ご了承下さい。

この用紙で書籍のご注文ができます。

◆この申込票の通信欄にご注文の書籍をご記入の上、書籍代金（本体価格＋消費税）に荷造送料を加えた金額をお払込み下さい。

◆荷造送料は、ご注文１回の配送につき500円です。

◆キャンセルやご入金が重複した際のご返金は、送料・手数料を差し引かせて頂く場合があります。

◆入金確認まで約７日かかります。ご了承下さい。

※領収証は改めてお送りいたしませんので、予めご了承下さい。

お問い合わせ　〒113-0033・東京都文京区本郷７―２―８
吉川弘文館　営業部
電話03-3813-9151　FAX03-3812-3544

この場所には、何も記載しないでください。

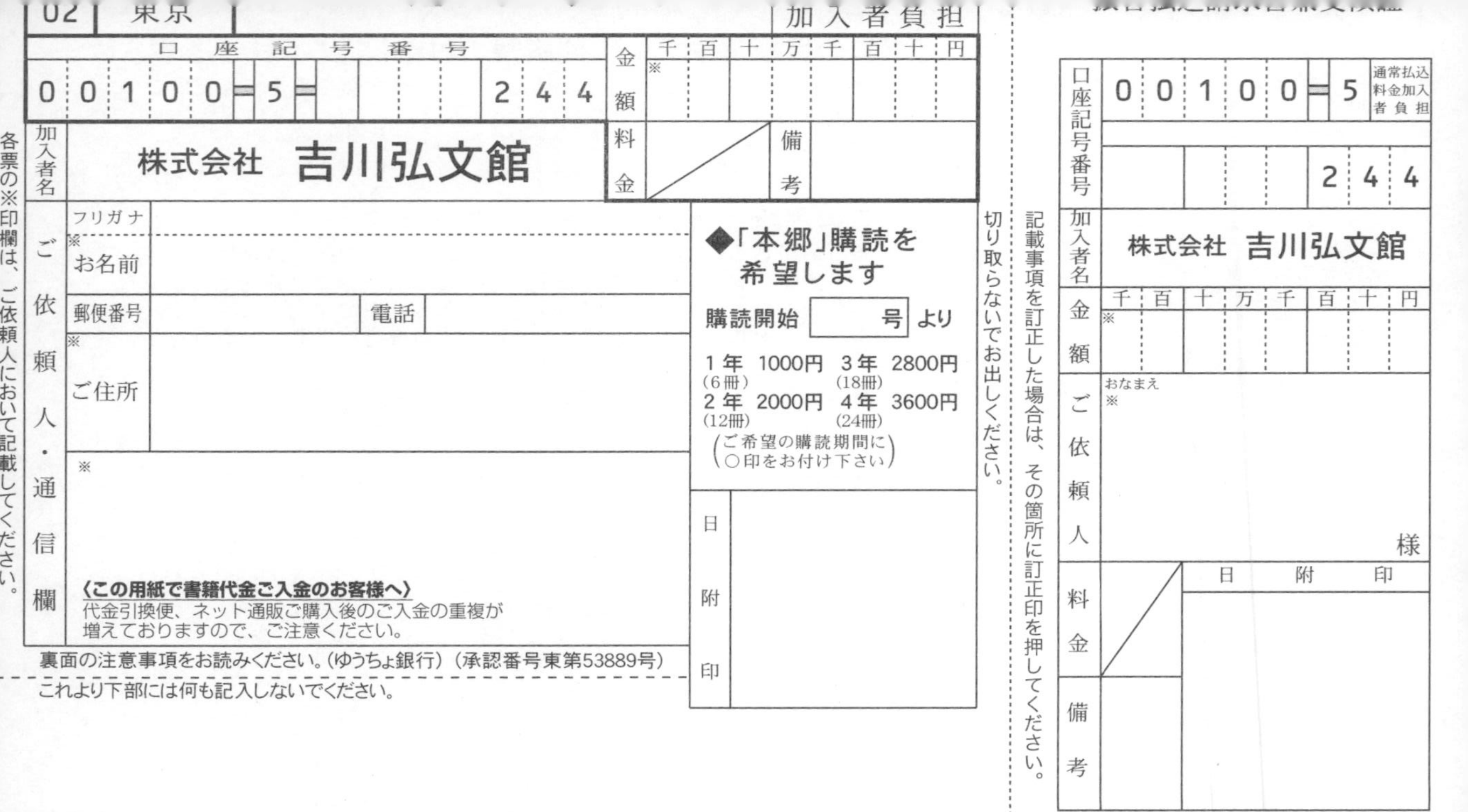

02 東京　　加入者負担

口座記号番号　00100-5-244

金額　千 百 十 万 千 百 十 円

加入者名　株式会社　吉川弘文館

料金　　備考

ご依頼人・通信欄

フリガナ
※お名前

郵便番号　　電話

※ご住所

※

〈この用紙で書籍代金ご入金のお客様へ〉
代金引換便、ネット通販ご購入後のご入金の重複が
増えておりますので、ご注意ください。

◆「本郷」購読を希望します

購読開始　　号 より

1年 1000円（6冊）　3年 2800円（18冊）
2年 2000円（12冊）　4年 3600円（24冊）
（ご希望の購読期間に○印をお付け下さい）

日附印

各票の※印欄は、ご依頼人において記載してください。

裏面の注意事項をお読みください。（ゆうちょ銀行）（承認番号東第53889号）

これより下部には何も記入しないでください。

切り取らないでお出しください。

記載事項を訂正した場合は、その箇所に訂正印を押してください。

口座記号番号　00100-5　通常払込料金加入者負担　244

加入者名　株式会社　吉川弘文館

金額　千 百 十 万 千 百 十 円

ご依頼人　おなまえ※　　様

料金

日附印

備考

この受領証は、大切に保管してください。

スティーブン・トレンソン　二〇一六　『祈雨・宝珠・龍』京都大学出版会
瀬田勝哉　二〇〇九　『増補　洛中洛外の群像』（平凡社ライブラリー）平凡社（初版一九九四）
平　雅行　二〇〇二　「鎌倉幕府と延暦寺」（中尾堯編『中世の寺院体制と社会』吉川弘文館）
高谷知佳　二〇一六　「首都社会の怪異と室町幕府」（『中世の法秩序と都市社会』塙書房）
高鳥　廉　二〇一九　「等持寺住持職の歴史的展開」（『佛教史学研究』六二―一）
高橋康夫　二〇一八　「足利義満の「王都」」（『京都・平泉・首里』二〇一五～二〇一七年度科学研究費補助金研究成果
　報告書、研究代表者高橋康夫）
田中拓也　二〇一九　「足利尊氏の兄、高義の生母をめぐって」（『七隈史学』二一）
玉村竹二　一九五八　『夢窓国師』平楽寺書店
玉村竹二　一九八一　「足利直義禅宗信仰の性格」（『日本禅宗史論集』下之二、思文閣出版）
玉村竹二　二〇〇三　『新装版　五山禅僧伝記集成』思文閣出版（初版一九八三）
辻善之助　一九四一　『武家時代と禅僧』創元社
冨島義幸　二〇〇一　「相国寺七重塔」（『日本宗教文化史研究』一）
冨島義幸　二〇一四　「塔・曼荼羅・王権」（長岡龍作編『仏教美術論集五　機能論』竹林舎）
冨島義幸　二〇一六　「足利義満と北野経王堂」（桃崎有一郎・山田邦和編『室町政権の首府構想と京都』文理閣）
中井裕子　二〇一三　『室町時代の相国寺住持と塔頭』相国寺教化活動委員会
丹生谷哲一　二〇〇八　「非人施行と公武政権」（『増補　検非違使』〈平凡社ライブラリー〉平凡社）（初版一九八六）
西尾和美　一九八五　「室町中期京都における飢饉と民衆」（『日本史研究』二七五）
西尾賢隆　一九九九　「金剛幢下竺仙梵僊の渡来」（『中世の日中交流と禅宗』吉川弘文館）
西山　剛　二〇一五　「室町期における北野祭礼の実態と意義」（瀬田勝哉編『変貌する北野天満宮』平凡社）
西山　克　二〇〇四　「応永の外寇異聞」（『関西学院史学』三一）

西山美香　二〇〇六a　「天龍寺供養の史的意義をめぐって」（『禅文化研究所紀要』二八）
西山美香　二〇〇六b　「五山禅林の施餓鬼会について」（『駒澤大学禪研究所年報』一七）
納富常天　一九八二　「金沢貞顕と東山常在光院」（『金沢文庫資料の研究』法藏館）
早島大祐　二〇〇六　『首都の経済と室町幕府』吉川弘文館
早島大祐　二〇一〇　『室町幕府論』講談社
原田正俊　一九九八　『日本中世の禅宗と社会』吉川弘文館
原田正俊　一九九九a　「中世五山僧の進退・成敗・蜂起」（薗田香融編『日本仏教の史的展開』塙書房）
原田正俊　一九九九b　「五山禅林の仏事法会と中世社会」（『花園大學禪學研究』七七）
原田正俊　二〇〇三　「中世の禅宗と葬送儀礼」（東京大学史料編纂所『前近代日本の史料遺産プロジェクト研究集会報告集2001–2002』）
原田正俊　二〇〇七　「中世仏教再編期としての一四世紀」（『日本史研究』五四〇）
原田正俊　二〇〇九　「日本中世における禅僧の講義と室町文化」（『東アジア文化交渉研究』二）
原田正俊　二〇一三　「「万年山相国承天禅寺諸回向并疏」と足利義満」（『関西大学東西学術研究所紀要』四六）
原田正俊　二〇一九　「鎌倉時代後期の南都北嶺と禅宗」（中世禅籍叢刊編集委員会編『中世禅への新視角』臨川書店）
東島　誠　二〇〇〇　「公共負担構造の転換」（『公共圏の歴史的創造』東京大学出版会）
久野修義　二〇〇一　「中世日本の寺院と戦争」（歴史学研究会編『戦争と平和の中近世史』青木書店）
久水俊和　二〇二〇　『中世天皇家の作法と律令制の残像』八木書店
藤田弘夫　一九九一　『都市と権力―飢餓と飽食の歴史社会学―』創文社
二木謙一　一九八五　「足利将軍の祇園会御成」（『中世武家儀礼の研究』吉川弘文館）
細川武稔　二〇一〇　『京都の寺社と室町幕府』吉川弘文館
細川武稔　二〇一一　「等持院・真如寺と足利氏」（西山美香編『古代中世日本の内なる「禅」』〈『アジア遊学』一四

二〉勉誠出版）
松尾剛次　二〇〇三「安国寺・利生塔再考」（『日本中世の禅と律』吉川弘文館）
松永和浩　二〇一三『室町期公武関係と南北朝内乱』吉川弘文館
松本郁代　二〇〇六「神泉苑と「龍王」」（『アート・リサーチ』六）
三枝暁子　二〇一一「北野祭と室町幕府」（『比叡山と室町幕府』東京大学出版会）
水野智之　二〇一三「中世の賑給・施行・布施・観進と将軍・幕府」（井原今朝男編『生活と文化の歴史学三　富裕と貧困』竹林舎）
桃崎有一郎　二〇〇七「足利義満の公家社会支配と「公方様」の誕生」（松岡心平・小川剛生編『ZEAMI　中世の芸術と文化』四、森話社）
山路興造　一九九七「室町幕府と祇園祭」（『国立歴史民俗博物館研究報告』七四）
山田雄司　二〇一四「足利義持の伊勢参宮」（『怨霊・怪異・伊勢神宮』思文閣出版）
山家浩樹　一九九三「無外如大の創建寺院」（『三浦古文化』五三）
山家浩樹　一九九八「無外如大と無着」（『金澤文庫研究』三〇一）
山家浩樹　二〇一四「鎌倉五山・京都五山と尼五山」（村井章介編『東アジアのなかの建長寺』勉誠出版）
山家浩樹　二〇二〇「天龍寺供養とその後」（『日本歴史』八七〇）
芳澤　元　二〇一七『日本中世社会と禅林文芸』吉川弘文館

七章

家永遵嗣　一九九五「足利義満における公家支配の展開と「室町殿家司」」（『室町幕府将軍権力の研究』東京大学日本史学研究室）
家永遵嗣　二〇一三「室町幕府と「武家伝奏」・禁裏小番」（『近世の天皇・朝廷研究』五）

池　享　二〇〇三『戦国・織豊期の武家と天皇』校倉書房
石原比伊呂　二〇一二「足利家における笙と笙始儀」（『日本歴史』七六六）
石原比伊呂　二〇一五『室町時代の将軍家と天皇家』勉誠出版
石原比伊呂　二〇一七「室町幕府将軍権威の構造と変容」（『歴史学研究』九六三）
市沢　哲　二〇一一a「南北朝内乱期における天皇と諸勢力」（『日本中世公家政治史の研究』校倉書房）
市沢　哲　二〇一一b「中世王権論の中の足利義満」（前掲『日本中世公家政治史の研究』所収）
伊藤喜良　一九九三『日本中世の王権と権威』思文閣出版
今谷　明　一九九〇『室町の王権』中央公論社
今谷　明　二〇〇一『戦国大名と天皇』講談社（初版一九九二）
小川剛生　二〇〇五『二条良基研究』笠間書院
小川剛生　二〇一二『足利義満』中央公論新社
小川剛生　二〇二一『南北朝の宮廷誌』吉川弘文館（初版二〇〇三）
川合　康　二〇〇四「武家の天皇観」（『鎌倉幕府成立史の研究』校倉書房）
河内祥輔・新田一郎　二〇一八『天皇と中世の武家』（『天皇の歴史』四）講談社（初版二〇一一）
鍛代敏雄　一九八八「石清水放生会に於ける「神訴」」（『国史学』一三四）
桑山浩然　二〇〇三「室町時代における将軍第行幸の研究」（『国士舘大学文学部人文学会紀要』三六）
桜井英治　二〇〇九『室町人の精神』（『日本の歴史』一二）講談社（初版二〇〇一）
佐藤進一　一九九〇「室町幕府論」（『日本中世史論集』岩波書店）
佐藤進一　一九九四『足利義満』平凡社（初版一九八〇）
菅原正子　二〇〇七「中世の御旗」（『中世の武家と公家の「家」』吉川弘文館）
鈴木良一　一九七三『応仁の乱』岩波書店

富田正弘　一九八九「室町殿と天皇」（『日本史研究』三一九）
富田正弘　一九九一「嘉吉の変以後の院宣・綸旨」（小川信編『中世古文書の世界』吉川弘文館）
豊永聡美　二〇〇六『中世の天皇と音楽』吉川弘文館
豊永聡美　二〇一七『天皇の音楽史』吉川弘文館
新田一郎　一九九三「日本中世の国制と天皇」（『思想』八二九）
早島大祐　二〇〇六『首都の経済と室町幕府』吉川弘文館
久水俊和　二〇〇九「室町時代の改元をめぐる公武関係」（『年報中世史研究』三四）
久水俊和　二〇一一『室町期の朝廷公事と公武関係』岩田書院
久水俊和　二〇二〇『中世天皇家の作法と律令制の残像』八木書店
二木謙一　一九八五「石清水放生会と室町幕府」（『中世武家儀礼の研究』吉川弘文館）
松薗　斉　一九九七a「持明院統天皇の分裂」（『日記の家』吉川弘文館）
松薗　斉　一九九七b「武家平氏の公卿化について」（『九州史学』一一八・一一九）
松永和浩　二〇一三『室町期公武関係と南北朝内乱』吉川弘文館
松永和浩　二〇一四「南北朝内乱と公武関係」（高橋典幸編『生活と文化の歴史学五　戦争と平和』竹林舎）
三島暁子　二〇一二『天皇・将軍・地下楽人の室町音楽史』思文閣出版
水野智之　二〇〇五『室町時代公武関係の研究』吉川弘文館
村田正志　一九八三「後小松天皇の御遺詔」（『村田正志著作集二　続南北朝史論』思文閣出版）
桃崎有一郎　二〇〇七「足利義満の公家社会支配と「公方様」の誕生」（松岡心平・小川剛生編『ZEAMI　中世の芸術と文化』四、森話社）
百瀬今朝雄　一九六七「段銭考」（寶月圭吾先生還暦記念会編『日本社会経済史研究　中世編』吉川弘文館）
森　茂暁　二〇一三『闇の歴史　後南朝』角川書店（初版一九九七）

山田　徹　二〇一二「土岐頼康と応安の政変」（『日本歴史』七六九）
吉田賢司　二〇一七『足利義持』ミネルヴァ書房
脇田晴子　二〇〇三『天皇と中世文化』吉川弘文館

八章

秋山裕一　一九九四『日本酒』岩波書店
阿部泰郎・伊藤信博編　二〇一四『『酒飯論絵巻』の世界』（『アジア遊学』一七二）勉誠出版
網野善彦　二〇〇七「造酒司酒麴役の成立」（『網野善彦著作集』一三、岩波書店）
家永遵嗣　二〇一三「室町幕府と「武家伝奏」・禁裏小番」（『近世の天皇・朝廷研究』五）
市野千鶴子　一九八一「伏見御所周辺の生活文化」（『書陵部紀要』三三）
位藤邦生　一九九一『伏見宮貞成の文学』清文堂
伊藤俊一　二〇一〇『室町荘園制の研究』塙書房
伊藤俊一　二〇二一『荘園』中央公論新社
伊藤信博ほか編　二〇一五『『酒飯論絵巻』影印と研究』臨川書店
井原今朝男　二〇〇九『増補　中世寺院と民衆』臨川書店
今枝愛真　一九九五「『佐竹文書』の酒作日記年代考」（『酒史研究』一三）
今谷　明　一九九一〜九六「酒と権力」一〜五（『酒文化研究』一〜五）
榎原雅治　二〇〇四「寄合の文化」（歴史学研究会・日本史研究会編『日本史講座四　中世社会の構造』東京大学出版会）
大村拓生　二〇一〇「中世京都のクラと土倉」（千田嘉博・矢田俊文編『都市と城館の中世』高志書院）
小野晃嗣　一九八一『日本産業発達史の研究』法政大学出版局

加藤百一　一九八九『酒は諸白』平凡社
加藤百一　一九九九「日本の酒造りの歩み」（加藤辨三郎編『日本の酒の歴史』研成社）（初版一九七七）
鎌谷親善　一九九五「「御酒之日記」について」（『酒史研究』一三）
河内将芳　二〇〇〇『中世京都の民衆と社会』思文閣出版
川上行蔵　二〇〇六『日本料理事物起源』岩波書店
川口成人　二〇一八「大名被官と室町社会」（『ヒストリア』二七一）
倉林正次　一九八七『饗宴の研究　儀礼編』桜楓社（初版一九六五）
久留島典子　一九九一「戦国期の酒麴役」（石井進編『中世をひろげる』吉川弘文館）
久留島典子　一九九四「酒宴の空間」（『中世の館と都市』〈『朝日百科日本の歴史別冊　歴史を読みなおす』七〉朝日新聞社）
久留島典子　二〇〇八「政と祭りの酒宴史」（小野正敏ほか編『考古学と中世史研究五　宴の中世』高志書院）
桑山浩然　二〇〇六『室町幕府の政治と経済』吉川弘文館
小泉（本郷）恵子　一九八七「松梅院禅能の失脚と北野社御師職」（『遙かなる中世』八）
小泉武夫　一九九二『日本酒ルネッサンス』中央公論社
坂口謹一郎　二〇〇七『日本の酒』岩波書店（初版一九六四）
酒匂由紀子　二〇二〇『室町・戦国期の土倉と酒屋』吉川弘文館
桜井英治　二〇〇九『室町人の精神』（『日本の歴史』一二）講談社（初版二〇〇一）
桜井英治　二〇一五「中世の技術と労働」（『岩波講座日本歴史』九、岩波書店）
桜井英治　二〇一七「宴会と権力」（『交換・権力・文化』みすず書房）
佐々木銀弥　一九七三「中世の社寺と醸造」（『日本醸造協会雑誌』六八―九）
清水克行　二〇〇四a『室町社会の騒擾と秩序』吉川弘文館

清水克行　二〇〇四b「荘園制と室町社会」（『歴史学研究』七九四）
清水克行　二〇〇八『大飢饉、室町社会を襲う！』吉川弘文館
清水克行　二〇一五「なぜ室町の酒屋は金融業を営んだのか？」（『日本歴史』八〇二）
下坂　守　二〇〇一「中世土倉論」（『中世寺院社会の研究』思文閣出版）
白幡洋三郎　二〇〇〇『花見と桜』ＰＨＰ研究所
富田正広　一九八九「室町殿と天皇」（『日本史研究』三一九）
豊永聡美　二〇一七『天皇の音楽史』吉川弘文館
中島圭一　二〇一〇「十五世紀生産革命論序説」（小野正敏『中世東アジアにおける技術の交流と移転』国立歴史民俗博物館）
永原慶二　二〇〇七『荘園』（『永原慶二著作選集』四）吉川弘文館（初版一九九八）
早島大祐　二〇〇六『首都の経済と室町幕府』吉川弘文館
春田直紀　二〇一八「モノからみた一五世紀の社会」（『日本中世生業史論』岩波書店）
藤木久志　二〇一八『飢饉と戦争の戦国を行く』吉川弘文館（初版二〇〇一）
藤原里香　二〇〇〇「壺・甕から結物へ」（小泉和子編『桶と樽』法政大学出版局）
松岡心平編　二〇〇九『看聞日記と中世文化』森話社
松薗　斉　一九九七「持明院統天皇の分裂」（『日記の家』吉川弘文館）
松薗　斉　二〇一八『中世禁裏女房の研究』思文閣出版
松永和浩　二〇一二『ものづくり上方〝酒〟ばなし』大阪大学出版会
松永和浩　二〇一三『室町期公武関係と南北朝内乱』吉川弘文館
三枝暁子　二〇一一「室町幕府の京都支配」（『比叡山と室町幕府』東京大学出版会）
峰岸純夫　二〇〇一「中世後期の二つの歴史像」（『中世　災害・戦乱の社会史』吉川弘文館）

水野智之　二〇一三「中世の賑給・施行・布施・勧進と将軍・幕府」（井原今朝男編『生活と文化の歴史学三　富裕と貧困』竹林舎）
村田正志　一九八四『証註椿葉記』〈『村田正志著作集』四〉思文閣出版
盛本昌広　二〇〇八『贈答と宴会の中世』吉川弘文館
山田　徹　二〇〇七「南北朝期の守護在京」（『日本史研究』五三四）
山本雅和　二〇〇二「中世京都のクラについて」（『京都市埋蔵文化財研究所研究紀要』八）
柚木　学　二〇一八『酒造りの歴史〈普及版〉』雄山閣（初版一九八七）
横井　清　二〇〇二『室町時代の一皇族の生涯』講談社（初版一九七九）
芳澤　元　二〇一八「中世後期の社会と在俗宗教」（『歴史学研究』九七六）
吉田　元　二〇一六『京の酒学』臨川書店
和歌森太郎　二〇一三『酒が語る日本史』河出書房新社（初版一九七一）
脇田晴子　一九七七『日本中世商業発達史の研究』御茶の水書房（初版一九六九）
脇田晴子　一九七九「土倉と貿易」（京都市編『〔新装版〕京都の歴史三　近世の胎動』京都市史編さん所）
脇田晴子　一九八五『室町時代』中央公論社

九章

家永遵嗣　一九九九「三魔」（『日本歴史』六一六）
桜井英治　二〇一七「中世における物価の特性と消費者行動」（『交換・権力・文化』みすず書房）
清水克行　二〇〇四「足利義持の禁酒令について」（『室町社会の騒擾と秩序』吉川弘文館、初出一九九九）
末柄　豊　二〇〇三「室町文化とその担い手たち」（榎原雅治編『日本の時代史一一　一揆の時代』吉川弘文館）
高岸　輝　二〇〇四「絵巻転写と追善供養」（『室町絵巻の魔力』吉川弘文館）

冨島義幸　二〇〇四「等持寺仏殿と相国寺八講堂」（『仏教芸術』二七三）
早島大祐　二〇一〇『室町幕府論』講談社
早島大祐　二〇一六『足利義満と京都』吉川弘文館
早島大祐　二〇一八『徳政令』講談社
松岡心平　二〇〇九「室町将軍と傾城高橋殿」（松岡心平編『看聞日記と中世文化』森話社）
村木二郎　二〇一八「中世京都と七条町・八条院町界隈における生産活動」（『国立歴史民俗博物館研究報告』二一〇）

略年表

西暦	和暦	事項
一三三六	建武三・延元元	6 足利尊氏、光厳上皇を奉じて入京。
一三三八	暦応元・延元三	7 京都近郊の南朝の拠点・八幡が陥落、その後広い地域の守護が在京するようになる。
一三三九	暦応二・延元四	8 後醍醐天皇没（52）
一三四二	康永元・興国三	4 五山十刹の位次を定める。
一三四五	貞和元・興国六	2 北朝の院宣をもって諸国の寺・塔の通号を安国寺・利生塔と定める。6 延暦寺、落成間近の天竜寺の破却や夢窓疎石の配流を朝廷に要求。8 天竜寺落慶供養。強訴により光厳上皇は臨席を断念。
一三五〇	観応元・正平五	10 足利直義、京都出奔し内乱が始まる（観応の擾乱の始まり）。
一三五一	観応二・正平六	11 南朝、北朝の天皇・年号廃す（正平一統）。
一三五二	文和元・正平七	1 足利尊氏、直義を下す。翌月直義没（47）（観応の擾乱終わる）。8 後光厳天皇践祚。
一三五四	文和三・正平九	12 足利尊氏、戦没者鎮魂のため一切経を書写し園城寺に奉納。
一三五五	文和四・正平一〇	2～3 東寺合戦。足利尊氏、京都を回復する。
一三五八	延文三・正平一三	1 天竜寺火災。4 足利尊氏没（54）。8 足利義満誕生。
一三六七	貞治六・正平二二	11 足利義詮、政務を足利義満に譲り、細川頼之を管領とする。12 足利義詮没（38）。
一三六八	応安元・正平二三	12 足利義満、将軍となる。
一三七一	応安四・建徳二	3 後光厳天皇譲位、後円融天皇即位する。
一三七八	永和四・天授四	3 足利義満、烏丸今出川の室町殿（花の御所）に移る。

西暦	和暦	事項
一三七九	康暦元・天授五	閏4 足利義満、京極高秀らに花の御所を囲まれ、管領細川頼之に下向を命じる（康暦の政変）。
一三八一	永徳元・弘和元	4 室町殿落成供養。12 足利義満、禅院規式を定める。
一三八二	永徳二・弘和二	1 北朝、足利義満を左大臣に任ずる。4 後円融天皇、後小松天皇に譲位。11 足利義満、相国寺の造営を開始。12 後小松天皇即位。
一三八九	康応元・元中六	4 土岐康行の乱（〜翌年閏3月）。
一三九〇	明徳元・元中七	11 熊野速玉社の遷宮に際し、足利義満らが宝物を納める。
一三九一	明徳二・元中八	4 尊氏三十三回忌の法華八講が相国寺にて行われる。12 山名氏が幕府に対し反乱を起こす（明徳の乱）。
一三九二	明徳三・元中九	8 相国寺落慶供養。閏10 三種の神器が南朝の後亀山天皇から北朝の後小松天皇へ継承（南北朝合一）。
一三九三	明徳四	11 幕府、洛中洛外の土倉酒屋役の制を定める。
一三九四	応永元	9 相国寺、火災でほとんどの建物が焼亡する。
一三九七	応永四	4 足利義満の北山第、立柱上棟。8 足利義満、使者を明に派遣する。
一三九九	応永六	3 興福寺金堂供養、足利義満臨席する。9 足利義満、相国寺七重塔供養を行う。10〜12 大内義弘、幕府に対し反乱を起こす。義弘戦死（応永の乱）。
一四〇一	応永八	2 土御門内裏焼失。5 足利義満、祖阿・肥富を明に派遣。8 土御門内裏造営始、諸国に造内裏段銭を賦課。
一四〇二	応永九	8 足利義満、帰国した祖阿らの船を見るために兵庫へ下向。
一四〇三	応永一〇	6 相国寺大塔が雷火により焼失。
一四〇四	応永一一	4 足利義満、北山第大塔の普請開始。5 足利義満、明使を北山邸で引見し「日本国王之印」・永楽勘合などを受ける。

一四〇六	応永一三	3 北山第新御所、立柱上棟。5 明船が兵庫に着岸。
一四〇七	応永一四	1 京都で大地震。8 足利義満、明の使いを北山邸に引見。
一四〇八	応永一五	5 足利義満没(51)。
一四一二	応永一九	8 称光天皇践祚。
一四一四	応永二一	12 称光天皇の即位式が行われる。
一四一九	応永二六	6 朝鮮の兵船、対馬に来襲(応永の外寇)。
一四二一	応永二八	この年大飢饉起こる。
一四二八	正長元	1 足利義持没(43)。7 称光天皇没(28)、後花園天皇践祚。9 京畿諸国の土民、徳政を要求して蜂起(正長の土一揆)。
一四二九	永享元	3 足利義教将軍宣下を受ける。
一四三三	永享五	10 後小松天皇没(57)。
一四四一	嘉吉元	6 将軍足利義教が赤松満祐に殺される(嘉吉の乱)。9 京都周辺で代始めの徳政を求める一揆が起こる。
一四四三	嘉吉三	7 将軍足利義勝没(10)。9 源尊秀ら後南朝の軍勢が禁裏を襲い、三種の神器の宝剣・神璽を奪い、殿舎を焼く(禁闕の変)。
一四四六	文安三	7 内裏再建のため棟別銭を賦課する。
一四六〇	寛正元	この年大飢饉起こり、翌年まで続いて京都で多数の死者が出る(長禄・寛正の飢饉)。
一四六四	寛正五	7 後土御門天皇践祚。
一四六七	応仁元	5 細川勝元・畠山政長ら、山名宗全・畠山義就・斯波義廉らと戦う(応仁の乱始まる)。
一四七〇	文明二	10 相国寺七重塔、落雷で焼失。12 後花園法皇没(52)。
一四七七	文明九	9 大内政弘・畠山義統ら西軍の諸将、分国に下向。土岐成頼、足利義視とともに美濃に下向(応仁・文明の乱終わる)。

西暦	和暦	事項
一四九三	明応二	4 細川政元、将軍足利義材を廃して義遐を擁立し、管領として実権を掌握（明応の政変）。
一五〇〇	明応九	6 祇園会山鉾が再興される。7 京都大火。9 後土御門天皇没（59）。10 後柏原天皇践祚。
一五〇八	永正五	6 足利義尹（義材）・大内義興入京、翌月将軍宣下を受ける。
一五〇九	永正六	2 山城で土一揆勃発。
一五一一	永正八	8 足利義澄没（32）。
一五二三	大永三	4 足利義稙没（58）。

あとがき

元木泰雄先生から本書編集の依頼を受けたとき、頭によぎったのは二つのことである。

一つは『室町・戦国期研究を読みなおす』（思文閣出版、二〇〇七年）のメンバーとまた何かやれないか、ということである。テーマとの兼ね合いも考えた結果、公私ともに多忙になった吉田賢司氏、『中近世武家菩提寺の研究』（小さ子社、二〇一九年）から続けての執筆依頼となった大田壮一郎氏、そして近年は中世史研究の枠にとらわれない活躍をされている松永和浩氏に参加をお願いし、無事に快諾をいただいた。

もう一つは、類書との差異化をいかに図るかという点である。そこで第一の方針として、中世前期の主要な研究テーマが中世後期においてどのように変化したかという点の追究を本書の柱の一つとした。具体的には、天皇・朝廷、寺社勢力、御家人制の三つである。これは意外と見られない視点であり、とりわけ御家人制の行方についての考察は、これまでなかったテーマである。

そして第二の方針として設定したのが、二十一世紀に入って注目された研究テーマの追究である。具体的には、守護在京と財政史がそれにあたる。前者の守護在京とそれと密接に関わる都鄙間交通という観点への注目が近年の室町時代研究の質を高めたことは言うまでもないが、後者の財政史という観点も数量的把握の作業を通じて中世社会の実態解明に迫る重要な分析視角である。これに『岩波講座　日本経済の歴史』の研究成果から受けた刺激を加味して、本書に執筆した。

最後に文化史の論考を入れたのは、元木先生からのご提案によるものである。初めて取り組む分野であったために当初はなかなかうまくいかなかったが、資金の流れを追うという得意なかたちに落としこむことで、なんとか仕上げることができた。松永氏の酒の論考と合わせてみると、文化史が三本目の柱ということになり、本書に安定感を与える役割を果たしていると思う。ここにあらためて元木先生にお礼を申し上げる次第である。

以上が本書完成に至る経緯であるが、企画編集委員としてやったことと言えば、飲み会ついでに集まってもらった際に、右にしるしたような方針を口頭でのべ、自由に書いてくださいと言った程度である。執筆者同士の年齢が近く、同じ研究史の空気を吸っていたとは言え、こうもすんなりとまとまりのある本ができたのは、ひとえに吉田・大田・松永各氏のご尽力によるものである。ご多忙の折、執筆いただいたことに感謝申し上げる。

『室町・戦国期研究を読みなおす』から十五年がすぎ、研究者としてのこれからの立ち位置について考えることも増えてきた。その中ではっきりしているのは、存在感を示すのは研究を通じてでありたいということである。本書もまたその試みの一つであり、多くの方々からのご批正を賜われればと思う。

二〇二二年一月十三日

早島大祐

著者略歴／主要著書・論文

早島大祐（はやしま　だいすけ）　　プロローグ・第一章・第九章・エピローグ執筆
一九七一年　京都府に生まれる
二〇〇一年　京都大学大学院文学研究科博士課程指導認定退学
現在　関西学院大学教授
『徳政令』（講談社、二〇一八年）、『明智光秀』（NHK出版、二〇一九年）

吉田賢司（よしだ　けんじ）　　第二章・第三章執筆
一九七四年　京都府に生まれる
二〇〇四年　龍谷大学大学院文学研究科博士課程単位取得満期退学
現在　龍谷大学文学部教授
『足利義持』（ミネルヴァ書房、二〇一七年）、「室町幕府論」（『岩波講座日本歴史』八、岩波書店、二〇一四年）

大田壮一郎（おおた　そういちろう）　　第四章〜第六章執筆
一九七六年　広島県に生まれる
二〇〇五年　大阪大学大学院文学研究科博士後期課程修了
現在　立命館大学文学部教授
『室町幕府の政治と宗教』（塙書房、二〇一四年）、「蓬左文庫蔵『勝定院殿集纂諸仏事』の基礎的考察」（早島大祐編『中近世武家菩提寺の研究』小さ子社、二〇一九年）

松永和浩（まつなが　かずひろ）　　第七章・第八章執筆
一九七八年　熊本県に生まれる
二〇〇八年　大阪大学大学院文学研究科博士後期課程単位修得退学
現在　大阪大学適塾記念センター准教授
『室町期公武関係と南北朝内乱』（吉川弘文館、二〇一三年）、「倉付にみる領主・百姓関係」（『史敏』四、二〇〇七年）

京都の中世史

京都の中世史5
首都京都と室町幕府

二〇二二年(令和四)三月十日　第一刷発行

著者　早島大祐（はやしまだいすけ）
吉田賢司（よしだけんじ）
大田壮一郎（おおたそういちろう）
松永和浩（まつながかずひろ）

発行者　吉川道郎

発行所　株式会社吉川弘文館
郵便番号一一三―〇〇三三
東京都文京区本郷七丁目二番八号
電話〇三―三八一三―九一五一〈代表〉
振替口座〇〇一〇〇―五―二四四
http://www.yoshikawa-k.co.jp/

印刷＝株式会社　三秀舎
製本＝誠製本株式会社
装幀＝河村　誠

ISBN978-4-642-06864-2

京都の中世史

①摂関政治から院政へ ＊
美川　圭・佐古愛己・辻　浩和著

②平氏政権と源平争乱 ＊
元木泰雄・佐伯智広・横内裕人著

③公武政権の競合と協調
野口　実・長村祥知・坂口太郎著

④南北朝内乱と京都 ＊
山田　徹著

⑤首都京都と室町幕府 ＊
早島大祐・吉田賢司・大田壮一郎・松永和浩著

⑥戦国乱世の都 ＊
尾下成敏・馬部隆弘・谷　徹也著

⑦変貌する中世都市京都
山田邦和著

本体各２７００円（税別）　＊は既刊

吉川弘文館